费尔巴哈文集

第 2 卷

# 对莱布尼茨哲学的叙述、分析和批判

涂纪亮 译

Ludwig Feuerbach
**DARSTELLUNG, ENTWICKLUNG UND
KRITIK DER LEIBNIZSCHEN PHILOSOPHIE**
本书根据 W. Bolin 和 F. Jodl 所编
*Ludwig Feuerbach's sämmliche Werke*
第 4 卷(1904 年 Stuttgart 版)译出

# 文 献 说 明

## 一、本文集主要依据的费尔巴哈著作集

1. 德文版《费尔巴哈全集》第 1 版

费尔巴哈的著作在其在世时曾以单行本、小册子及各种文集的形式出版,其本人于 1846 年着手编纂并出版自己的全集(莱比锡,由奥托·维甘德[Otto Wigand]出版),截至 1866 年共出版 10 卷,该版通常被称为《费尔巴哈全集》第 1 版。

第 1 版 10 卷卷名如下:

第 1 卷 *Erläuterungen und Ergänzungen zum Wesen des Christenthums*(1846)

第 2 卷 *Philosophische Kritiken und Grundsätze*(1846)

第 3 卷 *Gedanken über Tod und Unsterblichkeit*(1847)

第 4 卷 *Geschichte der neuern Philosophie von Bacon von Verulam bis Benedict Spinoza*(1847)

第 5 卷 *Darstellung, Entwicklung und Kritik der Leibnitz'schen Philosophie*(1848)

第 6 卷 *Pierre Bayle*(1848)

第 7 卷 *Das Wesen des Christenthums*(1849)

第 8 卷 *Vorlesungen über das Wesen der Religion*(1851)

第 9 卷 *Theogonie nach den Quellen des classischen, hebräischen und christlichen Alterthums*(1857)

第 10 卷 *Gottheit, Freiheit und Unsterblichkeit vom Standpunkte der Anthropologie*(1866)

2. 德文版《费尔巴哈全集》第 2 版

1903 年费尔巴哈的友人 W. 博林(W. Bolin)和 F. 约德尔(F. Jodl)为纪念费尔巴哈 100 周年诞辰(1904 年),从 1903 年到 1911 年,整理出版了 10 卷本的《费尔巴哈全集》(斯图加特,弗罗曼出版社[Frommann])。这部全集通常被称为《费尔巴哈全集》第 2 版,它比《费尔巴哈全集》第 1 版全备,但 W. 博林和 F. 约德尔对著者在世时出版的原本进行了加工,他们不仅改变书法、标点以及拉丁文和其他外文引文的德译,还在许多地方按照自己的意思改变在他们看来过于尖锐的文句,删去他们认为无关紧要的地点。

第 2 版 10 卷卷名如下:

第 1 卷 *Gedanken über Tod und Unsterblichkeit*(1903)

第 2 卷 *Philosophische Kritiken und Grundsätze*(1904)

第 3 卷 *Geschichte der neueren Philosophie von Bacon von Verulam bis Benedikt Spinoza*(1906)

第 4 卷 *Darstellung, Entwicklung und Kritik der Leibniz'schen Philosophie*(1910)

第 5 卷 *Pierre Bayle. Ein Beitrag zur Geschichte der Philosophie und Menschheit*(1905)

第 6 卷 *Das Wesen des Christenthums*(1903)

第 7 卷 *Erläuterungen und Ergänzungen zum Wesen des Christenthums*(1903)

第 8 卷 *Vorlesungen über das Wesen der Religion*(1908)

第 9 卷 *Theogonie nach den Quellen des classischen, hebräischen und christlichen Alterthums*(1910)

第 10 卷 *Schriften zur Ethik und nachgelassene Aphorismen*(1911)

3. 俄文版及中文版《费尔巴哈哲学著作选集》

苏联国家政治书籍出版社 1955 年出版了两卷本的俄文版《费尔巴哈哲学著作选集》(*Людвиг Фейербах, Избранные философские произведения*, Госполитиздат, Москва. 1955),该俄译本在遇到第 1 版和第 2 版有歧义时,均恢复了费尔巴哈本人(即第 1 版)的原文。上卷包含"路德维西·费尔巴哈"(葛利高利扬著)、"黑格尔哲学批判"、"论'哲学的开端'"、"改革哲学的必要性"、"关于哲学改造的临时纲要"、"未来哲学原理"、"谢林先生"、"反对身体和灵魂、肉体和精神的二元论"、"说明我的哲学思想发展过程的片段"、"对《哲学原理》的批评意见"、"从人本学观点论不死问题"、"论唯灵主义和唯物主义,特别是从意志自由方面着眼"、"幸福论"以及"法和国家";下卷包含"基督教的本质"、"因《唯一者及其所有物》而论《基督教的本质》"、"宗教的本质"以及"宗教本质讲演录"。

商务印书馆 1984 年依据此俄文版《费尔巴哈哲学著作选集》翻译出版了中文版《费尔巴哈哲学著作选集》,此版本在篇目编排上依据俄文版《费尔巴哈哲学著作选集》,译文能找到德文的均依据德文译出,找不到的则依据俄文译出。

此外,俄文版《费尔巴哈哲学著作选集》上下卷卷末均有较长的注释,除介绍了版本信息和内容概要外,还在尾注中对正文内容做了一些补充说明,对了解费尔巴哈的学术思想颇有帮助。商务印书馆1984年版《费尔巴哈哲学著作选集》翻译了这些注释。

本次编选《费尔巴哈文集》时,将这些注释中的版本信息和内容概要加以整理,列在相应的各卷"编选说明"中;将尾注内容改为脚注,附在对应各卷的正文中,并注明"俄文编者注"。

4. 中文版《费尔巴哈哲学史著作选》

商务印书馆1978—1984年依据《费尔巴哈全集》第2版第3、4、5卷翻译出版3卷本《费尔巴哈哲学史著作选》,卷名如下:

第1卷 《从培根到斯宾诺莎的近代哲学史》(1978年)

第2卷 《对莱布尼茨哲学的叙述、分析和批判》(1979年)

第3卷 《比埃尔·培尔对哲学史和人类史的贡献》(1984年)

## 二、其他主要德文编选文献

卡尔·格留恩(Karl Grün)编:《费尔巴哈的通信和遗著及其哲学发展》(*Ludwig Feuerbach in seinem Briefwechsel und Nachlass sowie in seiner philosophischen Charakterentwicklung*),两卷,1874年出版于莱比锡和海德堡,C. F. 温特书店(C. F. Winter'sche Verlagshandlung)。

卡普(August Kapp)编:《路德维希·费尔巴哈和克里斯提安·卡普通信集》(*Briefwechsel zwischen Ludwig Feuerbach und Christian Kapp*),1876年,莱比锡,由奥托·维甘德出版。

博林(W. Bolin)编:《费尔巴哈来往通信集》(*Ausgewählte*

*Briefe von und an Ludwig Feuerbach*),两卷,1904年,莱比锡,由奥托·维甘德出版。

朗格(Max Gustav Lange)编:《费尔巴哈短篇哲学论文集》(*Kleine philosophische Schriften*,1842—1845),1950年,莱比锡,费利克斯·迈纳出版社(Felix Meiner)。

舒芬豪尔(Werner Schuffenhauer)编:《费尔巴哈通信集》(*Ludwig Feuerbach,Briefwechsel*),1963年,莱比锡,雷克拉姆出版社(Reclam Verlag)。

舒芬豪尔编:《费尔巴哈全集》(*Ludwig Feuerbach:Gesammelte Werke*),22卷,1967年,柏林,科学院出版社(Akademie-Verlag),其中第1—12卷为费尔巴哈生前发表著作,第13—16卷为遗著,第17—21卷为通信,第22卷为附录。

舒芬豪尔编:《费尔巴哈:短著集》(*Ludwig Feuerbach,Kleinere Schriften*),3卷。第1卷(1835—1839),1969年,柏林,科学院出版社;第2卷(1839—1846),1970,柏林,科学院出版社;第3卷(1846—1850),1971年,柏林,科学院出版社。

埃利希·蒂斯(Erich Thies)编:《费尔巴哈文集》(*Ludwig Feuerbach:Werke in sechs Bänden*),1975—1976年,法兰克福,苏尔坎普出版社(Suhrkamp Verlag)。

商务印书馆编辑部<br>
2021年7月

# 本卷编选说明

本卷中译本依据《费尔巴哈全集》第 2 版第 4 卷译出。

这部著作写于 1836 年,出版于 1837 年;在《费尔巴哈全集》第 1 版中是第 5 卷(*Darstellung, Entwicklung und Kritik der Leibnitz'schen Philosophie*);W. 博林(W. Bolin)和 F. 约德尔(F. Jodl)编辑出版《费尔巴哈全集》第 2 版时(1903—1911),将此著作放在第 4 卷(*Darstellung, Entwicklung und Kritik der Leibnitz'schen Philosophie*),1979 年商务印书馆出版的《费尔巴哈哲学史著作选》将这部著作放在第 2 卷。

商务印书馆编辑部
2021 年 7 月

# 译 者 引 言

  《对莱布尼茨哲学的叙述、分析和批判》一书,是费尔巴哈早期的一部重要的哲学史著作,写于1836年,出版于1837年。1830年,费尔巴哈因写《关于死与不死的问题》一文,反对基督教关于灵魂不死的教义,被爱尔兰根大学当局辞退。费尔巴哈希望通过撰写哲学史著作,表现出自己的才能而重返大学讲坛,因此于1833年出版了《近代哲学史》(从培根到斯宾诺莎),1837年出版了此书,1838年出版了《比埃尔·培尔》一书。这三部哲学史著作虽然使他在学术界博得很高声誉,但由于反动势力的阻挠,他始终未能重返大学讲坛。
  费尔巴哈在著述此书时仍未摆脱唯心主义观点。1847年费尔巴哈在编纂自己的全集时,把这部著作收入《全集》第5卷,并从唯物主义观点补写了第二十一节和第二十二节以及许多注释。从这里也可看出费尔巴哈思想从唯心主义到唯物主义的发展。1904年,为纪念费尔巴哈诞辰一百周年,费尔巴哈的友人博林和信徒约德尔编辑了《费尔巴哈全集》第2版,把这部著作收入第4卷。列宁在1914—1915年间根据这个版本阅读了这部著作,并作了详细摘录,写下许多精辟的评语[①]。列宁的《摘要》对于理解费尔巴哈

---

  ① 列宁:《费尔巴哈〈对莱布尼茨哲学的叙述、分析和批判〉一书摘要》,《列宁全集》中文版(下同)第38卷第425—439页。

的这部著作极其重要,具有深刻的指导意义。译者试图以列宁的评论为指针,对这部著作的基本内容作一简略介绍。

# 一、关于莱布尼茨哲学与斯宾诺莎哲学、笛卡尔哲学的区别

费尔巴哈在这一著作中首先概述了近代哲学的发展过程,叙述了莱布尼茨的生平和著作,接着在第三、四节中详细分析了莱布尼茨哲学与斯宾诺莎哲学、笛卡尔哲学的区别。

费尔巴哈在分析莱布尼茨哲学和斯宾诺莎哲学的异同时着重指出:虽然实体概念在他们两人的哲学中都是中心概念,但莱布尼茨对实体概念所下的定义,与斯宾诺莎所下的定义有本质的区别。斯宾诺莎认为,实体是一种自身独立的、不必思考他物就能被理解的东西。相反,莱布尼茨却认为,可能被理解为独立的东西不一定是实体,例如活动力、生命、不可入性等。在他看来,实体概念只有通过与力的概念、而且是活动力的概念联系起来才能加以阐明。费尔巴哈写道:"在莱布尼茨看来,实体概念与能、力、活动这些概念是不可分的,严格说来,甚至与这些概念是同一的;更确切一点说,这是一种通过自身实现的活动,即自己活动。"①列宁赞同费尔巴哈的这一分析,他在摘录这一部分时写道:"莱布尼茨不同于斯宾诺莎的特点:莱布尼茨在实体的概念上增添了力的概念,'而且是活动的力'的概念……'自己活动'的原则";"因此,莱布尼茨通

---

① 本书边码 29 页。

过神学而接近了物质和运动的不可分割的(并且是普遍的、绝对的)联系的原则。"①

其次,费尔巴哈指出,"斯宾诺莎的实质是统一,莱布尼茨的实质是差异、区别"②。斯宾诺莎认为,仅仅存在着一个独一无二的实体;莱布尼茨却认为,存在着多少个单子,就恰恰存在着多少个真正的实体。费尔巴哈还用一些生动的比喻来说明这个区别:斯宾诺莎的哲学是望远镜,它使人们看见那些由于距离太远而看不见的物体,莱布尼茨的哲学是显微镜,它使我们看见那些由于体积太小而看不见的微粒。接着又说:"斯宾诺莎的世界是神的消色差透镜,是介质,通过它我们除了统一实体的皎洁的天光之外什么也看不到;莱布尼茨的世界是多棱角的结晶体,是钻石,它由于自己的特殊本质而使实体的单纯的光变成无穷丰富的色彩,同时也使它暗淡不明。"③

关于莱布尼茨哲学与笛卡尔哲学的区别,费尔巴哈着重指出,在笛卡尔看来,广延是物质的本质属性,莱布尼茨则认为力本身构成物质的最内在的本质,即使广延是某种原初的东西,但它毕竟也要以力为前提,把力作为自己的原则。在一切与广延及其变体不同的概念中间,力这个概念是最清楚的,最适合于说明物体的本性。一切物体中含有的力是运动的最后根据。费尔巴哈由此断定说:"因此,在莱布尼茨看来,有形实体已经不是像笛卡尔所认为的那样,只是具有广延性的、僵死的、由外力推动的块体,而是在自身

---

① 《列宁全集》第38卷第427页。
② 本书边码第32页。
③ 本书边码第34页。

中具有活动力、具有永不静止的活动原则的实体。"①列宁很重视莱布尼茨关于力的这种观点,并说:"大概马克思就是因为这一点而重视莱布尼茨,虽然莱布尼茨在政治和宗教上有'拉萨尔的'特点和调和的倾向。"②

从这两节中可以看出,费尔巴哈十分重视莱布尼茨哲学中活动的力这个概念,强调莱布尼茨的能动性原则,并认为这是莱布尼茨哲学与斯宾诺莎和笛卡尔哲学之区别所在。当然,他们之间确实存在着这种区别,可是,费尔巴哈没有看出他们之间的根本区别却在于唯物和唯心的对立:莱布尼茨坚持唯心主义,而斯宾诺莎则坚持唯物主义,笛卡尔虽然不是彻底的唯物主义者,但在物理学中仍持鲜明的唯物主义观点。

## 二、关于莱布尼茨的单子论

接着,费尔巴哈以大量篇幅(第五节至第十五节)对莱布尼茨的单子论作了详细的阐述和分析。单子是莱布尼茨哲学的基本概念,是他的客观唯心主义体系的核心。莱布尼茨在他的《单子论》(1714年)一书中系统地阐述了这一学说的基本思想。莱布尼茨认为有无限众多的精神实体,即单子,单子是绝对单纯的和不可分的,它们具有能动性和独立性。每个单子都不同于所有其他的单子,它们是互不通气的,也不能接受外部的影响,单子只是由于内

---

① 本书边码第40页。
② 《列宁全集》第38卷第428页。

部的能动性而处于不断的运动和变化之中。费尔巴哈对此评述说:"一般说来,莱布尼茨哲学的意义在于,只有力才是形而上学意义的存在。全部存在、全部实在都被归结为力的概念。……可是,力是非物质的本质;它其实就是我们称之为灵魂的那种东西,因为'只有灵魂才是活动的原则'。"接着又说:"因此,事物的本性不在于物质的规定性,不在于广延、大小和形状,而在于单子。……灵魂、单子构成自然界的实体。"①列宁在摘录这一部分时,对单子作了这样的概括:"单子是莱布尼茨哲学的原则。个体性、运动(特种的灵魂)。不是僵死的原子,而是活生生的、活动的、自身中反映整个世界的、具有表象(特种灵魂)的(模糊的)能力的单子,这就是'最终的要素'。"②

单子的规定性就是表象。费尔巴哈解释说,单子的规定性或质,就是力的表现,就是行动、活动。这种规定性不是从外面纳入实体之中,而是来自实体自身。单子就是表象的力,表象属于单子的本质,因为单子总是表象着某种东西,不停息地从一个表象过渡到另一个表象。表象具有无数的等级,基本的区别是清楚和混乱、明晰和模糊。但是,模糊的表象并不是按其种属而言与清楚的表象截然不同,只不过在清楚程度和发展程度上稍为逊色而已。每个清楚的表象都包含有无数的模糊表象。在莱布尼茨看来,单子由于表象的明晰程度不同而有高低之分。最低的单子,如物体,只具有模糊的表象;动物是高一级的单子,具有比较清楚的表象和记

---

① 本书边码第42、46页。
② 《列宁全集》第38卷第428页。

忆；人是更高一级的单子，具有理性灵魂或精神，能运用概念进行推理；最高一级的单子是上帝，它是全知全能全善的。费尔巴哈对此解释说："由于表象构成单子的本质，一切单子都具有表象着某种东西这一共同点，因此单子之间的区别无非是表象具有不同的种类、方式或等级而已。"①

费尔巴哈相当详细地分析了莱布尼茨的物质概念。费尔巴哈指出：模糊表象包含莱布尼茨哲学的最重要、最深刻，然而也是最困难、最复杂的方面，这个方面就是一个单子与其他单子的联系。单子实质上与其他一切单子都有联系，单子的这种联系恰恰构成单子的表象。单子所表象的对象，不是某种特定的有限之物，而是存在于表象着的单子之外的无数的单子。由于单子是无数单子之中的一个，因此它是受限制的、受约束的，从而也是模糊的和混乱的。混乱的、模糊的表象，就是感性的表象。模糊表象的混合物，就是感觉，就是物质。因为，正是由于单子不能一下子把整个宇宙清楚明白地分解为它的组成部分，而只能模糊地以不可计量的众多和杂多的形态加以表象，于是产生了物质。凡是头脑处于混乱状态的地方，那里就有物质；而当你清楚明白地思考时，物质便在你那里消失不见。费尔巴哈写道："从表象着的单子的观点看来，物质不外是模糊的、混乱的表象"；"模糊表象是单子相互之间的关系、联系，可是，模糊表象是感性的表象，因此，物质是单子的结合"；"是一个把单子缠绕起来、搅成一团的网"②。对于莱布尼茨

---

① 本书边码第 50 页。
② 参见本书边码第 58、63 页。

的这种唯心主义的物质概念,列宁作了如下的评述:"我的自由的转述:单子＝特种的灵魂。莱布尼茨＝唯心主义者。而物质是灵魂的异在或是一种用世俗的、肉体的联系把单子粘在一起的糨糊。"①

费尔巴哈十分重视莱布尼茨关于宇宙中存在着普遍联系、万物之间存在着相似性和连续性的思想。他指出,在莱布尼茨看来,单子表象着整个宇宙,一切物质都处于相互联系之中。在充塞着的空间里,每一运动都按其距离的远近对遥远的物体发生一定的作用,因此每一物体不仅接受与其紧密相邻的物体的作用,而且通过这些物体接受遥远物体的作用,这种联系甚至扩展到很远很远的地方。因此,每个物体都被宇宙中所发生的一切牵连着。不仅如此,自然界中的一切还是相似的,存在物中没有绝对的区别,万物就其本质而言处于万物之中,最大的物体十分精确地表现在最小的物体之中,最远的东西以观念的方式存在于最近的东西之中。自然界中没有绝对间断的东西。点仿佛是无限的线,静止不外是一种由于不断减弱而正在消失的运动,平衡不外是正在消失的不平衡。自然界不作飞跃,自然物的全部秩序组成一条统一的锁链,在这条锁链中,各个不同的种属像许多环节那样紧密地相互连接着,以致无论感觉或者想象都不能确定一个种属结束而另一个种属开始的那一点②。在这里,莱布尼茨以一种特殊的方式表达了个别和一般、部分和整体、有限和无限之间的辩证关系。对于莱布

---

① 《列宁全集》第 38 卷第 430 页。
② 参见本书边码第 83—88 页。

尼茨的这些观点,列宁指出:"这里是特殊的辩证法,而且是非常深刻的辩证法,尽管有唯心主义和僧侣主义。"①

费尔巴哈还分析和批判了莱布尼茨的先定谐和观念。在莱布尼茨看来,宇宙里虽然存在着普遍的联系,但实体之间的联系仅仅具有观念的性质,存在物之间没有任何直接的、物理的影响,只有形而上学的影响。因为,单子没有通向外界的"窗户",单子之间的相互作用不仅是不可能的,而且是不必要的。每个单子都是一个自为的世界,都是独立自在的统一体,单子并不相互影响,但它们的行动却是协调一致的。为了论证这种一致关系,莱布尼茨提出了"先定的谐和"这个神学观念,如像上帝在创造单子的时候已经保证了单子之间的一致或谐和。他把肉体和灵魂比拟为两个时钟,上帝一开始就对这两个时钟作了这样的安排,以致它们此后永远相互吻合。对于莱布尼茨的这个先定谐和观念,费尔巴哈提出了严肃的批评。他写道:"先定谐和虽然是莱布尼茨的宠儿,但也是莱布尼茨的弱点";"无论如何,先定谐和具有表面性和随意性的特征";它"给莱布尼茨的那种本身颇为深刻的形而上学披上一层阴影";"给他的哲学带来一种内在的、无疑是消极的影响"。②

整个来说,莱布尼茨的单子论虽然包含有一些辩证因素,但他的基本观点是唯心主义的,因为被他看作万物的最终基础的单子,不外是一种特种的灵魂,一种能动的精神实体。费尔巴哈也明确指出"莱布尼茨的哲学是唯心主义",但他认为这"是一种聪明绝

---

① 《列宁全集》第38卷第431页。
② 参看本书边码第95—99页。

顶、感情充沛和思想丰富的唯心主义。你所感觉到、听到和看到的一切，都是灵魂的表现、幻影；你在万物中都能觉察到本质、灵魂、精神、无限性。你的感觉只不过是一些模糊的思想；物质只不过是一种现象……"①他在1836年写的第二十节中，站在唯心主义的立场上，竭力推崇唯心主义而贬低唯物主义。他说："唯心主义是人们的一种原始的、甚至普遍的世界观"，唯物主义则"只不过是精神发展中的一个中间环节"，"一种次要的、特殊的现象"。不仅如此，"甚至唯物主义也是一种唯心主义"，因为，唯物主义者虽然否认精神本身，可是他至少要肯定自己的精神，精神不能否定它自身。"唯物主义者可以随心所欲地反对和抗拒精神，但他总是一再证明自己是在说谎"。费尔巴哈甚至由此推断说："因此，一切哲学，甚至人的各种观点，都是唯心主义。"②而在1847年写的第二十一节中，费尔巴哈则完全站到唯物主义的立场上，转而批判唯心主义了。他在分析感性和理性的关系时指出，感性提供对象，理性则为对象提供名称，理性不是某种感性的东西，可是，对感性的这种否定不是目的，不是本质。他指出："莱布尼茨作为一个唯心主义者或唯灵论者，把手段变成目的，把对感性的否定变为精神的本质。"他还进一步评论说："既然人们甚至在抽掉感觉的情况下也仍然必须间接地坚持感性的真理性，可是有人竟想否认感性的本质，这种想法是何等愚蠢！"③

---

① 本书边码第161、171页。
② 参看本书边码第161—163页。
③ 参看本书边码第199页。

## 三、关于莱布尼茨的"神正论"

"先定的谐和"这个种学观念引导莱布尼茨建立他的"神正论"学说,为上帝的存在进行辩护。莱布尼茨在他的《神正论》一书中详细地阐述了这一学说,它是莱布尼茨哲学体系中最反动的一部分。费尔巴哈在本书中只用很少篇幅(第十七节)阐述"神正论"的基本思想,而用很大篇幅(第十六节和第二十二节)对莱布尼茨的神学观点进行详细的分析和批判,这两节也鲜明地表现出费尔巴哈的始终一贯的无神论思想。

《神正论》的基本思想在于证明上帝的存在。莱布尼茨认为,从世界的偶然性出发对上帝存在所作的证明,是唯一的一个根据经验作出的证明。费尔巴哈把这一证明的内容概括如下:这个世界存在着,但它也可能不存在,因此它是偶然的。因此,世界存在的原因不在世界自身之中,而在世界之外,在那样一个存在物之中,这个存在物在其自身中包含有自己存在的原因,因而它必然地存在着,这个必然地存在着的存在物就是上帝。其实,这个证明并没有提出什么新的论据。正如列宁所指出的:"在《神正论》(第十七节)中,莱布尼茨实质上是重复关于神的存在的本体论论据。"[①]

对于莱布尼茨的这个证明,费尔巴哈反驳说:上帝的存在依据于世界存在的偶然性,那么这种偶然性的真正意义和根据是什么呢?这就是人的思维和表象的偶然性和随意性。世界是偶然的,

---

① 《列宁全集》第38卷第432页。

因为我在思想中、在表象中可以把这个世界设想为不存在,或者是另一个样子。人把自己的思维能力和想象能力加以客体化,使它变为一种处于世界之外和世界之上的存在物,而这个能够把人只能想象的事物变成现实的存在物,就是上帝。在上帝那里,在可想象性和现实性之间是没有界限的,在思维和存在之间是没有界限的。上帝只不过是纯粹思想上的存在物,上帝其实并不存在。

神学的世界观是莱布尼茨的《神正论》的基础。莱布尼茨力图调和科学与宗教,他的哲学思想是直接与上帝是万物的主宰这个宗教信条结合在一起的。费尔巴哈在批判莱布尼茨的神学观点时,特别强调神学观点和哲学观点是根本对立的。费尔巴哈指出,在哲学看来,世界是必然的产物,而在神学看来,世界则是偶然的产物。因为,从本质上说,神学的观点是人的实践的观点,哲学的观点则是理论的观点。从实践的观点看来,世界表现为意志的产物,因而是偶然的;而从理论的观点看来,世界被看作是处于内在联系之中,因而是必然的。必然性永远是科学的形式,否认必然性,就意味着否认知识和科学的观点。哲学按其观念来说,只有一项任务,这就是研究事物的本质。哲学是从无限之物的观点出发对无限之物进行观察;宗教是从有限之物的观点出发对无限之物进行观察。神学是宗教的学问,如果神学严格地把自己限定在自己的范围之内,那么它的任务不外是成为"宗教的现象学"。可是,神学却把宗教的规范变作认识的规范,把实践的观点变为形而上学的观点,从而与哲学和理性相冲突。因此,费尔巴哈断定,哲学和神学是根本对立的,哲学任何时候都不可能、也不应该与神学和解。神学观点和哲学观点的任何结合,都是荒唐的、毫无道理的。

费尔巴哈认为,莱布尼茨虽然是有神论者,但他又用自然界这个概念限制神人同形论,他的那个仅仅用来代表自然界的上帝,并不是本来意义的、真正的基督教的上帝。费尔巴哈说:"莱布尼茨是半个基督教徒,他既是有神论者或基督教徒,又是自然论者。他用智慧、理性来限制上帝的恩惠和万能。但这种理性无非是自然科学的研究室,无非是关于自然界各个部分的联系、整个世界的联系的观念。因此,他用自然论来限制自己的有神论;他通过对有神论的否定来肯定、维护有神论。"①列宁摘录了这一段话,并画上"注意"的标记②,可见列宁十分重视费尔巴哈对莱布尼茨的这个评语。

## 四、关于莱布尼茨的认识论观点

费尔巴哈在本书的最后几节(第十八、十九、二十一节)中,详细阐述和批判了莱布尼茨的认识论观点(附带指出,费尔巴哈在这里使用 Pneumatologie[灵物学、灵气学]这个词来概括莱布尼茨的认识论观点)。莱布尼茨在认识论上是唯心主义的唯理论者,他继承和发展了笛卡尔的天赋观念论,激烈反对洛克的唯物主义经验论。他所著的《人类理智新论》一书,就是专门为反驳洛克的《人类理智论》而写的。在他看来,单子没有可供外界事物出

---

① 本书边码第 215 页。
② 《列宁全集》第 38 卷第 438 页。

入的"窗户",不能接受任何外界事物的影响,因此,认识不可能有任何客观泉源,而只能是天赋的。他认为精神不仅能够认识必然真理,而且能够在自身中发现必然真理,精神正是必然真理的泉源。他说:知识处于我们心中,犹如大理石的纹理所构成的图像,在我们开琢大理石而发现它们之前,已经存在于大理石之中一样。

根据上述观点,莱布尼茨逐条反驳了洛克对天赋观念论的批判。例如,洛克说,如果有天赋原理,那么所有的人都必然知道它们,然而实际情况并非如此。莱布尼茨则反驳说,即使天赋原理没有被人们所知晓,天赋原理并不会因此而不再是天赋的,因为人们一旦理解它们,就会承认它们。又如洛克说:凡是人们后天学会的东西,都不是天赋的;而莱布尼茨则反驳说:虽然就知识的实际掌握而言不是天赋的,但就知识的作用而言则是天赋的,可是对于知识和真理既然存在于我们心中,即使我们没有想到它们,它们也以素养、禀赋或天然能力的形态存在于我们心中。

费尔巴哈在1836年写的第十八节中,仍然站在唯心主义的立场上,支持莱布尼茨的认识论观点,反对洛克对天赋观念论的批判。他明确表示:"笛卡尔的天赋观念论是有根据的";"如果我们仅仅像洛克那样去理解天赋观念论,即认为人出世时就带来某些现成的概念和知识,就把某种知识的储备随身带到世界上来,在那种场合下,批评家要驳倒这种学说难道不是易如反掌吗?"[①]他认为只要深刻地作些考察,就能打消这种反驳,因为确信某个真理或

---

① 本书边码第138—139页。

者承认它是真理,这不外乎意味着认识到真理和理性是同一的,而这又不外意味着承认真理是先天地植基于理性之中,真理是理性生而具有的,尽管经验在促使人们确信这一点方面起着"中介的作用",可是中介的作用只是条件,而不是起源。费尔巴哈举例说:"没有空气和水,没有阳光和温暖,植物就不能从自身中长出花来。可是,如果企图从这些作为条件的材料中追溯花的根源,那却是何等荒谬和错误,同样地,把感觉理解为观念的泉源,那也是荒谬和错误的。"①可见,正如列宁在摘录这一部分时所说的:"费尔巴哈在第一版中也唯心地批判洛克。"②

但是,费尔巴哈在1847年补写的第二十一节中,则完全站到唯物主义的立场上,转而批判莱布尼茨的唯心论、支持洛克的经验论了。费尔巴哈在这一节中提出许多精彩的论点,列宁对此作了大量的摘录。费尔巴哈坚决主张观念来源于感觉,他明确指出:"历史和人类学十分清楚地向我们表明,无论从文字上或者从实际上来说,观念最初都发源于ἰδεῖν,发源于视觉;人的头一个启示只能来自上方,来自苍天,但不是来自神学的苍天,而是来自自然的、感性的苍天;感性的光,特别是眼睛可以看见的光是人的智慧的泉源,是清楚明白的表象的泉源。"③莱布尼茨在《人类理智新论》中提出,坚硬性或牢固性概念不依赖于感觉,我们借助于纯粹理性可以从物体的本质或概念中推断出来,因此这个概念是先天的。费

---

① 本书边码第140页。
② 《列宁全集》第38卷第432页。
③ 本书边码第189—190页。

尔巴哈则认为,人之所以产生坚硬性或牢固性概念,显然首先归因于感觉,特别是触觉。他嘲笑说:"当然啦,在人看来是后天的东西,在哲学家看来就是先天的;因为,人既然收集了经验材料,并把它们总结在一般概念中,他就自然能够提出'先天综合判断'。因此,在较早时期是经验的事,在较晚时期便成为理性的事了。"①列宁重视费尔巴哈的这一批判,作了摘录,并批注说:这也是"对康德的嘲笑"②。

按照莱布尼茨的观点,借助感觉只能把握个体,把握单一之物,借助理智、理性才能理解种属,理解普遍之物,而普遍之物、普遍性就是众多之物的单一性,或者众多之物的相似性。针对莱布尼茨的这种观点,费尔巴哈提出这样的反问:"但是,难道这种相似不是感性的真理吗?难道被理性列入一门、一类的生物不是也以相同的、同样的方式刺激我的感觉器官吗?……难道对我的性感觉来说(性感觉也具有重要的理论意义,虽然通常在关于感觉器官的学说中不注意它),女子和雌性动物之间没有任何区别吗?在这里,理性和感觉或感觉能力之间的差别究竟是什么呢?感性知觉提供对象,理性则为对象提供名称。凡是存在于理性中的,没有不是先已存在于感性知觉中的,但是,实际上存在于感性知觉中的东西,只是在名义上、名称上存在于理性之中。"③列宁十分重视费尔巴哈对莱布尼茨的这一批驳,他对这段话作了详细摘录,标出注意

---

① 本书边码第191页。
② 《列宁全集》第38卷第433页。
③ 本书边码第195页。

记号,并批注说:"说得好!说得好!"①

　　费尔巴哈正确地分析了感觉在认识过程中的作用,坚持感觉和经验是我们认识的基础和出发点这个唯物主义原理,反对笛卡尔、莱布尼茨等人的天赋观念论,反对唯理论者片面夸大理性认识的作用。可是,另一方面,费尔巴哈也没有充分理解理性认识的作用,他认为理性在本质上没有给我们提供任何感觉中所没有的东西,它只不过把感性上表现为分散的、单个的东西联结起来。他不了解在社会实践的基础上从感性认识到理性认识的能动飞跃,不了解理性认识的作用在于"将丰富的感觉材料加以去粗取精,去伪存真,由此及彼,由表及里的改造制作功夫,造成概念和理论的系统",而"这种改造过的认识……乃是更深刻、更正确、更完全地反映客观事物的东西"②。在这点上也表现出费尔巴哈的形而上学唯物主义的局限性。

*　　*　　*

　　《对莱布尼茨哲学的叙述、分析和批判》一书虽然是费尔巴哈的早期著作,但它是在广泛深入地研究莱布尼茨著作的基础上写成的,包含有丰富的资料,提出许多重要的论点。列宁给与这部著作以很高的评价,他在摘录此书时指出:"在对莱布尼茨的精彩叙述中应当摘下某些特别出色的地方(这是不容易的事,因为第二部分[第一节至第十三节]全都是出色的)……"③因此,此书的翻译

---

① 《列宁全集》第 38 卷 436 页。
② 《毛泽东选集》第 1 卷第 268 页。
③ 《列宁全集》第 38 卷第 425 页。

出版,无论对研究费尔巴哈的哲学思想,或者对研究莱布尼茨的哲学思想来说,都是很有价值的。本书根据《费尔巴哈全集》1904年第2版第4卷译出,译文旁边注有原著页码,以便核对。由于译者水平有限,译文中恐有不少不妥之处,敬希读者指正。

1978 年 10 月

# 目　录

《费尔巴哈全集》(第 2 版)第 4 卷序言……………… 1

## 对莱布尼茨哲学的叙述、分析和批判

前　言 ……………………………………………… 7
第一节　近代哲学的发展过程 …………………… 11
第二节　莱布尼茨的性格特点 …………………… 18
第三节　莱布尼茨的哲学原则及其与斯宾诺莎哲学
　　　　原则的区别 ……………………………… 36
第四节　莱布尼茨的哲学原则及其与笛卡尔哲学
　　　　原则的区别 ……………………………… 45
第五节　灵魂或单子:莱布尼茨哲学的原则……… 51
第六节　单子的规定性:表象 …………………… 57
第七节　表象的区别 ……………………………… 61
第八节　模糊表象的作用 ………………………… 66
第九节　物质的意义和起源 ……………………… 71
第十节　作为表象的对象的物质及其本质的规定性 ………… 80
第十一节　物质本身的非实体性以及单子与肉体的
　　　　　联系 …………………………………… 89

第十二节　宇宙的普遍联系以及有机生命的无限性
　　　　　和差异性 ………………………………………… 95
第十三节　单子之间相互联系和交往的方式…………… 101
第十四节　先定谐和的意义 ………………………………… 108
第十五节　界限以及派生的单子和原始的、原初的
　　　　　单子的关系 …………………………………… 115
第十六节　对莱布尼茨神学观点的批判：作为《神正论》
　　　　　一书的导言 …………………………………… 122
第十七节　《神正论》的最本质的思想 …………………… 143
第十八节　莱布尼茨的灵物学导论：对经验论的批判 …… 152
第十九节　对莱布尼茨的灵物学的阐述 ………………… 163
第二十节　对莱布尼茨哲学的阐述和评论 ……………… 177
第二十一节　对莱布尼茨的灵物学的批判（1847年） ……… 205
第二十二节　对莱布尼茨的神学和神正论的评论
　　　　　　（1847年） ………………………………… 219
引文汇编 ………………………………………………… 239
注　　释 ………………………………………………… 269
人名索引 ………………………………………………… 347

# 《费尔巴哈全集》(第2版)
# 第4卷序言

在《费尔巴哈全集》第1版中,《对莱布尼茨哲学的叙述、分析和批判》是第5卷的唯一内容。费尔巴哈只是在前言中、而不是在标题中,把这部关于莱布尼茨的专著称为他的《近代哲学史》的第二部分。1836年写的那篇前言中包含有许多关于哲学史的任务和方法的卓越思想,表明费尔巴哈如何理解这些思想以及如何在这部著作中运用这些思想,因此出版者认为应当把它作为一篇重要的导论置于这本书的前面。这篇导论对于理解费尔巴哈的哲学史著作也是饶有趣味的,因为它说明了费尔巴哈为何跳跃式地撰写他的哲学史著作。如果有人注意到,《比埃尔·培尔》一书(《全集》第2版第5卷)紧接在《对莱布尼茨的叙述、分析和批判》之后出版,那么这十分清楚地表明费尔巴哈有一种建立体系的倾向,这种倾向推动着他去从事哲学史的著述。当然,这种建立体系的倾向是与他后来思想的发展方向背道而驰的。因为,这部深受作者的关怀、甚至几乎可以说是用作者的心血写成的论述莱布尼茨哲学的著作,不外是作者给唯心主义所作的辩护,对把精神看作世界上的真正实体这种思想所作的辩护。尽管如此,这并不妨碍哲学和神学的关系问题已在这里引起费尔巴哈的浓厚兴趣,这个问题后来还成为他著述《比埃尔·培尔》一书的动力。

不过,这种建立体系的倾向不仅没有妨碍这位哲学史家的工作,而且毋宁说大大推动了他的工作。这部关于莱布尼茨的著作标志着费尔巴哈从事哲学史工作的顶峰。这部著作建立在对当时所能找到的全部资料进行异常细致而又极其广泛的研究的基础之上,这些资料不止是有关莱布尼茨本人的,而且涉及这位哲学家的整个思想环境,特别是自然科学和神学方面。即使到今天,在这些资料已有了重大的增长,并且经过卓越的研究者和叙述者反复仔细地加以研究之后,仍然可以把费尔巴哈的这部著作,称为对莱布尼茨的那个如此独特的、而且由于其记述方式不连贯而难于理解的精神世界提出的最重要和最有价值的指南之一。对于它首次发表的那个时代(1837年)来说,这部著作正是一个里程碑(参看本书边码第25页上的注释)。

为了使现今的读者能看到费尔巴哈的工作方法和他的著作的文献根据,这里不仅理所当然地发表了费尔巴哈所写的注释,这些注释仿佛是费尔巴哈自己给他的著作写了一些连续性的、极有学问的说明,而且发表了莱布尼茨著作的引文汇编,这些引文使读者不用费劲就能从原著去理解莱布尼茨的一系列基本思想。出版者认为,为了尊重历史的本来面目,应当确定这些引文和费尔巴哈所使用的版本、特别是迪唐和拉斯普编辑的版本之间的一般关系。

然而,在注释的编排方面,这里与原来的版本有所不同似乎是适宜的。只有那些篇幅较大、形成小小的补遗的注释,才排在这一著作的正文的后面;反之,那些比较简短的注释则作为脚注排列在正文的下面,以便读者查阅。在那些较长的注释中,只有个别注释由于其内容特别重要而被挑选出来。它们是原来版本中的第62条注释(第228—239页)、第65条注释(第240—249页)和第73条注释(第259—268页)。前两条注释是费尔巴哈在1847年把这部关于莱布尼茨的著作编入他的全集时写的,当时把它们编入此书的注释之中。它们包含有对莱布尼茨的神学和神正论的评论,以及对莱布尼茨的灵物学的评论。我们从其中可以看出,那个已经写出《未来哲学原理》并准备作《宗教本质讲演录》的费尔巴哈,是怎样看待莱布尼茨的唯心主义的。它们对理解费尔巴哈个人思想的发展确是如此重要,以致不能把它们排列在其他注释之中,而应当排列在第二十节的紧后面,费尔巴哈原来就在这一节里结束他这部从唯心主义观点对莱布尼茨哲学所作的评论和批评的著作。

最后是第73条注释,费尔巴哈在这条注释中为斯宾诺莎辩护,反对赫尔巴特对斯宾诺莎的抨击。这条注释原来和第二十节有关,但它与这一节联系得并不密切。它本身毋宁是一篇简短的哲学史论著,因此,把它从其他注释中抽出来,而排列在本书第二部分"关于近代哲学及其历史"之中,似乎是适宜的。

⋯⋯⋯⋯⋯⋯

弗里德里希·约德尔

# 对莱布尼茨哲学的叙述、分析和批判

# 前　　言

近代哲学领域内继笛卡尔和斯宾诺莎之后，内容最为丰富的哲学家乃是莱布尼茨，尽管他的哲学有一些非常明显的漏洞和缺点。我的近代哲学史第二部分之所以叙述他，而且仅仅叙述他，这主要是由于这部著作的根本目的与其他类似的著作不同。这部著作的目的，从而他的基本对象，不是仅仅要求并且允许进行形式上的叙述，而是使一种积极的哲学活动，一种内在的阐发活动，不仅有可能进行，而且也有必要进行。真正哲学的标志乃是有阐发的能力。例如，洛克的哲学便不能阐发，而且也无须阐发。任何一个读过一点近代哲学史的人，都知道洛克的目的和观点，而莱布尼茨的目的和观点他们就不了然了。洛克的哲学在其本质方面绝不会被人误解，绝不会被人作肤浅的阐述，而莱布尼茨的哲学大概会有这种可能性。感性的明显性（并非经验）有利于洛克，不利于莱布尼茨。对于太阳运行的观念，无须列举论据详加阐发；于是，对于地球运行的观念却需要作这样的阐发。因此，对洛克哲学作这一种历史叙述和另一种历史叙述之间，只可能出现形式上的差别，但对莱布尼茨哲学却不会如此。

阐发就是揭示一种哲学的真正含义，揭露其中含有的积极因素，展现隐藏在它的暂时被制约的、有限的规定方式之中的那个哲学观念。观念就是阐发的可能性。

因此,阐发困难而批判容易。对于错误和缺陷,只需稍加注意就能看出,而对于美好之物却需要深思熟虑才能发现。哪怕仅仅匆促地闲谈几句,就足以发现前者,而要发现后者,却需要通过亲密的交往。错误会自然而然地暴露出来,射入眼帘,美好之物却闭门幽居,与世隔绝,自得其乐,只向亲近的人露面。真正的批判寓于阐发之中,因为,只有把本质之物和偶然之物、无条件之物和有条件之物、客观之物和主观之物划分开,才可能作出真正的批判。

无论分析活动或者综合活动,都是阐发的手段。分析活动不仅从被规定的、个别的思想中抽象出普遍的、规定的概念,而且从已说出的话语中揭示出那些虽未直接说出、但已以不完全的形态包含在话语之中的含意,因此它只是沉思的对象,而不是经验感知的对象。综合活动只有通过把杂多之物综合为一个整体,通过把一些有区别的、孤立的、表面上相互没有联系或至少不具有明显联系、但实质上相互联系着的思想连结起来,才能得出观念。因此,阐发是一种发生的活动,它从自己的根据中推出那种只有作为直接论题才能表现出的东西,而当这种东西以这种形态表现出来或被这样地复述时,它仍然是不可理解的。可是,阐发还必然是一种被历史地制约着、规定着的活动。它始终必须以一定的资料为依据,从这些资料中可以直接或间接地看出,这种阐发、这种发生确实符合于哲学家的真正的、不致误认的思想和精神。例如,莱布尼茨从来没有直接从单子概念中推出单子的众多性。可是,尽管他没有提出关于众多性的形式演绎,但这并不意味着单子的众多性是他假设的或从外面取得的。举例来说,现实的存在物必然也是个别的存在物这个定义,就历史地证明和论证了这一学说是从单子概念中产生出来的。

有机的活动是阐发性叙述的理想。阐发应当是一种再生、蜕变。阐发者应当把异己的东西不看作异己的,而看作仿佛是他自己的,他应当把它设想为某种通过他自己的活动间接表现出来的东西,设想为某种被他同化了的东西。他的典范不是那些采集花粉并运回蜂巢的蜜蜂,而是那些把已经采集到的花粉作为蜂蜡重新分泌出来的蜜蜂。

在哲学史领域内,叙述只有在它重新创造出体系的情况下,才符合于它的使命。这里的对象不是精神——思想——的外部活动,而是精神的内部的、内在的活动,在这个时候,原因处于结果之中,而结果又处于原因之中。理智在其外化时并没有把自己移植于异己的因素之中;思想之所以外化,是为了重新被思维,而不是为了变成视觉或信仰的对象;思想始终停留于自己的故乡、自己的策源地。产生思想的力量和重新再生出思想的力量,是相同的,而且应当是相同的。

诚然,可以机械地看待思维精神的活动,把它表述为一种以讲述的形式表现出来的外部活动。可是,这种态度不符合于对象的本性,而且毋宁说是与它相矛盾的。在这样的叙述中,对于叙述者是否领会和理解自己的对象,以及他如何领会和理解自己的对象这个问题,在最好的情况下也仍然完全没有作出结论。他对于这一点至少没有提供客观的证明。因此,他让读者自行处理,而没有给读者提供理解的手段;他把哲学家交给读者随意处置,他或者仅仅把哲学中的那些最困难,但也是最重要的问题稍带的提一笔,或者,更妙的是,提也不提。因此,在以阐发的方法完成对个别哲学家的研究之前,可以轻而易举地用一种更加简便的方式处理一整批哲学家,如果可以整批地弄到哲学家的话。

可是,与此同时,还要把纯粹历史的叙述与阐发联系起来,这种纯粹历史的叙述尽可能让哲学家自己讲述,让他从自己出发并通过自己来说明自己。叙述者的主观活动在这里仅仅被归结为以何种方法把哲学家的话语串连起来。根据研究对象的性质,根据哲学家著作中所包含的材料的特性,纯粹历史的叙述既可能是阐发,也可能取代阐发。一般说来,阐发只能被扩大应用于最本质之物:只有在它是必要的场合下,它才是适当的。

# 第一节　近代哲学的发展过程

与经院哲学派的亚里士多德哲学不同,近代哲学这种"juxta propria principia"①["立足于自己原理之上的"]哲学,按其籍贯来说是意大利人。热情奔放的意大利人想必从一开头就觉得,经院哲学的那座阴暗森严的修道院过于狭窄,住在里面太不舒服;经院哲学按其外貌来说,就与意大利人的气质、自然观和美感格格不入的。近代哲学发源于意大利,这一点对于它后来的发展不是没有意义的。甚至在它后来比较成熟的年代里,甚至在一些较寒冷的地区,近代哲学仍然保存着它的出生证,仍然保持着南国天空的炽热火焰。可是,意大利只不过是这种哲学的出生之地,而不是它的安居之所。意大利哲学家的命运也就是哲学自身的命运。布鲁诺逃往法国,然后又逃往英国和德国,康帕内拉在其祖国被长期监禁之后,在法国找到了避难所。意大利人虽然能够产生出哲学,可是使哲学受到培育、发展和教育的,却是其他民族。

按照时间顺序,第二个接受这种反经院哲学的新哲学的民族是英国人。但是,在英国功利主义和重商主义的沉闷气氛中,——

---

① 这暗指特勒肖(参看本《全集》第 3 卷第 19 页)的主要著作 *De Natura Rerum juxta propria principia*[《依照物体自身的原则论物体的本性》];这个书名包含着一个纲领,即应当从自然界本身而不应当从神学观点去理解和说明自然界。——德文版编者

在那里，精神只有凭借于幻想和幽默的翱翔，才能超越那个狭隘的、有限的领域——思想这个自由飞翔的、虚无缥缈的神灵的使者被贬谪为经验主义的 Mercurius praecipitatus[坠落的麦库利乌斯（商业之神）]。在英国，形而上学哲学只是作为历史哲学，作为柏拉图主义、亚里士多德主义或神秘主义（例如在亨利·莫尔那里）保存下来；真正的、创造性的精神却是经验主义和唯物主义。于是，哲学又离开英国，迁居到比较活泼、比较敏感的法国人那里。法国人比英国人重感情，具有更加普遍、更加人道的情感，在他的血管中流动着精神的、唯心主义的原则。因此，法国人怀着易于激动的热情，越过感性之物和特殊之物的领域，上升到超感性之物和普遍之物，可是法国人不能把思想牢牢地保持和固定在它自身之中；他没有在思想中找到向存在过渡的途径；在他那里，概念始终仅仅是空洞的、普遍的；不久，他又下降到感性直观之中，只有在那里他才找到了内容。诚然，在法国，哲学获得某些进步，它在这里更加专注于自身，更加明确地领悟自己的主题，从而首次创立了学派，而意大利的哲学家却或多或少是一些纯粹的、靠碰运气来进行哲学推理的自然论者，而这与他们的禀赋、个性和自然癖好是相适应的。但是，法国人对哲学的任务只解决了一半，他们由于害怕形而上学思维的困难，结果正好半途而废，他们怀着懊恼的心情更加勤奋地致力于数学和物理学的研究。因此，没有过多久，哲学便作为一个纯粹的幻想家，被主要从英国侵入的感觉论和唯物主义排挤于法国之外了。

不过，在这种情况正式发生之前，哲学已经从法国移居到荷兰去了。可是，在这里，它并不是寄居在一个土生土长的荷兰人的家里，而是寄居在那样一个人的家里，在这个人身上显露出一种比民族特征更为重要的特征,这就是犹太教和基督教之间的重大区别,这个人虽然诞生在一个犹太人的家庭里,并接受犹太人的教育,可是他后来却跟犹太教决裂,而又没有归附于基督教,他是思想的独立性和自由的化身。在这里,哲学离开它在法国时曾往返动摇于其间的唯心主义和唯物主义这两个骚嚷的极端,获得了安宁。在这里,它清除了一切异己的成分,一切幻想的装饰品,一切神人同形论和神人同情论的遮盖物。在这里,它把眼镜擦得亮光光的,以便看得更清楚一些;在这里,它给自己画了一幅逼真的肖像。可是,它用以画像的材料却是坚硬的、不适合的。这仅仅是一幅石刻的肖像,而不是一幅色彩鲜艳的画像。因此对于它那个时代来说,这种石刻的肖像确实也像美杜萨①那个魔女的头。它所引起的后果,只能是它自己的对立物。因此,哲学只好期望以后的时代对它表示较深刻的理解,它在向近代几个最重要的民族告别之后,便动身前往德国。在德国,它沉湎于对自身的反省和思考之中,它把各种不同的哲学观点收集到一起,用普遍的类概念、哲学观念把它们归并为若干类;在这里,哲学再一次阅读它在其他国家旅行时所写的全部著作,加以批判和校正,或者把其中某一部分整个抛弃。在这里,它重新拾起过去它在法国业已开始,但由于法国人的性格不坚毅而没有继续完成——而且恰恰在一些最重要、最困难的问题上半途停顿下来——的工作,并借助于德国人的彻底性和坚毅性持续不断对它进行最深入的探讨。只有在这里,在德国,哲学才定居下来,才和民族的本质融合到一起。诚然,在开始时,哲学仍然

---

① 美杜萨(Medusa)是蛇发人面的三魔女之一。——译者

与这个民族相当疏远;它是从法国迁居过来的,依然与那个国家保持十分亲密的交往,它还使用法语和拉丁语来表达自己的思想[1]。一般说来,它在自己的本质中还含有某种异己的东西,保持法国精神的情调;因此,它的举止像一个异乡人,他一举一动都很迟缓,稳健,小心翼翼,顾虑重重,以免引起别人反感。

虽然德国人早已了解和认识哲学的祖先,可是这远远没有导致积极的后果。在大多数德国人的心目中被看作是"神人"的路德,竟把哲学的最杰出、最有名的祖先亚里士多德看成是"可诅咒的、不信神的、狡诈的异教徒",同时把亚里士多德和当时以他为唯一代表的哲学径直扔给魔鬼。路德的朋友梅兰希顿——后来整个德国把他推崇为"导师"——对哲学也不抱什么好感,至少在他青年时代是如此;持有反哲学观点的人、即所谓狂热分子,竟至于达到如此激烈的地步,以致把一切研究活动都宣布为犯罪行为。不过,路德和梅兰希顿很快就醒悟过来,认识了哲学的必要性。梅兰希顿甚至以一种清除了经院哲学杂质的、对人和蔼可亲的形态,把亚里士多德引入基督教大学中去;梅兰希顿的一个门徒在 1577 年甚至出版了一本用德语写的逻辑学,当然这本书只不过是一本普通无害的哲学入门教程而已。但是,对哲学的这种承认并不是出自内心深处,不是出于哲学的精神和意向本身,不是出于内在的需要。在那个时候,哲学只具有一种从属的、与它本质相矛盾的、仅仅是形式的①,因而没有成果的意义和地位。德意志民族在宗教

---

① 例如,可参看梅兰希顿的《哲学讲演集》,1536 年,载于 *Declamationum D. Phil. Mel. etc.*, Argentorati,第 1 卷,第 31—37 页。

方面刚刚从外国的权势下、从罗马的统治下解放出来;宗教自由是关系重大的事情。宗教把一切积极的精神活动都引向它自身。神学是它自己的、生气勃勃的、现今的精神,哲学则是异己的、因袭得来的、以往的精神。人只有做那些具有重大意义、具有宗教意义的事情,才能获得成功。然而,哲学恰恰只具有世俗科学的意义,而这种科学并不研究关于灵魂的重大问题。精神还没有使它的本质与哲学一致起来,还没有使它自己和哲学处于直接的、活生生的统一之中;哲学还不是精神所最关心的事情,哲学的内容是因袭得来的,它自己的活动仅仅是形式的、没有生气的。

因此,在德国,与这个民族的宗教特征相一致,宗教的解放先于哲学的解放。在法国、英国和意大利,独立的哲学产生于现存的宗教之外,并与现有的宗教相分离,但是这种分离使宗教本身继续存在不受触动,于是形成两个世界:一个是理性不能干预的信仰世界,另一个是信仰被排除了的理性世界。与此相反,在德国,哲学一方面产生于哲学和宗教自觉的、反省的和解,另一方面产生于——而且恰恰是在这种和解之先——与宗教的直接统一,产生于宗教哲学,这种哲学植基于宗教感和宗教信仰之上,并由宗教的需要所引起。可是,这种直接从自身出发的宗教哲学,不是哲学的结果,因而不会分解为各种工具的体系;它或者把一切特殊的、特定的、现实的东西当作世俗的东西抛弃掉、否定掉,或者,即使它把这些东西纳入自身之中,它也只是以宗教的形象,而不是在其特殊的规定性中,不是通过这些东西自身加以理解。这种哲学没有上升到自我意识,没有思考思维过程本身,没有领会思维的本质,没有从单纯的思维形式中理解对象,而是从隐蔽的、感性的特性或情绪的、幻想的规定性中理解对象。因此,它没有上升到形而上学的观念,没有与这种观念一道达到意识的顶峰,即统一性、明确性和主动性。这样的哲学不是哲学,而是神秘主义。康德在理性的范围内论述宗教,而德国神秘主义者中间最重要的人物雅科布·波墨则是在宗教及其观念的范围内论述哲学。但是,恰恰由于这个缘故,神秘主义没有上升为科学的、哲学的认识。就通常的、有限的意义而言的宗教,也就是说,从把特定的、特殊的东西,简言之,把现实的东西以及与此相关的活动,仅仅规定为世俗的、即空幻的东西,并加以排除这种意义上来说(雅科布·波墨的神秘主义就是立足于这种意义之上,尽管他带有自然哲学的倾向)的宗教,不让人去研究和考察事物的本性。科学要求人们对它的对象怀有独立的兴趣,即单纯地对对象本身的兴趣,要求人们自由地、聚精会神地、无条件地专注于对象。可是,上述意义的宗教,恰恰使人不能自由地拥有这种兴趣,不能自由地专心致志于研究对象;因为,在宗教看来,这样的兴趣、这样的热情——没有这种热情,人们就会一事无成——是对有限之物的崇拜。只有当把神学——培根在物理学中把神学称为不能生育的、献身于上帝的圣女——驱逐出去,只有当人们对自然界产生一种自由的、纯粹的兴趣时,自然科学的研究才能取得成果。一般说来,艺术和科学只有在它们仅仅由于其自身的缘故受到尊重和被人从事的场合下,才能作出伟大的、不朽的成果。但是,艺术和科学的精神,由于它具有这种无条件的、自由的倾向,因而绝对不是非宗教的精神。相反,只有那些为了科学本身而从事和热爱科学的人,才能以宗教的态度去从事科学研究。如果不是从这种广义上理解宗教,而是把它理解为一种排外的、单独的、与人的其他一切活动(虽说是如此纯洁、崇高的活动)相分离的活动,如果从宗教过去支配着、现在仍部分地支配着人们情绪的那种意义上去理解宗教,那么科学和艺术就不可能诞生。正是由于这个缘故,德国人为了使自己上升到哲学自身,就需要外国人作为自己的先驱和推动者;(除了其他的原因之外)天主教的本性使这些外国人,尤其是意大利人,易于获得精神自由,因而他们比德国人早一些上升到哲学,因为天主教较多地倾向于研究外部世界,而耶稣教则较多地偏重于心灵[2]。

## 第二节　莱布尼茨的性格特点

哥特弗利德·威廉·莱布尼茨是德国头一个创立一种独立的、卓有成果的哲学的重要人物,他生于三十年宗教战争末期,即1646年6月21日,诞生在莱比锡一个大学教授的家庭里,1716年11月14日死于汉诺威。他是一个在学识渊博方面无与伦比的天才,是求知欲的化身,是他那个时代文化的中心。他早在青年时期,甚至在少年时期,几乎就已经是学者、哲学家了。他把自己归入那些罕见的、博学多才的神童之列。他这样地谈论他自己:当他是小孩的时候,他就能在一天之内用拉丁文写出三百行圣诗,而不遗漏任何一个字母;当他还不满十七岁的时候,他已经能够用书面回答具有思辨哲学性质的问题[3]。莱布尼茨在童年时就喜欢看利维和维吉尔这两位作家的作品,尽管他的教师禁止他看利维的作品,莱布尼茨到老年时还能背诵维吉尔的作品,几乎一字不忘。莱布尼茨在十五岁时已经上了大学,起初上莱比锡大学,后来上耶拿大学。尽管三十年战争刚刚结束后,德国的思想状况和政治状况极不景气,莱布尼茨还是在德国找到了一些能够满足他需要的人,这些人对他的思想的形成和发展不是没有影响的。其中首先是雅各布·托马希乌斯(他是后来变得非常有名的克里斯蒂安·托马希乌斯的父亲)和数学家艾哈德·魏格尔。雅各布·托马希乌斯

第二节 莱布尼茨的性格特点 19

是一位对哲学史、特别是希腊哲学史非常精通的专家,这在当时可是凤毛麟角。他讲授哲学史时,不是仅仅讲授哲学家的历史,而是讲授哲学的历史,正如莱布尼茨后来在写给约翰·克里斯蒂安·伏尔夫的一封信中以赞扬的口吻提到的那样。显然,莱布尼茨之所以早年就熟悉希腊哲学,特别是熟悉亚里士多德,正应得力于这位哲学史家。莱布尼茨在给托马希乌斯的信中亲自承认,他得益于后者之处甚多。艾哈德·魏格尔把数学和毕达哥拉斯哲学结合到一起,试图使亚里士多德与近代哲学家调和起来。莱布尼茨在自己著作中好几次以尊敬的口吻提到他①。他对莱布尼茨特别有启发,推动他去独立思考,特别在数学方面,譬如推动他发明自己的双元算术。布吕克尔在他的《莱布尼茨传记》中也认为,应该说是魏格尔促使莱布尼茨在早年时期就产生了把古代哲学和近代哲学调和起来的思想。不过,虽然魏格尔早已有这样的思想,但毕竟应当把这个思想完全看作莱布尼茨自己的思想。因为,一般说来,莱布尼茨是从他自己的形而上学原则的观点去阐释整个科学领域,他自己就是那样一个单子,一切仿佛从外面进入这个单子之中的东西,其实都是从它自己的基础中产生出来的。莱布尼茨特别在他写给托马希乌斯的信中陈述了这一思想,不过他是通过以机械的笛卡尔哲学的精神解释亚里士多德,来实现古代哲学和近代哲学的调和的。不管怎么说,下述现象仍然值得注意:在法国、英国和意大利,近代哲学是从全盘否定古代哲学,或者像在意大利那

---

① 特别是《神正论》,第 324、212 节。莱布尼茨:《死后的光荣》,《莱布尼茨全集》第 6 卷第 311 页。

样,至少是从否定亚里士多德哲学起家的;可是,在德国,近代哲学却是立足于对希腊哲学、特别是对亚里士多德哲学进行研究,而且是进行生气勃勃的、使之同化的研究这一基础之上。诚然,在法国和英国,也有一些人没有否定古代哲学,而是赞许古代哲学,并试图把它与近代哲学联系起来。可是,这不是一些重要的、杰出的思想家,然而只有杰出的思想家才能成为据以评定这些国家特性的标准。

因此,让德国哲学去求教某些仿佛用经验补充了哲学的外国人,这种想法是肤浅的。和哲学最贴近而且作为哲学基础的经验,就是哲学自身的历史。因此,莱布尼茨一有机会就指责某些哲学改革家,说他们不是改善古代哲学,并在它的基础上继续发展。而是把它一概否定。他说:"他们宁愿从事于制定和陈述自己的思想和设想,而不愿整理和阐述亚里士多德和经院哲学这些古代学派遗留下来的宝藏。如果哲学把古代思想全盘否定,而不是加以改善,至少没有把亚里士多德的原著中大量包含着的卓越思想加以肯定,那对哲学是没有什么好处的。"(参看《论哲学的风格》第4卷第22页)因此莱布尼茨认为他那个时代不同于哲学上的奴性时代、即经院哲学的野蛮时代,他把自己那个时代称为自由放任的时代,这时人类陷于相反的极端之中①。有些人指责莱布尼茨,说他之所以赞扬古代哲学,仅仅是由于他嫉妒近代哲学家,并且企图借此抬高自己的哲学;可是,这样的指责毫无根据,不值得他加以任何驳斥。

---

① 莱布尼茨:《死后的光荣》,《莱布尼茨全集》第6卷第311页。

莱布尼茨之所以博得不朽的荣誉，主要是由于他在哲学和数学方面作出卓越的成绩；可是，这两门科学并不是在他青年时期以及后期吸引着他去研究的唯一对象。他具有极其广泛的兴趣，对各门科学都很爱好。父亲传给他的书库里藏有各种专业的图书，充分满足他在求学时期的求知欲。在他整个一生中，他"始终怀着强烈的求知欲"[①]，孜孜不倦地从事于这种多方面的或者毋宁说全面的研究；因此，他的学识极其渊博，令人赞叹，而他之所以令人赞叹，与其说是由于他的知识面极其广泛，不如说是由于这种渊博知识的质量，因为它不是一种僵死地铭记在脑海里的知识堆积，而是一种天才的、创造性的博学多识。他的头脑不是植物标本集；他的知识是思想、是一些赖以进行卓有成果的活动的材料。他的脑海里的一切都是精神和生命，他利用这一切以进行创造性的活动。他不仅包括了各个不同的、甚至相互对立的知识领域，而且也包括了产生这些知识领域并且使之取得成就的那些形形色色的特性和素质。通常，人们只禀赋有这种或那种天才；可是，莱布尼茨却集各种各样的天才于一身：他既具有抽象的数学家的特性，又具有实践的数学家的特性；既具有诗人的特质，又具有哲学家的特质；既具有思辨的哲学家的特质，又具有经验的哲学家的特质；既具有史学家的才能，又具有发明家的才能；他具有很好的记忆力，从而不必耗费精力去重读他过去记下的东西；他既具有植物学家和解剖学家的显微镜似的眼睛，也具有进行概括工作的分类学家的高瞻

---

[①] 《写给科特霍尔特的信》，载于科特霍尔特出版的《书信集》（第175封），莱比锡，1734年。

远瞩的目力;他具有学者的忍耐心和敏锐感,也具有依靠自学的、独立思考的、寻根问底的研究者的坚韧力和勇气。莱布尼茨这样地谈论他自己:"有两件事给我带来极大的好处;在一般情况下,它们的价值是值得怀疑的,对大多数人来说甚至是有害的。一件事情是:我差不多完全是自学出来的;另一件事情是:在各个知识领域,只要我开始与它有所接触,往往在熟悉它的现有情况之前,我已有一种寻求新事物的倾向。由此给我带来两种好处。我不需要用那些毫无价值的见解来塞满自己的脑子,然后又把它们置诸脑后,人们接受这些毫无价值的见解与其说是出于它们本身的根据,不如说出于教师的权威。其次,在我没有揭露出任何一门科学的最内在的根源和联系,没有达到最高的原理之前,我是绝不罢休的,因此,只要我研究任何一个问题,我总是能够发现某种新东西。"[1]与这种罕见的才能结合在一起的,还有一个值得注意的特征,正如他自己所说的,对他来说,一切容易的事情都是困难的,而一切困难的事情又都是容易的[2]。

与莱布尼茨的渊博知识相对应,他的社会联系十分广泛,而且是多种多样的。他所认识的人愈多,他的交往也就愈加广泛。莱布尼茨的渊博知识使他与各个社会领域都有联系:与各个专业的学者,与各个阶层的人士,与军人、艺术家、君侯、工匠都有联系。由于他掌握有渊博的知识,因此他得以到法国、尼德兰、英国、意大利等地去旅行,时而使他在迈因茨选侯的宫廷中担任枢密官,时而

---

[1] 《历史的和一般语言性质的注释》。
[2] 《定居汉诺威时期的莱布尼茨》,第160页。

在不伦瑞克和吕内贝格的公爵那里担任图书馆馆长和宫廷顾问，后来又升为编史官和枢密法律顾问，它使他在维也纳获得贵族身份，挣得大量薪俸，其中一部分甚至是俄国彼得大帝支付给他的。然而，遗憾的是，有些事情对普通人来说是荣誉和幸福的泉源，对学者和哲学家来说却是不幸的泉源。莱布尼茨的许多科学著作一直没有完成，或者只有一个提纲，例如，他的《新动力学》，他关于通用语言的草案，就是如此。哲学特别受到这种繁忙杂乱的工作的影响。这并不是说，这些与哲学活动截然对立的工作，仿佛使他的形而上学精神受到损害和限制；相反，他始终以使自己的唯心主义的精神保持纯粹而有生命力。他从来没有忽略形而上学这门最高的科学，同时由于他的智力具有无限的弹性，因此他永远不会失去研究这门科学的能力。可是，他的活动方面太多，过分杂乱，以致他不能把自己的哲学思想汇集起来，加以严整的、有联系的、系统的阐述和发挥。他曾经这样说过："很难形容我是多么忙。我在档案室里进行研究，阅读古代文献，收集没有发表的手稿。我希望通过这种方法弄清楚不伦瑞克的历史。我收到大量信件，也寄出大量信件。此外，在数学领域内还有那么多新问题，在哲学方面还有那么多新观念，还有那么多的写作计划，它们都是我所不能抛弃的，因此我在自己的活动中常常感到疲惫不堪，像瘫了似的，我像奥维德那样感叹：'我的财富使我感到贫穷。'"[①] 在另一个地方，他甚至说，他在《神正论》以及其他论文和著作中，只不过对自己的哲

---

[①] 《致普拉克齐乌斯的信》，1695 年 9 月 5 日，《莱布尼茨全集》第 6 卷第 51、102 页；第 5 卷第 114 页。

学作一个粗浅的概述①。他没有把自己的哲学体系作为一部连贯的著作写出来,而是把他的卓越思想,按它们呈现于他的脑海时的形态,写在一些零散的纸片上,我们不得不花费精力把它们汇集到一起,才能获得一个由残篇断简组成的完整体系。他的哲学像一条充满光辉灿烂的思想的银河,而不是太阳系或行星系。

此外,莱布尼茨由于参与多种多样的活动而建立的多种多样的联系,必然使他的哲学自由受到限制[4]。随同这些联系的建立,不可避免地会产生种种顾虑。例如,莱布尼茨在1706年从柏林寄给法布里齐乌斯的信中写道,尽管他对参加当时宫廷宴会娱乐活动颇为反感,但为了避免别人把自己看成禁欲主义者或性情乖僻的人而不得不参加。于是他抱怨说,浪费了最宝贵的财富——时间。但是,这样一些表面的顾虑还是最最无害的呢。更加危险的是,由于他对自己所交往的人怀有一种爱护、尊敬或依赖的心情,因而往往不知不觉地影响了自己的思想。笛卡尔之所以离开自己的祖国,主要就是为了躲开在那里建立的为数众多的联系,他甚至于在荷兰也变换住址,以便不让别人知道自己的行踪。斯宾诺莎为了不放弃思维的自由,而不接受海德堡大学教授的职务。可是,莱布尼茨如此深地纠缠在各种联系的罗网之中,以致我们几乎只知道他为别人想些什么和怎样想的,而不知道他为自己想些什么和怎样想的。他不仅在书信中、在随笔中、在论战性文章中陈述自己的思想时,总是考虑到与之写信或与之论战的对方,甚至在他的一些比较大的著作中也是如此,例如写《神正论》时考虑到培尔,写

---

① 《致托马斯·比涅特的信》(第16封信),《莱布尼茨全集》第6卷第285页。

《人类理智新论》时则考虑到洛克,而且在他的头脑中形成自己的思想时,至少就思想的表述方式而言,即使没有总是考虑到某个特定的个人,也总是考虑到他的那个时代。

但是,尽管如此,对于莱布尼茨,我们仍然没有必要采纳康德的作法,把他分为自在的莱布尼茨和自为的莱布尼茨。他的精神实质恰恰在于他具有如此多种多样的联系,他就是自己的单子的逼真肖像,他的单子的本质就在于从观念上包罗其他一切本质,在自身中反映这些本质,并使自己与一切事物处于完美的联系和关系之中。他所表现出来的顾虑不是故意的,不是与他的本性格格不入的;他在自己的这一切限制和关系中仍是自由的,仍是恰然自得的,因为这些顾虑基于他的本质之中;他善于适应一切环境,因为没有任何东西是与他的包罗万象的爱好格格不入的,是与他的观点实际对立的。尽管在他对待当时正统思想的态度上,我们不能不承认他对教义学的许多原理作了过多的让步,表现出有些忐忑不安的顾虑,但他即使在这点上也仍然没有否定他自己,没有否定真理[5]。如果我们考虑到,在那个时代,奥古斯丁仍然是个很高权威,以致当莱布尼茨的某些观点背离了奥古斯丁的观点时,他不得不表示道歉,如果我们考虑到这些情况,那么我们发现莱布尼茨的上述让步和顾虑已经得到足够的原谅。在莱布尼茨看来,凡是就其本身而言不具有价值的事物,就其与更高目的相联系而言仍是有价值的。所以,他之所以捍卫正统的学说,就是因为他认为在他那个时代宗教利益是与正统学说联系在一起的。不过,他是从这样一种意义上理解宗教本身的,即:只有在这种意义上,精神才能与宗教和解,真理的天恩才以宗教为依据;也就是说,他是从宗教和理性的同一性上理解宗教的。"我们的宗教绝不是(与理性)相对立,毋宁说,宗教处于理性之中,植基于理性之中。如果不是这样,那我们为什么宁愿读《圣经》,而不愿读《可兰经》或者婆罗门的古籍呢?①"宗教之最重要、最永恒的真理应当立足于理性之上②。此外,莱布尼茨在任何地方都没有坚持直接的、最接近的和墨守字句的意义,而是坚持可能的、内在的意义。对于他那纯粹的、唯心主义的精神来说,没有任何东西是确定不移的、僵死的、独断的、确实的。在他看来,一切事物都只不过是符号;他认为事物的真正意义、含义仅仅包含在精神本身之中。他是炼金师,他在最普通的材料中,甚至在经院哲学的胡言乱语中——用他自己的话来说——都能找出黄金。在他看来,没有任何不可穿透的物质,精神,理性活动是没有界限的。他认为没有任何事物是太坏的和卑微的,没有任何事物是空洞的和毫无意义的。他不知道任何真空。培根说过:凡是值得存在的事物,都是值得认识的。乔尔丹诺·布鲁诺也说过:没有任何事物是如此细微,如此渺小,以致精神不能居住于它们之中。这些话表达了莱布尼茨思想的本质。在他看来,一切事物都是借以达到更高目的的手段;他建立各种联系和关系的唯一目的,就在于促使科学在其各个领域内得到发展。他甚至认为游戏也值得哲学家注意,因为游戏时也需要思维。

　　活动是他的哲学的原则。在他看来,活动是个性的基础,是并非只有一个实体、而是有许多个实体这一情况的原因。他认为各

---

① 《定居汉诺威时期的莱布尼茨》,第112页。《人类理智新论》(拉斯普编)第463页。

② 《对施塔尔的见解的答复》,《莱布尼茨全集》第2卷第157页。

种存在物只不过是活动的不同形态,思维是其中的最高形态,因此思维是生活的目的,——我们被创造出来是为了进行思维——是艺术的目的,是艺术的艺术①。活动是他的精神和性格的本质。他是经院哲学家的 actus purus [纯粹活动],不过是以人的个性的形态表现出来。在他看来,材料、事物及其性质本身是无所谓的,不论它是怀表、计算机、苍蝇或哲学体系,都无所谓,因为对于他的能动的精神来说,它始终是无限的思维材料,因为任何事物只有借助于精神的力量才能加以摇动和震荡,从而发挥它的精神特性,因为他认为没有任何一种事物是局限地、孤立地存在着的。当别人停止思考和停止区别的时候,当别人面临绝对黑暗的时候,他才开始进行真正的思考和观察;在他看来,物质不仅是可分的,而且确实可以无限地加以分割;在别人看来仅仅是混乱的、僵死的一团,在他看来却是具有肢体的生命,每一滴水珠都是一个充满活生生的生物的鱼池;甚至一杯咖啡在他看来也具有无限的生命[6]。在他看来,物理世界里没有任何东西是僵死的、无机的,在精神的、道德的世界里,没有任何东西是绝对恶劣的、可遗弃的、虚妄的;他认为这个世界是最美好的世界;在他看来,一切事物都是联系着的,因而到处是一片和谐,那种就其自身而言是坏的东西,在这种联系中也是好的;他认为一切事物都具有自己的充分根据。在他看来,从精神 μὴ ὄν [非存在]这种意义而言的物质是没有的,除了似是而非的混乱之外,没有真正的混乱,没有任何毫无意义、毫无目的

---

① 《致毕雍先生的信》,《莱布尼茨全集》第 5 卷第 564 页。

的事物。因此,他的精神具有一种安宁的愉快和唯心的开朗;他的灵魂是崇高的,它除了对真理、科学和人道充满兴趣之外,没有别的兴趣;他的精神状态是幸福的,丝毫没有厌恶、蔑视和憎恨的心情;他具有忍让的精神和温和的性格,只看到万物中的美好的一面。他这样地描绘他自己:"我几乎对什么东西都不轻视。"他在另一个地方又说:"我所具有的批判精神比任何人都少。这听起来令人有些奇怪;可是,我几乎赞同我所阅读的一切论点。我清楚地知道事物是多种多样的,因此我在阅读时总会发现替作者进行解释的和为他辩解的论点。诚然,有些论点较多地符合我的见解,有的论点较少一些,可是,很少遇见根本使我厌恶的论点。出于我的天性和我的基本观点,我总是习惯于在别人的著作中更多地注意对我有益的东西,而较少地注意那些不好的东西。纯粹反驳的文章,我自己通常既不去写,也不去读。"(参考写给德·博斯的信第4封和1696年2月21日写给普拉克齐乌斯的信,第6卷第211、53、64、72页;第5卷第247页)

莱布尼茨对著作是如此,他在生活中也是如此。他的朋友们赞扬他,说他从不说别人的坏话,而对一切作善意的解释[7]。他的精神是最纯洁的博爱精神(就此字的最美好的意义而言),是爱的精神、赞赏的精神、和解的精神;可是,这种和解不是那种可怜的和解,而是一种充满光明和富有才智的和解,前一种和解由于精神和性格软弱无能而抹煞矛盾,后一种和解却产生于渊博的知识和深刻的理解。Medium tenuere beati[幸福的人严守中庸之道]。莱布尼茨属于这类幸福的人。无论在什么地方,无论在政治、科学和宗教领域内,我们都看到他经常是两个极端之间的调停人;他凌驾于对立之上,而不是站立在对立之中;他是法官,而不是诉讼的任何一方。举几个事例就足以说明这一点。例如,他通过给"爱"下一个正确的、绝妙的定义,即把爱说成是这样一种状态,在这种状态中,生物仿佛不知不觉地使自己成为幸福的,它对自己没有什么打算和考虑,对于对象也怀着一种没有利害关系的愉快心情,通过这样一个定义,他调解了那个起初使法国的神学家、后来使英国的神学家分成两派的关于爱情是否含有利害关系的问题。他说:"爱意味着为别人的幸福感到高兴,或者,换句话说,把别人的幸福变成自己的幸福。这样一来,就解决了一个重大的、而且在神学中并非没有意义的难题,即怎么可能有一种没有利害关系的爱,在这种爱中既没有恐惧,也没有期望,也没有对于利害关系的考虑。别人的幸福使我们为之高兴,成为我们自己的幸福的一个组成部分。因为,使我们为之高兴的事物,也就是我们所追求的事物。对美的观察本身就能令人喜悦,例如,拉斐尔的画使我们为之迷恋狂喜(尽管这幅画除了令人喜悦以外没有带来其他任何好处),因此它对于享受这种喜悦的人来说几乎变成爱的对象。可是,既然美本身令人为之精神振奋,令人感到幸福,因此对美的享受就变成真正的爱。由此可见,对上帝的爱归根到底高于其他一切的爱,因为上帝是一切爱的最高对象。事实上,没有任何人比上帝更加幸福、更加美好、更加值得享受幸福[8]。"

现在,在政治领域内,我们看一看莱布尼茨如何在托利党人和辉格党人的斗争中表现为一个自由的、不偏袒任何一方的调停人。他在寄给一个英国人的信中写道:"无论在托利党里,或者在辉格党里,只有那些极端分子才应受到谴责。这两个党里的温和分子是容易一致起来的。先生,请告诉我:是否托利党里的温和分子不承认,在某些特殊的情况下,应当停止消极的服从,而允许反抗国王;是否辉格党里的温和分子不同意,除非根据重大的理由,否则就不应当轻率地作这种反抗。关于遗产的继承权问题,情况也是如此。继承权是不应放弃的,除非人民为了拯救祖国而不得不如此,因为如果认为在这些事情上存在着神圣的、必不可少的权利,那就发展到迷信的地步了。——你知道我对于君主的义务问题所持的见解。绝不应把教会和民族混为一谈。教会本身要求消极的服从;耶稣—基督的统治不是来自这个世界。可是,民族不可能由于个别人的奇怪想法和恶毒行径而注定毁灭。但是,只有当情况发展到非常紧急时,才应起来反抗。"①

　　让我们用简短的几句话来概括他的全部本质!他给神圣的、绝对的正义所下的崇高的定义(按照这个定义,正义无非是一种与智慧相符合的爱),反映出他自己的本质,这种本质就是全人类对它自身的一种与理性相符合的爱,就是思维的、科学的精神的一种无所不包的、泛神论的爱。我们在这里看出科学的崇高而神圣的使命和意义,而莱布尼茨就是科学的一个纯洁的形象。

　　信仰使人类分崩离析、相互隔绝而受到限制。信仰怀着魔鬼般的喜悦心情把古代最神圣、最崇高的杰出人物当作可诅咒的异教徒打入地狱;它在基督教和异教之间筑起一道仇恨的界墙;它为了使自己得以巩固地建立起来,在任何时候总是采用恶意的武器,总是在对它所不能达到的古代的伟大业绩进行诽谤和辱骂,从中

---

① 《致托马斯·比涅特的信》,《莱布尼茨全集》第6卷第273、284页。

寻找藏身之所。这些现象不是人类激情的一种外表的附属物;信仰就其本质而言就是分离的、局限的;它必然使人类受到限制。只有理性、科学才能使人获得自由;只有科学使人得到拯救,使人与自身和解,重新建立人自身的原始的同一;信仰所产生的种种联系始终仅仅是局部的、排外的。只有科学精神,甚至在中世纪,在那些与世隔绝的、隐居的修道院里,也把异教世界和基督教世界的联系保存下来,把人类与其自身的统一保存下来;而且,与基督教徒的虔诚的傲慢神气截然相反,科学精神从古代稀少的遗物中汲取各种教育材料。当信仰重新使人类分崩离析时,只有科学精神缓和与调和了信仰所造成的分裂,从而使人类再次相互接近和友好。莱布尼茨的伟大之处和历史意义主要也在于此:他不顾当时正统思想的局限性,没有用信仰在异教世界和基督教世界之间筑起的万里长城,把自己的精神视野限制起来。所以他关心保护异教徒,而基督教的正统思想却用恶鬼的狡猾伎俩把异教徒的最崇高的自我克制美德说成是一种外表豪华的恶习;莱布尼茨承认在异教徒那里,也如在印度人和中国人那里一样,有一种纯粹为了善和真理自身而对善和真理的爱;他企图使人对异教徒的宗教更加了解。莱布尼茨激起一种新的、原来一直是隐蔽的感情,尽管这种感情起初仅仅存在于自身之中:这已不再是一种仅仅对分离、孤立和局限之物怀有的感情,而是对完整、普遍和无限之物怀有的感情。莱布尼茨不是作为历史学家,而是怀着热烈的感情(对于这种感情来说,过去发生的事情并没有消逝),对希腊哲学作出应有的评价,力图把希腊哲学和新哲学联系到一起,而在自身中把希腊哲学的全部本质特征重新产生出来,因此,它是从一种真正普遍的意义上、从把它看作一切时代和一切民族的哲学这种意义上来理解哲学的。他说:"我发现大多数学派在它们所肯定的问题上大部分是正确的,而在它们所否定的问题上却并非如此。形式论者,如柏拉图学派和亚里士多德学派,当他们到形式因和目的论中寻找事物的根源时,他们是正确的。可是,当他们蔑视发生作用的物质原因时,他们便不正确了。然而,另一方面,当唯物论者完全抛弃形而上学的观察方法,企图通过那种依赖于想象力(即依赖于几何学)的东西来解释一切时,他们也是错误的。"①他在给比尔林的信中写道:"我并不是那么轻视柏拉图;在我看来,他的思想在有些地方还是深刻的和出色的。我在许多问题上甚至赞同塞涅卡和禁欲主义者的观点。笛卡尔在他的道德哲学中也是这样看的;一般说来,我认为仔细找找从古代人那里保存下来的那些有益于我们的东西,比仔细挑剔其中值得指责的东西,更有好处,更加适宜。任何一个著名的思想家都说过许多值得赞扬的话。甚至柏拉图学派和怀疑论者的许多学说也有可取之处。例如,他们关于感性事物变化无常的论点,就是完全正确的,这些感性事物与其说是实体,不如说是现象,尽管它们是合乎规律的现象。"②感觉不是一切知识的基础。"甚至梅利茅斯和巴门尼德也是比人们通常所认为的更加彻底的思想家。"莱布尼茨在写给汉施的信中写道:"柏拉图有许多思想是很出色的,例如:一切事物只有一个原因;在神的悟性中存在着理念的世界,我通常称这个世界为理念的领域;哲学的对象

---

① 《1714年写给雷蒙·德·蒙莫尔的第一封信》。
② 《新的自然体系》,《莱布尼茨全集》第2卷第1部分第52页。

是 τὰ ὄντως ὄντα[真正的存在之物],即单纯的实体,也就是我称之为单子的那种实体,这种实体只要一旦存在,就永远是 πρωτα δεχτιχὰ τῆς ζωῆς[生命的感受本原],上帝、灵魂,其中特别是精神,就是这样的本原。数学研究植基于神的精神之中的永恒真理,为我们认识实体准备条件。感性的事物,或者一般说来复合的事物,是转瞬即逝的;与其说它存在着,不如说它正在形成着。其次,正如柏拉图正确地指出的,每个精神都包含一个知性世界;按照我的见解,每个精神都表象着这个感性世界,可是它与神的精神有着无限的区别:上帝能够立刻相符地认识一切,而我们只能对极少的事物获得清楚的认识,其余的一切都隐藏在我们的模糊混乱的表象之中。可是,我们所认识的一切事物的种子处于我们的心中。因此,我认为,为了获得真正的哲学,必须把柏拉图和亚里士多德、德谟克利特结合起来。"莱布尼茨在给雷蒙·德·蒙莫尔的第三封信中写道:"因此,真理的传播比人们通常想象的更加广阔,可是真理往往受到修饰,往往被人隐蔽起来,甚至被各种附加物所削弱和歪曲。如果能从古代人那里以及一般地从先驱者那里发现真理的痕迹,那就能从垃圾堆里找出黄金,从矿穴中找到钻石,从黑暗中引出光明,这样一来便能获得一种真正的、永恒的哲学。"在以这样一种普遍精神去评价各种重要的哲学时,莱布尼茨有充分权利赞扬自己的哲学①,因为,它像投影几何的中心那样把各种哲学体系

---

① 《写给学者传记的作者的信》(第 2 卷第 1 编第 79 页)。——趁引证以上莱布尼茨著作的机会有必要在这里指出:莱布尼茨的哲学不是包含在他的一本或几本主要著作之中,而是必须从大量的短篇论著、长篇论著以及书信中加以汇集。与笛卡尔的哲学相反,莱布尼茨的基本思想经历了一个较长的发展过程。直到 1695 年,他的论文《自然和实体交往的新体系》才出版问世,第二年他又发表三篇文章阐述这一著作的

都结合到自身之中；至于这种统一是否完备，那并无关紧要，他的某些学说是否符合于柏拉图或亚里士多德的学说，那也无关紧要。结合到莱布尼茨哲学之中的哲学体系有这样一些："对于感性事物的非实体性所持的怀疑主义，毕达哥拉斯学说和柏拉图学说及其

---

思想。莱布尼茨自己强烈地感觉到，他在撰写这部著作中找到了自己学说的重心，以致他此后乐意根据这部著作的一个基本观念，称自己为"先定谐和体系的作者"。为了反驳洛克的《人类理解论》，他在 1696—1703 年写出了《人类理智新论》，其中包含莱布尼茨的心理学以及他对认识能力的批判，可是这部著作不是他自己出版的。对于概括他的思想来说，莱布尼茨晚年时期发表的下述三本著作是特别重要的：*Monadologie*〔《单子论》〕，这是他的体系的一个纲要，是他于 1714 年为欧根·冯·萨沃莫王子著述的；《建立在理性之上的自然和神赐的原则》；《神正论》（论上帝的仁慈、人的自由和恶的起源），1710 年，在他的著作中，这本书最为人们所知晓，同时也是他自己出版的唯一的一部较长的哲学著作。

因此，要对莱布尼茨的哲学进行深入的研究和作出有根据的阐述，就必须把这些广泛而又零散的资料收集起来。许多十分重要的思想是以随笔和论战性文章的形式出现在书信以及当时学术刊物上发表的短文之中。费尔巴哈在写这部著作时还要克服当时在出版莱布尼茨著作方面的不利情况。约翰·爱德华·埃德曼在 1840 年才出版了莱布尼茨著作的比较完全的版本，它按年代排列，收入了他的全部哲学著作和书信，此后大部分论述莱布尼茨哲学的著作都以这个版本为依据，但是费尔巴哈只在出版自己全集第 2 版时才有可能利用这个版本。他的著述依据于路·迪唐于 1768 年在日内瓦出版的莱布尼茨全集（不仅包括哲学著作）。这部全集在其第二卷中收入了上面提到的那几篇主要的短文，还有与英国自然哲学家和道德哲学家萨穆埃尔·克拉克、耶稣会修士德·博斯和法国学者布克的书信，以及许多篇在学术刊物上发表的短文。其次，在第五、六卷中收入的与苏格兰贵族托马斯·比涅特、法国学者毕雍、汉堡的法学家普拉克齐乌斯的书信，也是很有价值的。在第一卷中，迪唐收入了 1739 年拉丁文本的《神正论》。H. 拉斯在 1765 年出版的《莱布尼茨以拉丁文和法文出版的哲学著作》中，收入了迪唐的版本中没有收入的《人类理智新论》和其他一些著作，费尔巴哈也知道这个版本。此外，费尔巴哈还利用了下列文集：约·费勒于 1718 年出版的《定居汉诺威时期的莱布尼茨》；克·科特霍尔特于 1734—1742 年出版的《莱布尼茨写给各种人的书信》；费德尔于 1805 年出版的《莱布尼茨书信选集》；《莱布尼茨和别尔努利关于数学和物理学的书简》，1745 年。现今的读者在 C. J. 格哈特于 1875—1890 年在柏林出版的《莱布尼茨的哲学著作》中，可以找到上述大部分资料以及许多新增加的资料。——德文版编者

把一切事物归结为和谐的本原或数、观念、理念,巴门尼德和普罗提诺以及他们的那个同一的、没有丝毫斯宾诺莎主义色彩的整体;卡巴尼斯学派和赫尔麦特学派的那种承认到处都有感觉的生命哲学;亚里士多德和经院哲学家的形式和隐德来希,以及按德谟克利特和近代哲学的观点解释局部现象的力学方法。"[9]

## 第三节　莱布尼茨的哲学原则及其与斯宾诺莎哲学原则的区别

与斯宾诺莎哲学中一样,实体概念也是莱布尼茨哲学的中心。莱布尼茨说:"实体概念是[了解]深奥哲学的关键。""虽然,一般说来,理解关系、原因、活动这样一些形而上学概念,具有重要的意义(遗憾的是,尽管人们不得不经常使用这些概念,但对它们过分轻视;人们认为这些概念已众所周知,尽管它们的含义是极为模糊不清、模棱两可的),但实体是最重要的概念,因为对上帝、灵魂和物体本质的认识都取决于对这个概念的正确理解。"可是,莱布尼茨对实体概念所下的定义,与斯宾诺莎、马勒伯朗士以及一般说来笛卡尔哲学对此所下的定义有本质的区别。斯宾诺莎等人把实体定义为:实体是一种自身独立的、不必思考他物就能被理解的东西。与此相反,莱布尼茨却指出,有些东西不一定是实体,却可能被理解为独立的。"例如,活动力、生命、不可入性就是如此,它们既是本质的,同时又是本原的;我们可以借助于抽象来思考它们,而不依赖于其他事物,甚至不依赖于它们的主体。诚然,主体本身只有通过这样一些属性而被思考。可是,这些属性与它们是其属性的实体毕竟是有区别的。可见,存在着这样一些事物,它们虽然不是实体,可是仍然可以被设想为像实体那样独立的。"在莱布尼茨看来,实体概念只有通过与力的概念、而且是活动力的概念联系起来才能加以阐明。因为,应当把这种力和单纯的能力,例如经院哲学家所理解的那种能力,区别开来。"经院哲学家的能力或能动力只不过是一种与活动相邻近的可能性,它要过渡到活动,还需要外来的刺激和推动。可是,活动力自身中就包含着某种隐德来希[10]与活动性,它处于活动的能力与真实的活动之间的中间位置,它包含着一种趋向,因此它除了要求排除外在的障碍之外,不需要其他的力量,就能通过自身过渡到活动。""因此,活动如果没有碰到任何障碍,就一定会继续活动下去。""真正的力绝不是一种单纯的可能性,趋向与活动始终是跟真正的力结合在一起的。"因为,"活动不外是力的运用"。因此,他反驳笛卡尔的学说(随便说一句,他是在针对当时著名的物理学家克里斯托夫·斯图尔姆而写的一篇有趣的文章中提出这一反驳的,后者否认事物具有独立的力量,认为任何因果性与活动都只能为上帝所具有),主张:"事物的实体本身就在于它的活动力和被动力。如果把事物的这种力量抽掉,那么事物就仅仅是上帝实体的短暂的变体和幻影,或者上帝本身就是唯一的实体。——这是一种声名狼藉的学说。……凡是不活动的东西,凡是不含有活动力的东西,就绝不是实体。"莱布尼茨一有机会就提出这个概念(它是他的哲学的基本概念),并以多种多样而又非常明确的方式解释这一概念。例如,他在给伯利松的信中写道:"没有活动,就不可能有实体。"他在给布克的信中写道:"如果从实体那里抽掉活动,那就不能断定实体的存在应当是怎样的。"在他的 *Specimen dynamicum* [《动力学的试验》]中他说:"活动是实体的特性。"在他的《神正论》中,他说:"如果把活动从实体那里抽掉,从而把实体和偶性混为一谈,那就陷入斯宾诺莎主义,即一种以夸大形态表现出来的笛卡尔主义。"他在给汉施的信中说:"只有活动才构成真正实体的基础。"他在给弗·霍夫曼的信中说:"只有借助于活动力,才能把事物和神的实体区别开。"在他的《人类理智新论》中说:"活动属于实体的本质。……如果把活动解释为实体通过自己的力量随意地产生于自己之中的东西,那么任何实体——就此字的本意而言——都必然是活动的。在他的《自然和神赐的原则》中,他把实体定义为"一种能够活动的本质"。

正如我们所看到的,在莱布尼茨看来,实体概念与能、力、活动这些概念是不可分的,严格说来,甚至与这些概念是同一的;更确切一点说,这是一种通过自身实现的活动,即自己活动。可是,这个概念又是与差别概念不可分的。自我活动着的东西不仅在其自身中有差别(因为,在一种绝对单纯的、没有内在差别的东西中,当然不可能有任何活动),而且与其他东西也有差别。那么究竟力的概念在人那里是通过什么东西形成的呢?通过运动。莱布尼茨把单子本身称为运动力,即 vis motrix。然而运动又被归结为什么呢?归结为差别。差别就其空间的形式而言,就是分离;运动就意味着离开某个位置。人只有通过对运动的观察,即感知某物如何与其他事物分离,扯断自己与其他事物的联系,作为一个 Punctum saliens[超群拔类的点]从它与之溶合在一起的——就像一滴水珠与其他水珠溶合在一起那样——群体中显露出来,只有通过这样,人才能产生关于自在地存在着的、独立的和自我活动着的存在物的思想。当昆虫的颜色与它栖息于其上的树叶或树干的颜色相同时,昆虫就不易被我们察觉出来。只有通过运动,昆虫才以

第三节　莱布尼茨的哲学原则及其与斯宾诺莎哲学原则的区别　39

它的自为存在的特殊锋芒射入我们的眼帘。于是，最低的自由概念便被归结为运动概念；于是，原初的独立感和自由感便表现为一种对运动的爱好。可以证明这一点的是：野蛮的或原始的民族、儿童，甚至许多动物对运动的爱好远远胜过于对其他任何事物的爱好，对运动的爱好是一种最令人兴奋的感性快乐。因此，哪里没有区别的原则，那里也就没有自我活动的原则。要知道，我之所以是我自身，只是因为我与别人有区别；排除掉我与别人的区别，也就排除了我自身；我的活动仅仅是自我活动；我知道这种活动属于我自己，我把它和别人的活动区别开，或者能够加以区别（别人作用于我，在我身上引起痛苦）。因此，个性、单一性是与自我活动不可分的，而单一性又是与众多性联系在一起的。单一之物仅仅就其自身而言是不可思议的。正如原子概念就其自身而言就是众多原子的概念那样，个体概念就其自身而言也就是众多个体的概念①。

　　斯宾诺莎的实体并不是单一的实体，换句话说，单一性和个性的概念是与斯宾诺莎的实体不相容的。斯宾诺莎自己就说过（第50封信），如果有人说上帝只有一个或者说上帝是独一无二的，因为上帝的存在就是他的本质，而且不能形成任何关于上帝本质的一般观念，那么这个人就不具有真正的上帝观念，或者至少他没有正确地把它表述出来；因为，事物仅仅就其存在而言，而不是就其

---

① 因此，数绝不是某种抽象的东西，我们之所以具有自己的存在，应当归功于数；如果没有数，也就没有我们。事物和本质的缔造者，或者至少可以说它们最近的原因，并不是思维的 νοῦδ [精神] 本身，而是在数中显露出来的那种东西。产生出众多性的，并非纯粹的思维，而是数。数是思维和存在的最初的（而不是唯一的）统一；数是无限和有限之间头一个最近的过渡点和连接点。关于这一点，可参看注 18 中所引证的索涅尔关于物质的那一段话。

本质而言,才可以被称为个别的或单一的。只有当事物被归结为一个普遍概念时,才能把数的范畴运用于事物。因此,莱布尼茨认为实体的本质仅仅在于自我活动的力,在他看来,这种力是与单一性、个性不可分割地联系着的;可见,莱布尼茨所理解的实体概念,不再是指一个单一的(普遍的)实体,而毋宁是指无限众多的实体。他说:"凡是活动的东西,都必然是单一的实体。""凡不具有活动力、不具有区别或不具有区别原则的东西,都绝不是实体。""某些平庸的哲学家错误地认为,仿佛有些事物只是就数而言,或者就它们是两个而言,才是有区别的;这种错误观点使他们在个体化原则的问题上陷于进退维谷的境地。""除了时间和空间的区别之外,还有一个内在的区别原则。因此,虽然时间和空间,即外在的关系有助于我们区别那些不能通过其自身区别开来的事物,但事物自身并不因此就没有区别了。要知道,我们不是借助于空间和时间来区别事物,毋宁说,我们是借助于事物来区别空间和时间,因为空间和时间就其自身而言是完全相同的。""个体化原则在个别事物中可以归结为上述那个区别原则;个体化原则是与绝对的独特化原则相一致的,我们通过后一原则来确定事物,使它能与其他一切事物区别开来。如果两个个体完全相同和相似,简言之,如果它们不能通过自身区别开来,那就没有任何个体化原则,甚至没有任何个体的区别和任何有区别的个体。"因此,可以把"世界上没有两个绝对相同的事物"这个命题,看作是一条普遍的规律。它既适用于精神世界,也适用于物质世界。"心灵自身本来就是互相区别的,而不管它们的肉体的情况如何。"也不应当把物质设想为相同的和同一的。毋宁说,可以确信,任何地方都没有完全的同一。亚里士多德的下述思想比人们所想象的深刻得多:除了位置的变化之外,必然还有质的变化;物质并不是在任何地方都是一样的,否则它就始终没有变化了。原子论中也包含有某些正确思想,因为它至少在某种程度上看出物质中存在着差别,它说:物质在这里是可分的,在那里是不可分的;在这里是充实的,在那里是空虚的,"尽管原子论恰恰把区别原则从自然界里排除出去"。因为,"如果存在着原子,即一些绝对坚实的和内部完全没有变化的物体,它们相互之间仅仅在大小和形状上有所区别,那就可能存在着一些具有同样形状和大小的原子,从而也可能存在着一些本身没有区别、仅仅通过外表的和没有内在根据的名称或标记而被区别开来的原子;然而,这种看法是与理性的基本原则相抵触的。"

斯宾诺莎的实质是统一,莱布尼茨的实质是差异、区别。在莱布尼茨看来,差异是本质和事物的根基、原则和实质。他把差异概念直接与统一联系到一起;他把统一仅仅看作某种自我区别的、因而有别于其他统一的东西,看作仅仅在差异中显示出自身的统一;他把统一看作原则,但他所指的只是单一的、个别的统一。他把实体加以个体化,或把个体加以实体化;在他看来,个体就是本质;因此,他不是把实体作为 nomen appellativum [普通名词]保留下来,而是给予实体一个专有名词:单子,即 monas。因此,他在写给布克——后者希望在莱布尼茨的原则中找出斯宾诺莎学说的痕迹——的信中有理由指出:"我不理解你怎么会作出这样的指责,因为斯宾诺莎的学说正是被单子推翻了。要知道,存在着多少个单子,就恰恰存在着多少个真正的实体;而不是像斯宾诺莎认为的那样,仅仅存在着一个独一无二的实体。如果没有单子,那他就说对了,因为,没有单子,万物便是须臾无常的,变为单纯的变体和偶性;因为,这样一来,事物的本质和存在的真正根据便消失了,只能以单子的存在为依据的实体的基础便消失了。"他在给一位侯爵夫人的信中写道:"如果只存在着一种唯一的统一,即上帝,那么自然界就没有众多性;那上帝就是独一无二的了。可是,既然您理解到,普遍的心灵,或者更确切一点说,作为存在物的泉源的普遍精神,就是统一,那么,特殊的统一这个概念怎么会使您感到为难呢?因为,对于统一概念来说,究竟存在物是特殊的或者是普遍的,这没有什么差别;或者,毋宁说,统一概念与普遍的存在物相结合,比与特殊的存在物相结合更为容易。"

斯宾诺莎的哲学是巍峨崇高的哲学。斯宾诺莎把万物包罗在一种不可分的、与自身协调的、宏伟的思想之中;他是一位天文学家,他用一动不动专注凝视的目光注视着统一的太阳或神,而当他沉醉于这样宏伟壮丽的景象时,地球以及其中的事物和利害关系便被当作微不足道的东西从他的视野里消失了。他是近代哲学中的哥白尼。在他看来,神不是托勒密的太阳,而是一个植基于自身之上的中心,地球像飞蛾那样忘我地围绕着它飞翔;飞蛾被灯光所吸引和陶醉,环绕着熊熊燃烧的蜡烛飞来飞去,最后投身于蜡烛的火焰之中,仿佛它只不过是这个发光的实体的一种偶性。在他看来,昼夜的区别过于微小,只具有相对的价值;因此,他不思考构成这种区别的中心,不把地球围绕自身旋转的运动看作一个本质的、重要的因素。斯宾诺莎是一位以哲学家身份出现的数学家。他的实体就其主观的、心理学的起源而言,无非是数学上的静止、认识和明显性的一种被显露出来的本质,尽管他并不赞同毕达哥拉斯学派的观点,他把数看作是单纯的表象方式,把图形看作抽象的思维本质,即 entia rationis〔理性本质〕。除了星辰的数学生命之外,除了天体力学的永恒的、始终不变的运动之外,他不知道任何其他运动,任何其他生命。天体的机械运动是自然界和理性的真理;在这个限度内,他的哲学包含有真理和实在,可是不能超出这个限度,因为除了这种运动之外,还存在着其他的运动。斯宾诺莎的哲学是把遥远得看不见的事物映入人们眼帘的望远镜;莱布尼茨的哲学是把细小得看不见的事物变成可以看得见的事物的显微镜①。莱布尼茨的哲学在许多部分确实也是巍峨崇高的,不过是以一种完全不同的方式表现出来;这恰恰有如我们借助于望远镜观察遥远的天空时所感到的惊奇,不同于我们借助于显微镜在一滴水珠中看出许多奇异的动物形态时所感到的惊奇。斯宾诺莎的世界是神的消色差透镜,是介质,通过它我们除了统一实体的皎洁的天光之外什么也看不到;莱布尼茨的世界是多棱角的结晶体,是钻石,它由于自己的特殊本质而使实体的单纯的光变成无穷丰富的色彩,同时也使它暗淡不明。可是,尽管在显微镜下看到一滴在平常的肉眼看来没有差异的、千篇一律的、僵死的水珠变成一个装满生物的鱼池时多么令人兴奋,尽管借助于显微镜在一粒最细微

---

① 值得注意的是,虽然显微镜在莱布尼茨之前,在 1618 年或 1619—1621 年间已经被发明出来,可是在他那个时代才被应用到自然科学之中,并获得应有的评价。在《人类理智新论》第 185 页上,有一条由莱布尼茨自己写的关于显微镜的历史性注释:"约翰尼努斯神甫告诉我,某个犹太医生于 1638 年从英国把头一架显微镜带到科隆。"不过,莱布尼茨在 1711 年写给德·迈佐的信中又指出,在显微镜发明之前,有人已经发现细微的微粒和细小的动物(它们在莱布尼茨那里起着非常重要的作用),这正如在望远镜发明之前,德谟克利特已经预见到银河里的某些用肉眼看不见的星辰。

的花粉中看到朱彼忒使达奈①受孕的金雨时如何令人惊异,但这种显微镜似的观察事物的方法易于导致吹毛求疵、拘泥细节,导致最恶劣的烦琐哲学,导致感性的烦琐哲学。有时,莱布尼茨通过他的个体性和区别的原则确实达到咬文嚼字、拘泥细节的程度。特别是他的神学在对待斯宾诺莎的态度上往往像那个嘲笑泰勒斯只顾观察星辰而没有看见脚前东西的老妇。

---

① 朱彼忒(Jupiter)是古罗马最高的神,达奈(Danaë)是希腊神话中国王阿克利西奥(Akrisios)的女儿。——译者

# 第四节　莱布尼茨的哲学原则及其与笛卡尔哲学原则的区别

正如莱布尼茨哲学通过单子概念而与斯宾诺莎哲学的实体学说相区别,它也恰恰通过这一概念而与笛卡尔哲学相区别;因此,阐明他的哲学与笛卡尔哲学的关系,也是同样重要的。笛卡尔哲学十分严格地把精神和物体区别开来,认为精神的本质仅仅在于思维,而且是就上一卷中所阐发的那种纯粹自我意识的意义而言。在笛卡尔哲学看来,精神和生命是同一的,而且它认为这种同一是完全有道理的;哪里没有精神,哪里也就没有生命。可是,由于它把精神仅仅看作自我意识,因此它必然把一切没有清楚明白的自我意识的东西看作是没有生命和灵魂的物质,看作是机械。按照它的观点,数学意义的物质、广延才是有形体的自然界的本质。它从物质各个部分的大小、形状以及通过运动而形成的位置差别中引出一切。因此,笛卡尔从自己的观点把动物说成是机械,这是完全合乎逻辑的和正确的;从他的观点看来,这种说法并不比我们从我们自己的观点出发否认动物具有理性、从而把动物排除于人类社会之外这种做法更加荒谬,更加不合情理。这种十分机械的观察自然的方法不仅符合于笛卡尔的精神,而且符合于他那个时代、甚至其后时代的精神。即使不谈其他更加深刻的原因,下述情况已经从历史上决定了这一点：自然科学中头一批伟大的革命发现，主要发生在天文学和数学—物理学的领域内，因此量在思想家们的心目中被看作是绝对的实在，被看作是自然界的唯一认识原则。可是，由于每个时代都是一种总和，它自身中包括有与占支配地位的精神相对立的、到将来才展开的因素，因此在这里也能看到一些有分歧的、甚至对立的观点，看到尖锐的矛盾。这样的情况并不罕见，因为，显然可见，虽然广延是有形体的自然界的头一个本质的规定性，可是它还不足以成为原则，而把广延看作自然界的本质，那是非常片面的。例如，那位英国骑士、笛卡尔的同时代人和友人克涅尔姆·季格比便已经把自己的物理学植基于更加实在的特质的基础之上，虽然也像笛卡尔那样从那被看作是有形体的自然界的基本实质的量出发，并赞同笛卡尔把物体的一切活动归结为位移的观点，因为他从作为广延实体的根本区别的稠密和细微的区别中，引出基本的和特殊的质[①]。又如，那位神秘主义的、形而上学的神学家英国人亨利·莫尔把笛卡尔的自然哲学谴责为邪恶的唯物主义，此人起初还和笛卡尔通信呢；他说，物质是一种模糊的生命，物质的本质不仅在于广延，而且在于某种不停息的活动；他认为有一个精神的、支配着物质的原则，拒绝以数学或力学的原理去解释自然现象以至于重力和压力这样的现象[②]。又如法国人比埃尔·布瓦勒，他原是笛卡尔的崇拜者，后来成了著名的安图瓦涅泰·布里尼翁的追随者，陷入了最粗野的神秘主义。他怀着不顾

---

① 《对理性灵魂不死的证明，或论两种哲学等等》，巴黎，1655年，第1—2章。《物性论》，第3章、14章第20节，第27章第3节，第32章第2节，第5章第5节。
② 1690年9月8日写给普拉克齐乌斯的信，第6卷第49页。

一切的激情与笛卡尔哲学争辩,特别是反对数学在被应用于物理学时所起的作用①。斯宾诺莎也把自己的广延概念和笛卡尔的广延概念区别开来,他说,在他那里,广延意味着神的特质和潜能,可以从中引出物体的存在和多样性(第70和72封信;新的:第81和83封信)。又如,新柏拉图主义学者凯德伏尔特反对一切唯物主义,其中也反对笛卡尔的唯物主义。他指责笛卡尔,说"他[笛卡尔]没有运用理智的本性,企图仅仅以物质的必然运动来说明一切。"他特别反对笛卡尔把一切存在物归结为两大类——思维的存在物和广延的存在物;他断言,在肉体的外部运动和生命力之间存在着某种活动,例如在具有自我感觉的动物身上就有这样的活动;他认为除了肉体和具有自我感觉、自我意识的心灵之外,还有一个中间的、有创造能力的本原,它像心灵那样从自身出发进行活动,可是它自己对这一点并没有意识到,而好像是必然地着魔似地活动着。他说:"有一种单纯的、内在的活动,一种自我运动的力,它只具有一种特性,这种特性按希腊人的说法名为 Synästhesie[内在感觉]。"②又如英国医生格利森,如果把斯宾诺莎除开,那么在上述反对笛卡尔的人们中间,他算是最杰出的哲学家了;他虽然还带有经院哲学的色彩和持有许多模糊粗糙的观念,可是他用一种较有生气的观点来反对纯粹机械的自然观。他的那本不大为人所

---

① 《论三种渊博的学识:坚实的、肤浅的和虚假的,等等》,法兰克福—莱比锡,1708年。《方法》第1部分第7节、第30—33节;第2册第16节。

② 拉杜尔夫·凯德伏尔特:《宇宙的真正理性的体系等等》,约·洛·莫斯海姆编辑,第2版,1773年,第1卷,第251页第331节,第247页第26节;第2卷,第223—229页等。

知但颇有价值的著作 Tractatus de natura substantiae energetica〔《论实体的能量特性》〕的基本倾向，就在于从实体与活动、生命的一致方面来理解实体。"实体的本性按其类概念来说就是有生命的。"因此，他说，物质实体不仅有生存的能力，而且确实是有生命的。在他看来，一切实体都具有三种根本的能力：表象、欲望和运动。按照他的观点，运动不是某种从外面纳入物质之中的东西，而笛卡尔则认为，只有借助于上帝，物质才能运动起来；在他看来，运动是从物质自身的怀抱中涌溢出来的；运动是物质的内在的、固有的原则。物质实体本身便是运动的原则。因此，格利森不是像笛卡尔那样从机械的规律中，而是从内在的生命需要中，引出地球围绕着太阳和围绕着自己的轴心的运动。他说，对于昼夜的运动，必要的话可以根据下述规律加以说明：一切运动着的事物，如果没有外界的障碍来阻挠，就将永远运动下去；可是，对于一年四季的运动则不能如此解释，因为地球旋转时而偏向南方，时而偏向北方，在回归点上仿佛又倒退回来①。

但是，所有这些与笛卡尔哲学相反的趋势，即使把格利森包括在内（而且，正如格利森自己所承认的，他只不过是康帕内拉的追随者，可是他力图更正康帕内拉的观点，对它作了某些修正，他按照自己的观点阐发康帕内拉的思想），也仅仅或多或少地具有一些历史的或哲学文献的意义，而不具有纯粹哲学的意义。从哲学史的观点来看，从哲学的世界历史的发展进程来看，所有这些趋向都

---

① 《论实体的能量特性，或论自然的生命，等等》，伦敦，1672年，第18、24章第5、27节第355页，第16章第2节。《致读者》，第8节等。

是没有根据的。在那个时代,可以说,只有机械论的观点才是世界精神赋予特权的一种认识自然的原则。只有机械论的说明方法才是一种明确的认识自然的方法。莫尔的那个支配物质的原则,凯德伏尔特的造形原则,都是一些不明确的、什么也说明不了的原则,它们不能满足新时代的本质需要,即对物质作唯物的理解,甚至与这种需要相抵触。只有单子才是一种赋有特权的存在。只有与这个概念联系起来,才在机械论的内部和从它本身出发,形成一个独创的哲学原则,这个哲学原则作为一个有机的发展环节加入历史体系的行列之中;单子概念是与当时全世界的最高成就相一致的,是在吉祥的预兆下产生出来的,它带来了有益的成果。

莱布尼茨自己在许多地方谈到他的这个原则的起源,从心理学的角度叙述了他的哲学的发展史:"虽然我属于那些对数学作过许多研究的人们之列,可是我从青年时期起并没有因此就忽视对哲学的研究。当数学和近代作家把我——当时我还很年轻——从经院哲学吸引过来的时候,我已经在经院哲学这个领域内取得很大进步。近代作家从力学观点解释自然的卓越方法,使我为之神往,因此我理所当然地蔑视经院哲学家的方法,这些哲学家只不过把一些难于理解的形式和能力胡乱地堆砌在一起而已。但是,当我开始研究力学和运动规律的最后根据本身时,我却非常惊异地发现不可能在数学中找到这些最后根据,因此我必须返回形而上学。""我也觉得那种把动物贬低为机器的观点是难以置信的,甚至与自然规律相矛盾。因此我察觉出单纯的,有广延的物质并不是一个充分的原则。"[11] "我认识到,并不是有形物体的全部特性都可以从纯粹的逻辑原理和几何原理中,例如从关于大和小、整体和部分、形状和位置的原理中,推引出来;为了论证自然体系,还必须补充另一些原理,例如关于原因和结果、主动和被动的原理。""于是,我又返回到隐德来希,并从物质的原则返回到形式的(精神的)原则。""在一切与广延及其变体不同的概念中间,力这个概念是最清楚的,最适于说明物体的本性。""因此,在自然哲学中,除了大小和位置,也就是说,除了纯粹几何学的概念之外,还必须采用一个更高的概念、也就是前面说的力的概念,借助于这个概念,物体才表现出活动与阻力。力的概念与活动概念和被动概念一样清楚,因为力如果没有受到任何阻障,便能从力中产生出活动。""因此,即使可以从力学观点解释自然现象,例如解释重力或弹力,并从运动中把它们推引出来,那么一切物体中含有的力才是运动的最后根据。"因此,在莱布尼茨看来,有形实体已经不像笛卡尔所认为的那样,只是具有广延性的、僵死的、由外力推动的块体,而是在自身中具有活动力、具有永不静止的活动原则的实体。这种"力本身构成物体的最内在的本质。""虽说广延是某种原初的东西,但它毕竟也要以力为前提,把力作为自己的原则。"

## 第五节　灵魂或单子：莱布尼茨哲学的原则

可是,这种力究竟是什么呢？与笛卡尔哲学不同,在莱布尼茨的哲学中,这种力构成物体的内在本性的基础;同时又与斯宾诺莎哲学不同,在莱布尼茨的哲学中,这种力使有限的存在物从就其自身而言没有本质的、瞬息即逝的变体变成实体,变成一种具有自己的根据和存在的存在物。这种力究竟是什么呢？显而易见,这种力不是什么机械的东西、物质的东西。因为,正是由于纯粹的物质原则不足以说明自然现象,我们才需要越出物质之物的范围,求助于力的概念,因此力不是某种复合的、可分的、有广延的东西。相反,力是某种不可分的、单纯的东西;它属于那样的事物,这种事物"不是感觉或感性想象的对象",例如图形那样,而仅仅是精神、理性的对象;它不是物理的原则,它按其本性而言、按其自身而言是一种形而上学的、精神的原则。因此,"力是有形实体的本质"这个命题,无非意味着有形实体只有借助于单纯的、精神的原则,才成为实体。可是,实体性与本质性、实在性是一致的;只有实体的东西才是实在的,才具有存在——才具有哲学意义的存在。物体中的复合的、有广延的、物质的东西本身不是实体,因为"物质本身是纯粹被动的",而实体只能是活动之物、起作用之物,只能是力。因此,实在的、本质的东西,不是有形之物,不是杂多之物,而是单纯之物;不是可分之物,而是原子、不可分之物、单一之物。可是,本质之物就是存在之物或具有存在之物。因此,物体在单纯之物中具有自己的存在和基础,具有自己的立足点,具有自己的实在和本质。莱布尼茨说:"复合之物以单纯之物为前提;因为没有单纯的实体,也就不可能有复合之物。""没有非物质的实体,物质就不可能存在。"因为,"凡是纯粹被动的东西,它本身都不可能单独地、自在地存在着""因此,老实说,物体本身不是实体,它只不过是由实体复合、组合而成的东西。"莱布尼茨把这种单纯的实体称为单子、"灵魂或与灵魂类似的存在物",称为"真正的、实在的统一,实体的原子",它与德谟克利特和伊壁鸠鲁的物质原子不同,它是"形而上学的点,实体的形式,原始的力,原初的隐德来希、形式的原子"。

一般说来,莱布尼茨哲学的意义在于,只有力才是形而上学意义的存在。全部存在、全部实在都被归结为力的概念。凡不是力或不具有力的东西,就是虚无。可是,力是非物质的本质;它其实就是我们称之为灵魂的那种东西,因为"只有灵魂才是活动的原则"。"运动只能从隐德来希的现实存在中得到解释。"①因此,只有灵魂才是存在,才是实在、真理。凡不是灵魂或不具有灵魂的事物,就是虚无。因此,只有灵魂才是物体的本质,只有借助于灵魂,物体才不是幻象,而是实在的、真实的存在物。没有灵魂,物体就

---

① 关于这一点,也可以从《人类理智新论》第2册第21章第4节中引证一段话:"我们关于能动的力的最清楚的观念,得自于精神。因此,这种力仅仅处于与精神相类似的东西中,即处于隐德来希中,因为,老实说,物质仅仅标志着被动的力。"

只是某种完全分裂的、无防御的和不独立的东西,就不具有表现出反作用和阻力的能力,——因为;凡是有阻力的地方,也就有力,而有力的地方,也就有灵魂。——没有灵魂,物体就是某种幽灵似的东西,它自身不具有存在,不具有立足点,它分裂和分解为虚无;因为,只有统一才使杂多的东西结合起来,只有单纯的力才使可分的东西联结起来,只有灵魂才使肉体聚集起来。而且,灵魂本身是一切实在、一切众多和杂多的根据,因为"没有单一,也就没有众多"。"物体中没有活动的力,也就没有现象的杂多,而这就无异于说根本没有任何东西存在着","物体的不同状态仿佛是没有区别的"。只有灵魂才是个性化的真正原则;个体只有借助于灵魂才得以确立;因为,只有灵魂才是一种与自我相类似的本质,才是同一性的原则,这个原则使特定的存在物成为它现在这个样子,因而构成它的个性的基础。"有机体以及其他一切物体只是在外表上、而不是在严格意义上保持原来那个样子;毋宁说,它们好像是一条每时每刻始终流动不息的河流,好像是雅典人不停地修补着的西修斯海船。"①"不错,有机体甚至在每一瞬息间也不是它原来那个样

---

① 因此,人们在原子概念中所想象的那种坚硬性也是不存在的;毋宁说,流动性是物体的原始状态。《人类理智新论》第 2 册第 13 章第 23 节。而且,在莱布尼茨看来,正如我们所知道的,既没有绝对流动的物体,也没有绝对坚硬的物体。一切物体,甚至流动的物体,都具有某种内聚力,正如反过来说,没有任何物体是没有流动性的。一切物体在某种程度上既是坚硬的,又是流动的(同上书第 4 章第 4 节,写给别尔努利的第56 封信)。大家知道,莱布尼茨——他是德国头一个火成论者——在他的 *Protogäa* [《普罗托加》]中提出这样的假设:地球在某个时期曾处于白热状态,山岩和矿物不过是火的产物,沉淀物;海水仿佛不外是 Oleum per deliquium [熔化的油],是通过澄清得出的东西,是在石灰质沉淀后通过冷却形成的。

子。""因此,如果不考虑到灵魂,那就既没有同样的生命,也没有同样的生命联系。""如果没有固定不变的生命原则,结构和形态还不足以使个体保持始终不变,而且在数量上也始终相同。""一旦我们否认动植物具有灵魂,那它们的统一也只是虚幻的。可是,如果它们具有灵魂,那我们就可以认为它们具有最严格意义上的个体的统一。""因此,只有通过保持住同样的灵魂,才能保持住这个个别实体的同一性;因为,已如上述,肉体处于川流不息的流动状态,而灵魂也不是住在某个为它所固有的原子之中,或者住在一块很小的、不会烂掉的骨头里面,像拉比们所说的那块小骨头 Luz 那样[12]。因此,只有借助于灵魂或形式,我们才在自然界里拥有真正的统一,拥有与我们称之为自我的那种东西相一致的统一,这种统一既不可能存在于人造的机器之中,也不可能存在于外界的物质团块之中,这些物质团块只可以被看作是一群牲畜或一支军队。如果没有真正的实体的统一,那么在复合物中就没有任何本质的东西,没有任何真实的东西。仅仅由于这个缘故,仅仅为了找到真正的统一,科德穆瓦才抛弃了笛卡尔,接受了德谟克利特的原子论。我在扔掉亚里士多德的枷锁之后,也曾倾向于这个学说,因为它最善于激发想象力;可是,经过深思熟虑,我又放弃这一学说,因为不可能在物质中或者在纯粹被动的事物中找到真正统一的原则,要知道,物质中的一切只不过是若干部分、直到无限部分的堆积。可是,由于众多只有从真实的统一中才能获得自己的实在,而真实的统一只能来自物质之外的源泉,因此,为了找到这种真实的统一,我必须求助于形式的原子,从而使目前已被诋毁到如此程度的实体的形式得以恢复原有的声誉,不过要以那样一种方式,通过这种方式,使这些形式能够被人理解,并使对它们的正当使用和人们通常对它们的滥用借以区别开来,于是我发现这些形式的本性仅仅在于力。因为,像原子这样的物质存在物,不可能同时既是物质的,又是绝对不可分的,也就是说,不可能具有真实的统一"。"物质的原子是与理性相矛盾的。""只有实体的原子、即实在的和绝对不可分的统一,才是活动的泉源,才是复合物的最初的绝对的原则,同时也仿佛是实体分析中的最终的要素。""但是,这些实体的形式或统一不是仅仅存在于人、动物或植物的灵魂之中。""复合的实体或物体是众多,单纯的实体、生命、灵魂、精神,则是统一。单纯的实体必然是无处不在,因为,没有单纯之物,就不可能有复合之物。""正如一切数都是由一所组成,一切众多也是由统一组合而成。因此,统一是一切存在物以及它们的一切力量、一切感觉的真实泉源和安居之所,可是所有这一切仅仅意味着它们是灵魂。""因此,正如古代哲学家早就正确地认为的那样,整个自然界充满了灵魂或类似灵魂的存在物。因为显微镜使我们有可能认识到:存在着许许多多肉眼所看不见的生物,并且存在着比砂粒和原子还要多的灵魂。""这种产生内在活动的力,即那些来自活动着的存在物本身的活动,无疑属于这种存在物所有,例如,思想和意志决断无疑是我们灵魂的内在的、自身的活动;因此,应当把那种恰恰构成灵魂的本质的力看作是普遍的。绝不能否认其他形式也具有这种力,否则我们就必然认为自然界里只有我们的灵魂是活动的,即认为一切内在的、有生命的活动的力,都仅仅与思维的精神或理智联系在一起,而这种看法是错误的。如果生命的原则或内在的、自身的活动原则仅仅和不大的或特殊的一部分物质相联系,那就完全违反自然界的美、秩序和理性了。可是，显而易见，自然界的完善要求这个原则存在于它的每一部分之中，而且也没有根据使我们认为灵魂或类似灵魂的存在物不是无处不在的，尽管占支配地位的或纯粹思维的灵魂，如人的灵魂，不可能是无处不在的。"

## 第六节　单子的规定性：表象

因此，事物的本性不在于物质的规定性，不在于广延、大小和形状，而在于单子。一切存在着的东西（"存在"是从更高级的形而上学的意义而言）都是灵魂。灵魂、单子构成自然界的实体。"只有单子是真实的，其余的一切只不过是单子的现象或从单子中产生出来的现象。"但是，从上一节中已可以看出，不应当把灵魂概念和意识概念或清楚明白的表象概念等同起来，像笛卡尔及其追随者所作的那样，他们"仅仅把精神看作单子，也就是说，看作灵魂"，同时也不应当使灵魂的存在依赖于意识的存在。意志和意识并非必然地为灵魂所具有；属于灵魂的不外是：它是活动的泉源，它是自己的规定性的原则；灵魂无非是一种自发性。因此，单子的本质特征在于：它"从自身的能力中汲取一切"，它"自身中含有完满的自发性"，因此它"是自己的活动的唯一原因；因为，正如亚里士多德早已正确地说过的，那些其原则处于活动者本身之中的东西是自发的和自动的"，因而它"不依附于上帝和它自身之外的任何事物"。

"因此，不可能有任何实体、任何偶性从外面渗入单子之中。如果说单子被其他任何存在物所决定，或者说单子内部会在其他存在物的影响下发生变化，那么这种说法是难于解释的；因为，绝不能把单子内部的任何部分区别开来,绝不能想象其中有任何运动是由外界所引起、调节、增强或减弱的,像在复合物中所发生的那样,在复合物的各个部分之间是有变化的。单子没有任何可以供某种东西由以进出的窗户。"正是由于这个缘故,"单子也不可能像复合物那样按照自然的途径产生或消逝;单子只能通过创造而产生,只能通过毁灭而结束其存在。"

可是,如果单子之中没有任何东西是由外界决定的,如果单子是单纯的,没有任何部分的,那么世界上的变化是由哪里得来的呢?诚然,单子是单纯的,可是它具有"质,否则它就不是存在物了"。按照"不可能存在着两个在其中找不出任何内在差别的事物"这样一条规律,"每个单子都不同于另一单子,这甚至是必然的。""这之所以是必然的,还由于如果不是这样,世界上就察觉不出任何变化了。因为,复合物中的现象仅仅取决于复合物由以组成的那些单纯实体。如果两个单子之间不仅没有任何量的区别,而且没有任何质的区别,那么在充实空间里进行的运动所产生出来的东西就始终是相同的,于是自然界里任何一种状态与其他状态就没有区别了"。"由于单子没有形状,——否则它就有部分了——因此单子只能通过内在的质和活动而相互区别。"我们丝毫不必奇怪,"尽管单子是不可分的和单纯的,但单子中却包含有杂多和众多。实体的单纯性绝不排斥变体的杂多性,这些变体必然共同地呈现于单纯的实体之中,正如在中心或中心点上看到由许多在那里交错的线条组成的无数的角。""因此,单子的这些自然变化来自一个内在的原则,因为没有任何外在的原因能渗透到单子的内部;一般说来,力是变化的原则,隐德来希是单纯的实体,它们拥有某种完善(ἔχουσι τό ὐτελές),某种自我满足,借助于这种完善和自我满足,它们成为内在活动的泉源"。

没有单子的质,就不可能有任何变化;单子只有通过这种质才得以相互区别,成为特定的、被这样而不是那样地创造出来的;可是这种质究竟是什么呢?单子的规定性或质,就是力的表现,就是行动、活动。这种规定性不是从外面纳入实体之中,像我把糖放入本身无味的水里而使人觉得它带有甜味那样,而是来自它自身,它的基础就是实体自身而不是其他任何东西;这种规定性就是自我规定。这种自我规定产生于实体之中,并始终处于实体之中,它是一种自发的、观念的或非物质的规定性;这种自我规定不是其他什么东西,它就是表象。单子就是表象的力。单子的质就是活动,而观念的存在物的活动就是知觉。显而易见,表象就是规定、决定,因而也就是质。一个人如果没有任何表象,也就没有任何质,于是就成为人格化的非存在。我之所以是某种实在的东西,只是由于我表象着某种东西;我之所以是特定的存在物,只是因为我具有特定的表象。当我表象蟾蜍时,与我表象一只美丽的鸟时,我受到不同的规定。因此,表象作为某种被规定的东西直接以情感的形态显现在我的心中。对丑陋之物的表象是不快、厌恶和反感,而对美好之物的表象则是愉快,满意和喜爱。可是,这种规定性植基于我自身的、内在的自我活动之中。

为我地存在着的对象——因为我表象着它——只是通过我自身被给予我;可是,那种只是通过我自身、通过我的自我活动而产生于我心中的规定性,或者那种在我的自我活动中有其原则的规定性,恰恰就是表象。因此,表象属于单子的本质,但这是就绝对普遍的意义而言。"除了表象及其变化之外,单纯的实体中没有其他任何东西;它的全部内在活动都应仅仅归结为这一点。""表象本身不过是复合的或外在的东西的再现,即单纯之中的众多性的再现(想象中的复制和描写)",或是"在统一中或单纯实体中包含和复制众多性的暂时状态。为了获得表象,只需要一个东西,即统一之中的杂多"[13]。"欲望、愿望、情欲是内在原则的活动,通过这种活动引起变化,使表象相继出现。"因为,"任何一个现存的表象都力图达到新的表象,正如表象所再现的运动力图达到另一运动一样"。欲望和表象之间的联系,或者说得更确切一点,欲望和表象的不可分割性,表现在:表象表现为决断,而心灵的规定性直接表现为情绪,表象这样或那样地、愉快或不愉快地刺激着心灵。"对我们来说,没有任何一个知觉是绝对无所谓的。""因此,单子处于不停息的追求状态之中。因为,表象属于单子的本质,因此它总是表象着某种东西,不停息地从一个表象过渡到另一个表象。"表象的存在表现为永恒的更迭,——不过,心灵始终不变,主体也始终不变——表象的存在表现为"持续的变化",但这已经是实体的后果,"因为实体本身必然要求进步或变化,而且实质上包含着进步或变化,因为,如果没有进步或变化,实体就没有活动的力了。"

## 第七节　表象的区别

由于表象构成单子的本质,一切单子都具有表象着某种东西这一共同点,因此单子之间的区别无非是表象具有不同的种类、方式或等级而已。表象具有无数的等级。基本的区别为清楚和混乱,明晰和模糊。只有在单子的更高等级,在表象变成概念的场合下,这些区别才获得它的明确的、独特的和确切的意义。由于单子的状况和性质只有通过与模糊的、混乱的表象和概念相类比才能加以思考和认识,而混乱的表象不仅具有人类学的意义,而且具有普遍的、形而上学的意义,所以应该立即在这里阐述表象的这些差别,如它们在比较高级的单子中所表现的那样,尽管这里只谈单子论的一般原理。

莱布尼茨说道:"模糊的概念是那些不足以用来认识所表象的对象的概念;例如,我回忆起一朵曾经见过的花,可是,当花再次出现时,我却不能认出它,不能把它和其他的花区别开来。相反,明晰的概念则是那样的概念,我可以通过它去认识对象或所表象的事物;所以概念或者是混乱的,或者是清楚的。如果我不能单独地和逐个地列举出那些足以使这一事物与其他事物区别开来的特征(尽管这一事物确实具有这样的特征和因素,而这一事物的概念又可以分解为这样的特征和因素),那么这种概念便是混乱的。例如，我们非常清楚地认识颜色、气味以及其他感觉的对象，能把它们区别开来，可是我们只是借助于感觉的简单证明，而不能陈述它们的特征。因此，我们不能向盲人说明红色是怎样的；也不能向别人解释类似的特征，除非我们把交谈者引到现实的事物面前，让他们看到和嗅到所谈的东西；诚然，毫无疑问，这些特质的表象是复合的，可以加以分析，因为它们具有自己的原因。又如，画家和其他艺术家清楚地知道某件艺术品的好坏，可是他们往往不能提出他们的判断的根据，当他们不喜欢某一作品时，他们只是说这一作品缺少某种东西，而不知道究竟缺少什么。相反，如果我们能够通过事物的充分特征和借助于试验工具，把某一事物和其他类似的事物区别开来，像货币检验员检验黄金时所做的那样，那么这种概念便是清楚的。对于那些为几种感官所共有的表象，例如数、大小、形状以及对于许多心理状态，例如愤怒、恐惧，简言之，对于我们能够给它下一个明确定义的一切事物（这种定义无非是列举出事物的充分特征），我们都具有这样的概念。"

混乱的表象是这样形成的："举例来说，如果把黄色和蓝色的粉末相互掺杂起来，由此构成绿色的粉末，于是心灵便感知两种粉末，既感知黄色的粉末，也感知蓝色的粉末；因为，如果这堆粉末的一部分没有作用于心灵，那么这堆粉末的整体也就没有作用于心灵。心灵的这种状态，心灵在黄色和蓝色粉末的作用下形成的这种规定性，便是心灵关于它的表象。可是，这种表象是混乱的，仿佛潜藏于关于绿色的感觉之中；因为，蓝色和黄色只有当它们隐藏于绿色之中时，才能被我们所表象。"另一个例子是关于海潮的表象。"为了感知这种海潮，我们必须感知整个海潮由以构成的每个部分,即每个海浪的声音,尽管每个海浪的细微声音只有在与所有其他海浪的声音混杂在一起时才能被感知,如果发出这种声音的海浪只有单独一个时,那就什么也觉察不出来。因为,我们必须接受一点这个海浪的作用,才能形成关于每个个别声音的表象,不论这些声音如何细微;否则,就绝不能获得关于千百个海浪的表象,因为千百个虚无绝不能构成某物。"还有一个例子:"如果有人给我看一个等角的多角形,那我是不能用眼睛和想象力把握它的上千条边的。因此,在我把它加以区别和通过计算知道 10 的立方等于多少之前,我对于这个多角形的形状和它有多少条边,只具有一个影像(image)或者一个模糊的表象。因此,对于许多对象,我们虽然能够思考和理解,但不能通过感觉和想象力加以把握。""因此,应当把表象和感觉区别开来。并非每一表象都是感觉;有一些事物没有被感觉到,却有关于它们的表象。如果我没有绿色由以组成的蓝色和黄色的表象,我便不能对绿色有所感觉。可是我不借助于显微镜,我就不能感觉到这一点。""因此,譬如说,如果我具有关于气味和颜色的表象,那我不外是具有形状和运动的表象,然而这些形状和运动是如此多种多样,如此渺小细微,以致我的精神在其目前状态下不能个别地和清楚地认识它们,因而也觉察不出它的表象仅仅是由一些非常细小的形状和运动的表象所组成,正如我们在绿色的表象中,像上面所说的那样,仅仅感知一些相互掺杂的蓝色和黄色的成分,虽然我们没有觉察出这一点,但我们从其中创造出一种新的东西(一种新的颜色)。"

"但是,模糊的思想和表象并不像人们所想象的那样,按其种属而言就是与清楚的思想和表象截然不同;模糊的思想和表象由于具有自己的众多性,因此只不过在清楚程度和发展程度上稍为逊色而已。""每个清楚的表象自身中都包含有无数的模糊表象,因为每个表象至少按其对象而言都包含有众多性和杂多性。""因此,不应当认为只有清楚的思想、理性的活动以及自觉自愿的活动才具有自生性,而应当认为模糊的、非自愿的、没有被我们觉察和意识到的表象也具有自生性。""一切都产生于我们自身的根基,产生于一种具有完全的自生性的本质。""严格说来,心灵不仅具有它的活动原则,而且具有它的被动原则或混乱表象的原则。""如果我们心里仅仅只有认识清楚的东西,那么必要性何在呢?有多少形形色色的事物还没有被我们所认识而有待于心灵去理解呢?笛卡尔的信徒们的重大错误在于,他们把那些没有被我们意识到的表象看作是虚无,并且除了精神之外不承认任何隐德来希,因此他们像许多人那样把持续地没有感觉和知觉的状态与真正的死混为一谈。""我们自己就经历过这类状态,在这类状态下,我们什么也记不得,没有任何清楚的表象,就像我们处于昏迷和无梦的沉睡中那样;在这类状态下,灵魂和单纯的单子之间没有显著的区别[14]。可是,绝不能由此推断说,单纯的实体根本没有任何表象。灵魂之所以没有感觉和知觉,仅仅是由于细微的表象为数太多,以致其中呈现出的一切都不清楚,正如当我们迅速地转圈子,弄得头昏目眩、神志不清时,我们便不能区别事物了。""可是,由于我们从这种没有思想的状态中苏醒过来时意识到自己的表象,因此我们在刚刚苏醒之前必然具有这些表象,尽管当时我们没有意识到它们;因为,正如运动只能产生于运动,因此表象也只能产生于另一表象。""我们的那些显著的、能为我们所感觉和觉察的表象,以及我们的那些显著的、能为我们意识到的倾向,只不过是由无限众多的、不显著的、没有被我们所感知的表象和倾向组合而成。我们心中出现的一切,正是植基于这些没有被觉察的表象之中,正如有感觉的肉体中发生的一切,植基于没有感觉的运动之中。""因此,看起来,愉快不外是许多不显著的表象的集合体;可是,如果其中每个表象都是强烈的和显著的,那就会引起痛苦。"因此,"音乐不外是一种算术,但是一种隐蔽的算术,以致心灵不知道自己在进行计算。然而,尽管心灵没有感到自己在计算,可是它感觉到这种没有被觉察出的计算的结果,或者感觉到由此产生出来的对和谐音调的好感和对不和谐音调的恶感;因为愉快是从许多没有被觉察出来的和谐的印象或表象中产生出来的。""因此,精神上的享受是感性快乐的原素,而精神上的享受只能模糊地被认识。"

## 第八节　模糊表象的作用

　　模糊的表象不外是单子的单纯实体中的无限众多性的表现；正如其他许多的单子，当它们仿佛像幽灵那样出现于每个个别单子的脑海之中时，不外是单子之间的关系或联系的表现。因此，模糊表象包含莱布尼茨哲学的最重要、最深刻、然而也是最困难、最复杂的方面，这个方面就是一个单子与其他单子的联系。可是，为了正确地理解这个问题，首先必须不要把莱布尼茨看作实体或单子的本质的那些不同的规定性之中任何一种规定性，作为唯一的规定性提出来，而要从它们的总和方面理解这些规定性。这样就不会把原子概念看作单子概念的基础。自为存在（Fürsichsein）的规定性，即按照黑格尔的逻辑把原子归结为那个逻辑的、形而上学的范畴，大概也是单子的一种本质的规定性。单子之间不仅相互不同，而且彼此分离；每个单子仿佛都过着闭门幽居的生活，οὐ πολιτεύεται［仿佛回避了政治］，像伊壁鸠鲁①派的智者说的那样；按照莱布尼茨的说法，每个单子甚至是"一个自为的世界，每个

---

① 在早一些时候（即本书第一版中），这里写的是：禁欲主义的智者。两种说法都是正确的。参看伽桑狄：《对第欧根尼·拉尔修的十书的考察》，1675年，第2卷第14—15页。

单子都是一个独立自在的统一体"。但是,这种规定性并不是它的唯一的规定性;因为单子的自为存在并不是原子的那种坚硬的、倔强的和顽固的自为存在,后一种存在本身是一种外在的、无差别的存在。单子的自为存在是一种充实的、富有内容的自为存在;单子具有灵魂;它对一切都感兴趣;在它那里,我们不需要任何外在的手段;在它内部有着充分的活动余地,足以在其中找到理性联系的接触点。

头一个接触点在于,单子的不确定的众多性是与单子概念一道形成的[15]。差别是单子的本质;可是,如果没有与单子有差别的存在物,单子如何能够成为有差别的呢?如果没有许多单子或其他单子,那么这一单子如何能够成为与其他单子不同的单子呢?它如何能够成为一个单子呢?由于必然有许多单子与单子概念联系在一起,因此单子的本质或概念就是单子的普遍联系;这种必然性和普遍性应当在单子之中或者毋宁说在它们自身之中得到实现,因为它们不是伊壁鸠鲁的空洞的原子;正是由于它们是活动的实体,因此实体的普遍性应通过它们自身得到实现。这种普遍性和必然性的实现,就是对于其他单子的表象,这种表象实质上是每个单子所具有的。诚然,原子概念也是原子之间的联系,可是这种联系在这里是一个抽象的、外在的概念,是思考者关于原子的概念。与此相反,在单子那里,在它自身之中就具有在原子论中处于原子之外而属于思维主体的那种东西。一般说来,原子产生于这样的场合,即思维和存在相分离,思维反省着自身,满足于自身,把存在作为一个不属于上帝精神的对象的世界,作为一个外在的、无差别的、偶然的世界,排除于自身之外。相反,单子却是一个与思维和睦相处的世界；在这里，概念不是处于事物之外，而是构成事物本身的内在本质[16]。个别的单子本身是其他单子的总念、一般概念。诚然，单子是个别的实体，可是，单子的个别性不同于原子的个别性；单子是一个非物质的原则，因而它是不受限制的，不是幽居于某个地方，不是感性地分离的和孤立的，而可以说是无处不在的和本身就是普遍的：它是一种自在自为地普遍的本质。作为这样的本质，单子实质上和一切单子都有联系，它的这种联系恰恰就是它的表象。"一切单子都具有表象和欲求，因为，如果不是这样，单子就与其余的事物没有任何联系了。"原子又瞎又聋；单子则有眼有耳，它借助于眼耳感知万物，它能够感知一切。原子是伊壁鸠鲁的上帝，这个上帝对世界漠不关心；单子则是一位明察秋毫、关怀万物的神。对于原子来说，其他原子的存在是偶然的；而对于单子来说，其他单子的存在是必然的。因为，单子实质上就是活动的，而它的活动就是表象；可是，表象是以对象为前提，以被表象之物为前提。关于思维的单子，莱布尼茨这样说（这一点也可以适用于一般的单子）："如果没有非理性的事物，那么理性的存在物又能干什么呢？如果没有运动，没有物质，没有感觉，那么这个理性的存在物思考什么呢？"单子所表象的对象不是某种特定的或有限的东西，而是宇宙本身，是存在于表象着的单子之外的无数的单子。"既然单子的本性在于表象，因此没有任何根据认为表象仅仅局限于宇宙的某一部分。"相反，"每个灵魂都以无限之物、万物作为自己的对象。"可是，由于单子是其他许多单子之中的一个，在某种程度上可以说它的本性中有多少界限，就有多少个其他的单子，单单如此它便是受限制的和受约束的。因此，它对整体的表象是受限制的;而受限制的、不完满的表象是模糊的和混乱的。因此,每个灵魂大概都表象着宇宙,但仅仅以一种混乱的方式。"一切单子都以一种混乱的方式力求达到无限之物;"因此,单子"不是被自己的对象所限制,而只是被对象的表象方式所限制,只是根据表象的清楚程度而相互区别"。而这种混乱的、模糊的表象,不外就是感性的表象。"感觉给我们提供混乱的思想。"由于宇宙具有无限的、不可计量的完满性,因此单子不能一下子就理解整个宇宙,而只能部分地、逐步地感知宇宙;由此产生了连续性、时间。单子不能一下子把整个宇宙清楚明白地分解为它的组成部分,而只能模糊地以不可计量的众多和杂多的形态加以表象;由此产生了物质。如果单子经常具有清楚明白的概念,那就不会有任何物质;可是,那样一来,单子就仿佛成了上帝,因为只有上帝才对宇宙具有清楚的和相符的,即绝对非物质的和纯粹精神的认识。上帝是绝对的观念性。对他来说,物质已被排除;他不是从事物的物质形态方面观察事物,因为他看的是本质。"模糊表象的混合物不是别的,这就是感觉,这就是物质。因为,这些模糊的思想取决于万物在时间和空间方面所处的相互关系。""模糊的表象始终包含有或表现出无限之物。""它们是整个宇宙作用于我们身上所产生的印象的结果。""尽管和清楚的表象一样,模糊的表象也植基于我们的自生性之中,可是我们还是有充分理由可以把模糊表象称为阻挠或痛苦,因为在它们之中包含有某种强制的、未认识的东西;它们是那些代表着身体或肉体并形成我们的局限性和不完善性的东西。""正由于单子经受着痛苦或情欲,因此,除了原初的单子之外,单子都不是纯粹的、绝对的力;它们不仅是活动的基础,而且是阻力或被动力的基础;这种被动的状况仅仅植基于它们的模糊表象之中,这些表象包含着物质或众多性的无限方面。"因此,模糊表象是单子相互之间的关系、联系。可是,模糊表象是感性的表象,因此,物质是单子的结合。莱布尼茨说:"如果单子摆脱或离开物质,那它也就同时超越于普遍联系之外,仿佛成了逃脱普遍规律的逃兵或开小差的人。"①"因此,物质是任何隐德来希所固有的,是与后者不可分离的。""没有任何绝对脱离物质的有限精神。"

---

① 从上面引证的这一句——"如果单子摆脱或离开物质,那它也就同时仿佛超越于普遍联系之外"——中,可以推断出物质并非直接是这一联系本身。可是,莱布尼茨在另一些地方表述得更加明确肯定。例如,在《神正论》第120节中这样写道:"如果只有精神存在着,那么精神就处于必然联系之外了",因为,显而易见,这种必然联系就是物质。在他写给德·博斯的信(1706年10月16日发出)中,也这样说:"使精神的存在物失去空间的和形体的存在,就意味着把它们排除于世界的普遍的联系和结构之外,这些普遍的联系和结构只有通过空间和时间的联系才得以存在。"

## 第九节　物质的意义和起源

在通常的唯灵主义看来,在幻想的和多愁善感的唯灵主义看来,莱布尼茨关于物质是单子的普遍联系的思想(这个思想是他的哲学的最崇高、最深刻的思想之一),也如斯宾诺莎关于物质是神的实体的属性这个命题一样,是根本不可思议的奇谈怪论。因为,在这种软绵绵的、甜丝丝的唯灵主义的心目中,物质毋宁是分离的手段,是值得哀叹的异端邪说(这种异端邪说使亲密的、兄弟般的灵魂相互分离,阻止它们完全融合在一起),从而是某种纯粹消极的、不应存在的和应当消灭的东西。于是,唯灵主义在它的这种深切的忧虑中臆造出一个与它的幻想一样美丽、与它的愿望一样轻快的物体;这是一种伊壁鸠鲁式的、伪造的物体,唯灵主义不再为它流出痛苦的离别之泪,不再为它感到对遥远事物的憧憬,然而这种物体也不再为了使唯灵主义的软弱无能得到补偿而给与它以重逢和实际结合的快乐。可是,如果我们凭借莱布尼茨哲学的双翼上升到物质观念(莱布尼茨的思想只不过是它的贫乏表现),并从物质的本质中考察物质,那我们就会相反地把物质看作单子的一种使万物联结起来的必然性,看作敏感性和易受刺激性的器官,看作把内在之物和外在之物联结起来的交感神经,看作心脏的导热体,看作 λόγος προφοριχός[适宜于说出的词],隐蔽的精神只有借助于这个词才能作为精神显现出来;把物质看作宇宙之光,每一存在物在这种光线中才能面对面地看到另一存在物;把物质仿佛看成是空气,在这种空气中,一切存在物被每一存在物借以向另一存在物宣布自己存在的那种声音的威力所陶醉,千百张嘴异口同声地唱出对生活及其泉源的美好的赞歌;把物质看成一切需求的泉源,但也是一切享乐的泉源,也正因为如此把物质看成是一切灵魂的普遍联系;因为,和享乐一样,需求也使存在物相互连接起来。

可是,如果我们从单子的角度、从起源方面去观察物质,并考虑到在莱布尼茨的哲学里,实在、至少"绝对实在只处在单子和单子的表象中",那么,在莱布尼茨看来,物质就其最严格的形而上学意义而言,不外是表象或其他所有的单子①,正如其他单子被每个个别的单子所表象那样。在我们看来,物质是对单子界限的观察。每一个单子都表象着所有其他的单子。可是,对于表象着的存在物来说,对另一个存在物的表象就是对自己界限的表象。我们从真正自觉的表象领域内挑选一个例子来说明:对于人来说,对别人的观察就是对他自己界限的观察;只有通过对别人的观察,人才能意识到他不是唯一的存在物,而是许多存在物之中的一个,是一个有限的、受限制的和有缺陷的存在物。人关于自己界限的表象是一个受限制的、带来痛苦的表象;从严格的哲学意义而言,对于另一个存在物、

---

① 头一种(或原初的)物质和第二种物质之间的区别,现在还可以不必考虑,以后它会向我们显现出来。莱布尼茨把头一种物质定义为纯粹被动的能力,把后一种物质定义为其他的单子。可是,如果没有后一种物质,头一种物质是什么呢? 被动的能力恰恰是作为其他的单子而现实地存在着,而对它被看作是其能力的单子来说,它不外是一种感受其他单子的存在和接受其他单子的影响的能力。因此,头一种物质不外是一种处于统一之中的他者的原则,这个原则的存在仅仅依据于其他单子的存在。

alter ego［另一个自我］的表象，绝不是像对外界事物的表象那样无所谓的；毋宁说，这种表象具有极其热烈激昂的性质，它使血液沸腾，使存在物心慌意乱，惶恐不安，丧失理智。物质作为对其他单子的表象，就是这种强烈的、生气勃勃的、发生影响的表象。因此，物质的最普遍的、首要的、形而上学的规定性在于：物质是对存在于我之外（praeter me）和不以我为转移的存在物的表象和直观。这种存在于我之外的东西是某种外在之物，是某种空间意义上的外在之物；这个规定性是这个形而上学的外在之物的第二个接踵而来的规定性或物理的直观。这个规定性不能应用于就其自身而言的单子，因为单子作为灵魂和隐德来希，不可能也不应当被想象为原来不是在空间意义上相互外在的。从非物质的存在物的观点看来（仅仅对于这种认识到与物质的区别的存在物来说，物质才存在着），物质的定义一般地可归结为：物质是对另一个以他物的形态出现的存在物的表象。举一个具体例子来说：如果我把其他人仅仅想象为与自己不同的人，那我就只有一个关于人的唯物主义观念；这样一来，我就站到霍布斯关于自然权利——一切人反对一切人——的观点上了。只有当我不把其他人看作与自己不同的人，而是看作我的本质的本质，看作我的另一个自我，那时我才具有精神的观点。

如果进一步考察莱布尼茨的思想和言论，那么，从表象着的单子的观点看来，物质不外是模糊的、混乱的表象①。清楚明白的表象是那样一种表象，对于这种表象，我了解它的细微末节，我洞察

---

① 莱布尼茨往往在同一意义上使用 obscurus［模糊的］和 confusus［混乱的］这两个词。例如，可参看第 2 卷第 2 编第 152 页。

它的一切;在这种表象中,我的理智得到证明和证实,我的理性的实在性被证明是确实可信的;在这种表象中,我对自己了解得十分清楚,我自己十分怡然自得。相反,模糊的、混乱的表象却阻挠我的理智,对它施加限制[17];模糊的表象是我的眼中钉,它刺激着我,使我郁郁不乐,心绪不宁;它是一个有损于我的理性尊严的污点,它是一种使我的精神感到痛苦的良心谴责。在清楚明白的表象中,我的心情开朗,好像我站在辽阔的天空下面,宇宙袒露在我眼前,我不感到任何限制;相反,在混乱、模糊的表象中,我发现自己受到规定和限制,我觉得自己的头脑仿佛被禁锢起来,我的精神世界仿佛被木板隔开;我觉得好像自己已经精疲力竭,自己的思考能力已经枯竭,精神脉搏已经停止跳动。总而言之,在清楚明白的表象中,我是活动的,而活动就是自由;而在模糊的表象中,我却是被动的①。虽然清楚的表象和模糊的表象都植基于我自身之中,可是它们就像苏醒与沉睡、白天与黑夜那样截然不同。因此,在这个限度内,物质仿佛是单子患了忧郁症,是单子的精神生活遭到妨碍。只有精神是明朗的。凡是你的头脑处于混乱状态的地方,那里就有物质。凡是你的思想已经枯竭而被模糊混乱的表象所取代的地方(这些模糊混乱的表象是一些对你来说作为有限的单子所必需而且植基于你的本性之中的表象),正是在这里而不是在其他任

--------

① 如果把活动理解为完善性的表现,而把被动理解为某种相反的东西,那么真正的实体只有当它们的知觉——我认为一切实体都具有知觉——得到发展和变得比较清楚时,才能活动,而当它们的知觉变得比较模糊时,才出现被动的状态。由此可见,在一切能感受快乐和痛苦的实体中,一切活动都导致快乐,一切被动都导致痛苦(《人类理智新论》第170页)。

何地方,便开始有了物质。当你清楚明白地思考时,物质便在你那里消失不见。因此,比尔芬格尔在作下面这段评述时,对莱布尼茨理解得很正确:"莱布尼茨有这样一个论点:如果某个人对物质拥有充分的认识,那他就会觉察出一些比较单纯的存在物,它们以不同的方式相互作用着,相互联系着;而且,它们的相互作用是这样地谐调一致,以致当这些存在物以适当的方式相互连接起来时,便从许多这样的存在物中形成我们通常称之为物体的那种组合物或集合体。"①有一位名叫迪·夏斯特勒侯爵夫人的女士对这一点说得更加明确,更加清楚。她在其著作《物理学的创立》(迪唐引证了这一著作)中这样说:"如果有可能觉察出那种形成广延的东西,那么广延的感性形式便消失了,只剩下一些相互分离地存在着的单纯的存在物;正如一幅画所引起的感性印象——如果这幅画由以组成的那一切单独的、非常细微的物质微粒,我们都能按其各自的特殊形态逐个觉察出来,那么这幅画的感性印象也就消失了。"这样一来,莱布尼茨原来的那个命题,即单子不是纯粹的、绝对的力,而是受到限制的力这一命题,便获得它的更加确切的定义。对单子的这种限制就是物质。可是,物质作为对单子的限制,又是单子的结合,是一个把单子缠绕起来、搅成一团的网;因为不受限制的存在物与另一个存在物没有任何联系,没有任何必然的关系,只有受限制的存在物才能如此。

把物质定义为表象,这仿佛是对通常的人类理性的一种真正的亵渎,因为通常的人类理性恰恰把表象看作观念的东西,把物质看

---

① 《哲学说明》第5章第116节第245页。

作实在的东西,直接加以对立起来,并把表象仅仅理解为僵死的形象、影像,而把物质理解为实在的东西。可是,在莱布尼茨的哲学中,表象恰恰不是表示某种非实在之物。毋宁说,表象构成单子的生命、力量和本质,只有它才是一切实在性的泉源和基础。莱布尼茨说:"生命和表象是不可分离的。""没有表象的生命只不过是表面上的生命;生命本身不是别的,就是表象的原则。"而且,物质就是表象,在物质中,单子觉得自己受到束缚;这是一种强制的(必然的)、模糊的表象。一般说来,当我们到达我们的自由的自我活动的界限,当我们碰到某种不受我们支配的东西时,便在我们心中产生物质概念。那样一种东西,它不能被我们进一步加以渗透、分析和分解,它在我们的精神看来是模糊不清的,它对我们的自我决断来说是 non plus ultra [某种极限之物],它被强加给我们,我们不能向别人描述它、转达它,而只能把它当作一种令人苦恼的秘密隐藏在自己心中,因此它对我们来说已经不再是概念,而是模糊的表象,是一种模糊的、不能渗透的、不能分解的情感,——这种东西就是物质,就被我们命名为物质。甚至我们通常关于物质的感性表象,也被归结为暴力、强制、阻力。然而,模糊的、不清楚的表象恰恰就是那种不受我们的理智和意志支配的东西。只有模糊的、不自由的概念,属于物质概念;因为,凡是精神不清楚的地方,就存在着不自由。石头和木块并非物质概念的真正典型;物质的真正本质、物质的观念,以性欲、欲望、愿望、激情的形态,以不自由和混乱的形态,存在于动物和人之中。人具有感觉的情感,它们对人施加的力量超过于或者相等于物质客体所施加的力量;它们在人身上发生物质的影响,如果人不鼓起自我意识的最大力量或者不采用其他的情绪药物,它们就对他施加真正的压制,把他扔到地上。突然爆发的强烈感性,可以像闪电、炮弹或从房顶上掉下的砖头那样置人于死地。通常用来表达痛苦心情的那些说法,例如,"忧愁把我压垮了"、"我觉得心里像压着一块石头似的"等等,并非单纯是一些譬喻,因为这些心理状态确实具有这样的物质作用。同样地,人也具有那样一些表象,人不能控制它们,不能渗透它们,不能把它们分解为其组成部分,因而也不能摆脱它们;它们附着于人的身上,就像属性附着于感性事物之上一样;它们直接地决定着他,使他感到痛苦,因此,对他来说,它们也具有物质存在的真实性和现实性。在所有这样的状态中,我们不是精神王国的公民,而是置身于物质的地狱里。痛苦是物质的本质,精神却是 actus purus [纯粹的活动]。与这样的表象相类比(这些表象是直接的规定性、状态、status [形势],犹如精神病患者的思想那样),我们必须把与高级单子不同的一般单子的表象想象为模糊的、混乱的表象①。甚至最平常的现象也能使我们确信,我们的激情包含在模糊的表象之中。当我们站在什么东西也不能确切辨明的远处观察时,许多东西使我们为之赞赏迷恋;而当我们走近一些在光亮下观察它们时,这些东西就完全引不起我们的兴趣了。一般说来,生活中的幻觉仅仅在于:我们没有把事物还原为它的简单成分,不是从细节方面,而是从整体方面观察它们,因而对它们只有一个模糊的表象,正如在我们没有仔细辨别银河

---

① 那么,荒谬的表象是否是低级单子的典范呢?我只请求不要 cum grano salis [照字面上] 理解这一思想,要注意在高级的领域内表现为不正常的、畸形的、病态的、错误的东西,在低级的领域内则是正常的、正确的、健康的,简言之,则是 comme il faut [本应如此的东西]。

并把它分解为单个的星辰之前,我们对银河只有一个模糊的影像。莱布尼茨在1714年3月22日写给布克的信中这样写道:"只有站在远处眺望,才会感到明显的混乱……,例如从远处遥望军队,就不能辨别那里的井然有序的队列。"①(第4章第213页)

因此,在谈到灵魂和物质的联系问题时,问题首先并不像许多人所认为的那样,在于证明表象着的、单纯的存在物如何能够与那只具有不可入性、重量、压力的大木块联系到一起。如果这样地提出问题,那么问题是不可能得到解决的。因为,我们把"灵魂"这个词理解为一种十分崇高的、可说是最特殊的灵魂,即某种能思维的、有意识的单子,而"物质""物体"这个词则指的是作为一般概念的物体,指的是物质的最普通的力学规定性;在这种情况下,本质的、内在的中间环节消失了,因而当然不可能找到 terminus medius〔中词〕。毋宁说,任务仅仅在于说明,活动和痛苦、意志和欲望、自由和必然性、概念和模糊表象是怎样地相互联系,怎样可能同时并存于同一个存在物之中。因此,如果以为莱布尼茨仅仅用先定谐和这一假设来解释灵魂和肉体的联系,那就可以说对莱布尼茨哲学的这种看法最肤浅不过了;因为这种谐和绝不是一种本原的形而上学的规定性,而只不过是一个派生的、通俗的表象,尽

---

① 莱布尼茨采用一个有趣的譬喻来说明模糊表象的感性起源。他在写给雷蒙·德·蒙莫尔的第4封信(1714年8月26日)的附注中说:"至于我们的思想如何表现我们肉体中发生的事情,那么,只要这些事情在我们头脑里留下的痕迹是模糊的,我们的思想便不可能是清楚的。……可是,毫无疑问,物体的影像是交错在一起的,正如我把几块石子同时投到水里时所看到的那样;因为每块石子都形成自己的圆形水波,这些水波事实上没有相互交错。可是在旁观者看来它们却仿佛交错在一起,很难把它们区分开。"(第5卷第14页)

第九节 物质的意义和起源 79

管这种谐和植基于莱布尼茨的形而上学原理之中。单子本身就其本原观念来说,就是这种把灵魂和肉体联系起来的先定谐和。因此,表象并不是通过外在的先定谐和而与单子联结在一起,而是一种独立自主的、与单子的概念和存在相同一的力量;同样地,物质作为模糊的表象也不是通过先定谐和来调节的。表象植基于单子的本性之中,因为表象不是绝对的活动,而是被限制的活动[18]。"只有上帝才是确实与物质分离的实体,因为他是纯粹的活动、actus purus。"单子的这种内在的界限是单子和物质之间的联系环节,或者毋宁说物质不外是这种内在界限的现象、表现。模糊表象就是肉体和灵魂赖以连接起来的环节。莱布尼茨说:"我借助于不明显的或模糊的表象,来解释肉体和灵魂以及一切单子或单纯实体的令人惊奇的先定谐和。""这些细微的表象构成各个存在物和其余整个宇宙赖以连接起来的纽带。"因此,在莱布尼茨的哲学中,物质是与灵魂一起同时被规定的。灵魂是直接通过它自身,即通过它的本质与肉体联结起来,而不是间接地、事后地通过先定谐和的力量与肉体联结到一起。这一点从下述情况中已经可以看出:在莱布尼茨那里,灵魂本来就是物体的实体形式(就亚里士多德所指的那种意义而言);正如没有灵魂就没有物质、没有统一就没有众多一样,没有物质也就没有灵魂,没有众多也就没有统一①。

---

① 可是,在莱布尼茨写给德·博斯的信——遗憾的是,与此相关的德·博斯的来信没有保存下来——中却这样写道:"既然灵魂是肉体的原初的隐德来希,因此与肉体的联系恰恰也是由灵魂决定的;而知觉和肉体运动之间的一致则可以借助于先定的谐和加以清楚的说明。"(1706年9月1日发出的信,第2卷第272页)可是,那样一来,这种联系被归结为怎样一种空洞的、不活动的统一呢?

# 第十节　作为表象的对象的物质及其本质的规定性

如果不再把物质看作表象，而看作表象的对象，那么物质就不外是"简单实体的集合体"，不外是我们周围的无限世界作用的混合物，不外是"无限地众多的存在物的汇集"，"而不是某种在数量上单一的事物或统一"，因为"复合的东西正如羊群那样不可能成为某种实体"。因此，从单子论的头一批命题中已经可以看出，物质"不是实体，而仅仅是实体所产生的结果"，不是本质，而仅仅是"现象，虽然是一种实在的、有充分根据的现象"，因为物质植基于单子之中，它是"实体的形象，正如运动是活动的形象一样"。

"把物质区分为第一种物质和第二种物质是完全有道理的。第一种物质不外是原始的被动能力，或者是阻力的原则；它既不包含在质量或不可入性之中，也不包含在广延本身之中，而仅仅包含在广延的可能性或必要性之中①。第一种物质是下述现象的原则：一个物体不能被另一物体所渗透，而是对后者进行抵抗，同时它仿佛有某种惯性，即对运动的反抗，因此在它击退运动着的物体

---

① 莱布尼茨在另一个地方给第一种物质所下的定义，与此有所不同，因为在这里他还没有把物质和质量区别开来。

的力之后,能够向前推移。第一种物质是下述情况由以形成的原因:物体经常受苦和抗拒着,仿佛它按形式(或隐德来希)来说经常处于活动之中,因为活动和受苦是两个相互联系着的概念:活动着的东西必然经受着某种抵抗,而受苦的东西就自己方面而言必然是活动的。这种物质就是那样一种东西,关于它从前曾这样说过:它对任何隐德来希来说都是本质的,它与隐德来希不可分割地联系着,它对隐德来希或本原的活动能力作出补充,只有这样才能从其中产生出完满的实体或者单子,它是完整的、完美的实体的被动能力本身。甚至上帝也不能使任何实体失去这种第一种物质,因为,如果不是这样,上帝就会从其中创造出纯粹的、绝对的整体,然而只有他自己才是这种整体。"

"第二种物质则是无限众多的、完美的、各自有其隐德来希和第一种物质的实体所产生的结果。这种物质构成那样一些存在物的基础,这些存在物只是通过外在联系形成的,因而不是完整的、完满的存在物,而只是就一般意义而言的存在物,虹以及其他某些有充分根据的现象就是这样的存在物。因此,这样的存在物只具有数学的统一性,而不具有形而上学的统一性;它构成单一之物不是就其本质而言,不是就其本身而言,而只是就其外貌而言。它构成那种名为质量的东西①。任何隐德来希都不与这种物质的一个特定部分相联系,它是经常变动的,它仿佛是条河流。"

---

① 莱布尼茨在其论文《论自然本身》第 11 节和在写给德·博斯的信(1709 年 4 月 30 日发出)中,把下述两种联系区别开来:一种是灵魂或单子作为完美的、从能动的和被动的原则中产生出来的隐德来希,与质量或其他单子的联系;另一种是隐德来希本身或能动的原则与第一种物质或被动的原则的联系。

因此，广延不是有形体的自然的头一个最本质的因素。"毋宁说，广延不外是一个 abstractum［抽象观念］，它以某种有广延的东西为前提。它需要一个主体，它在本质上与这个主体联系在一起。它本身要求在这个主体中有某种先于它的东西。它预先要求这个主体中有某种质、属性、特性，这种特性是有广延的，散布于主体之中，并继续存于主体之中。广延就是这种质或特性的扩散。例如，牛奶中就有白色的广延或扩散，钻石中就有硬度的广延或分布，一般物体中就有抵抗性或物质性的分布。""广延的基础就是简单实体所占有的位置、地位或场所，尽管实体本身不具有广延；广延是这种地位的连续不断的和同时发生的再现，正如线是通过点的流动而形成的。""广延是一部分处于另一部分之外这样一种状况，或者是一些同时并存的事物的序列，这种序列是由两个遥远的对象之间的最短距离的远近或大小来决定的。"[19]

但是，不要把广延和空间混为一谈①；因为"事物始终保持着自己的广延，可是它并非始终保持着自己的空间。每一事物都有它自己的广延，可是并不具有它自己的空间"。"和时间一样，空间也是某种绝对形状同一的东西；如果没有处于空间之中的事物，那么空间中的这一点和另一点便毫无区别。""空间是某种纯粹相对的东西"；它不外是"同时并存的事物之间的关系"，是"共存的序

---

① 不过，莱布尼茨并非在任何时候都把空间和广延区别开来。例如，在《答复培尔先生对罗拉里乌斯的一篇文章的评论》(第 2 卷第 1 编第 91 页)中，他把广延定义为 l'ordre des coexistences possibles［可能的共同存在的序列］。他之所以这样做，部分地是由于问题的本质，部分地是由于没有必要在任何情况下都对空间和广延作精确的区分，部分地还由于在莱布尼茨的著作中常常发现他从不同观点探讨同一个问题，不过是在不同的年代和不同的场合下。

列,正如时间是连续的序列一样";或者,正如莱布尼茨在他写给别尔努利的信中所说的,空间是"并列地共存之物的存在方式"。"如果抽去存在于空间中的事物,那么空间就不是一种实在的、具有独立存在的本质";空间"本身是某种观念的东西,就像数的单位那样"。因此,空间并非像牛顿所说的那样是上帝的感官(Sensorium),因为感官这个词不外表示上帝借以显现于事物面前并感知事物的一种器官;空间更不是像克拉克所认为的那样是上帝的一种特性,因为空间如果是上帝的一种特性,那它就属于上帝的本质,而空间是可分的,由此就应认为上帝的本质是可分的。

除了空间、广延以及其他物质规定性之外,简言之,除了那些仅仅具有被动的或受苦的能力的东西之外,"在物质本质的成分中还包含有另一种东西"。从单子论的最初的一些原则——按照这些原则,灵魂是一切存在和本质的普遍原则——中可以看出,这另一种东西只能是活动的力。"如果仅仅借助于数学概念(大小、形状、位置及其变化)去思考事物,而不采用形而上学概念,即不采用物质中以惰性形态和对运动的阻力形态表现出的活动力这一概念,那就必然会出现这样的情况:一个即使很小的物体当它与另一个哪怕很大的物体相碰撞时,也能把自己的运动传递到大物体上,这样一来,原来静止不动的最大的物体也可能被碰撞它的最小的物体带动,而最小的物体在其运动中并不会因此停顿下来;因为在纯粹数学的物质概念中没有包含阻力,毋宁说它对运动全然是漠不关心。在这种情况下,使较大的物体从静止状态下运动起来,并不比使较小的物体从静止状态下运动起来困难一些;于是仿佛只有作用而没有反作用,从而也没有用以评定力的尺度,因为任何物体都能做到这一切。然而,这种情况是与自然规律和真正形而上学的原则相矛盾的。"

"活动力或者是本原的,或者是派生的。本原的活动力为一切自在自为的有形实体所固有(因为绝对静止的物体是与自然相矛盾的),它与灵魂或实体形式是相适应的,可是它只属于一般的原因,而不足以解释特殊的现象。派生的活动力在于限制本原的活动力,它的这种限制植基于物体的相互冲突之中。""因此,一个实体不能从另一实体中获得活动力,而只能获得对自己的内在欲望的规定和限制。"

质、派生的力或所谓偶然的形式,不外是本原的隐德来希的变体,正如形状是物质的变体一样。"可是,变体是对实体的或独立存在的本质的某种限制;它没有给实体增添任何新的、积极的东西,而只是加以限制和否定;否则,一切变体都是创造了。变体处于经常的变化之中,而单纯的实体则是固定不变的。因此,在宇宙中,甚至在宇宙的每一部分中,每时每刻都有无限众多的运动和形状在产生和消逝。"

"本原的力是内在活动或表象的原则,派生的力则是运动或外在活动的原则(外在活动是与内在活动相对应的)。因此,运动的原因是没有形体的,尽管物体是运动的主体。运动本身不外是位置的变动,除了位置的变动,没有其他任何运动,尽管在位置变动之外还有其他变化。因此,运动是物质的多样性的物质原则。运动也是内聚力的原则。液态是从不协调一致的运动中产生出来的,固态是从协调一致的运动中产生出来的。不过,没有任何不包含某种程度的固态的液体,也没有任何不包含某种程度的液态的固体。"

但是,运动本身不是某种实在的东西。"它仅仅是某种连续的东西;因此,严格说来,它也和时间一样任何时候都不具有存在,因为,它从来不是完整地存在着,它不具有同时并存的部分。相反,运动的力或欲望则在每一时刻都完全地存在着,因而是某种真实的、实在的东西。因此,自然界中不是保存着同样数量的运动,像笛卡尔所认为的那样,而是保存着同样数量的运动的力;在自然界中,人们较多地注意真实之物,对那些除了在我们精神之中就不具有完全存在之物则较少注意。笛卡尔认为这两者(即运动和运动的力)意义相同。可是,从下述证明中可以清楚地看出,在运动的力和运动的量之间有多么巨大而且重要的区别。这一证明是以两个已被所有的哲学家和数学家看作是正确的前提为依据[①]。第一个前提是:从一定高度落下的物体,如果保持自己的运动方向并且没有碰到外界的阻力(如空气的阻力,我们在这里对这种阻力不予考虑),便能获得重新上升到原来高度的力,例如,钟摆就是恰恰重新回到它由以下降的那个高度。第二个前提是:例如,为了使一个 1 磅重的物体上升到 CD 即 4 埃尔[②]的高度,所需要的力恰恰等于使一个 4 磅重的物体上升到 EF,即 1 埃尔的高度所需要的力。由此可以推断出,物体 A 在从 CD 的高度落下时所获得的力,恰恰

---

① 可是,克拉克在他对莱布尼茨的《第五个答辩》中指出,无论笛卡尔主义者或其他哲学家和数学家都不会赞同莱布尼茨的前提,除非物体上升和下降所需的时间是相等的,而莱布尼茨对时间却丝毫不予考虑。后来的物理学家也指责莱布尼茨没有把时间考虑进去。参看萨·格勒的《物理学辞典》中"力"这个条目。此外,德·孔蒂神父曾指出这一点;莱布尼茨却回答说,时间在这里是完全无关紧要的。

② 埃尔(Elle)是过去德国的长度单位,约合 2/3 米。——译者

74 等于物体 B 从 EF 的高度落下时所获得的力。因为,在物体 A 从 C 落到 D 之后,它在这里获得了重新上升到 C 的力,即一个 1 磅重(也就是它自身的重量)的物体上升到 4 埃尔的高度所需的力。同样地,物体 B 在从 E 落到 F 之后,也在那里获得了重新上升到 E 的力,即一个 4 磅重(也就是它自身的重量)的物体上升到 1 埃尔的高度所需的力。可见,按照第二个前提,物体 A 在它处于 D 的位置时所具有的力,和物体 B 在它处于 F 的位置时所具有的力,是相等的。可是,在这两个场合,运动的量绝不是相等的,这一点可以用如下方式加以证明。伽利略证明说,物体通过从 C 下降到 D(高度 4 埃尔)所获得的速度,等于另一物体从 E 下降到 F(高度 1 埃尔)所获得的速度的两倍。我们用物体 A(等于 1)乘它的速度(等于 2),便得出积或运动量等于 2;相反,我们用物体 B(等于 4)乘它的速度(等于 1),便得出积或运动量等于 4。因此,物体 A 在 D 这个位置上的运动量等于物体 B 在 F 这个位置上的运动量的一半,可是在这两个场合运动的力却是相等的。可见,运动力和运动量之间存在着重大的区别,因此其中一个不可能成为另一个的尺度。由此可以断定,在评定力时,应当根据力所发生的作用的大小,例如根据力使一个重物上升的高度,而不应当根据力可能使物体获得的速度。""我们假定,一个重 4 磅而速度为 1 级的物体把它全部的力传递给一个重 1 磅的物体,那么,按照笛卡尔学派关

75 于根据速度和质量相乘之积的总和来测定力的大小的原则,这一物体便获得 4 级的速度,因而运动量仍保持不变;因为,速度 1 和质量 4 相乘之积,等于速度 4 和质量 1 相乘之积。但是,如果重 4 磅和速度 1 级的物体上升到 1 尺的高度,那么重 1 磅为了上升到

4尺的高度,就需要有2级的速度。因为,使4磅重的物体上升1尺高度所需要的力,等于使1磅重的物体上升4尺高度所需要的力。可是,如果这个1磅重的物体获得4级的速度,那它就应当能够上升到16尺的高度。因此,如果把使4磅重的物体上升1尺所需要的力,传递给一个1磅重的物体,那就应使这个物体上升16尺。然而这是不可能的;因为,这里的作用大了4倍,比我们现有的力多了三倍,这三倍的力仿佛是从虚无中产生出来的。因此,笛卡尔的原理应当被另一自然规律所取替,这一规律在于:在全部的原因和全部的结果之间存在着绝对的平衡。这一规律不仅说结果与原因是成比例的,而且说任何完全的结果与其原因具有同样的内容、同样的价值。① 虽然这是一个纯粹形而上学的原理,但它给物理学带来很大好处。"②

"当然,应当对运动力作些区分,即分为僵死的或初步的运动力和有生命的运动力。有生命的运动力总是与现实的运动联系着;僵死的运动力就是那种其中还没有运动,而只有运动意向的力。有生命的运动力是从僵死的力无数次地反复发生的作用中产生出来的。冲击是有生命的力的例子,单纯的压力或重力是僵死的

---

① 莱布尼茨在他的论文《论重力的原因》(第3卷第233页)中这样地表述这一规律:"全部原因的能量相等于全部结果的能量,或者说,某个所与状态的能量相等于由此产生出来的延续状态的能量。"

② 大家知道,莱布尼茨高度评价的这一规律,在数学界和哲学界里曾引起巨大的分裂和波动。康德在他的《关于正确测定生命力的意见》(1746年)中,既承认莱布尼茨根据速度的平方对力的测定,也承认笛卡尔根据速度对力的测定,不过作了若干保留和限制;他把数学的物体和自然的物体区别开,认为前者适合于采用笛卡尔的测定方法,后者适合于采用莱布尼茨的测定方法(第3章第115节等)。

力的例子;与后者相比,可以把冲击称为无限巨大的力。因此,运动的因素是无限细微的。对无限小值的计算就立足于这个无限性概念之上,只有这种计算才能解决在过去被认为是一些无法解决的物理学-数学的问题,因为自然界在任何地方都在竭力追求某种无限之物。"

但是,绝不能把引力看作是物质的普遍特性。"虽然我们这个星系的大物体是相互吸引的,可是下面这个看法毕竟是牛顿或者至少是他的学生们的一种奇特的虚构。他们认为,一切物质都是有引力的,即任何物质对其他任何物质来说都具有引力,仿佛每个物体都根据其质量和距离的大小吸引着另一物体。而且,他们认为这是一种真正的、并非由物体的任何隐蔽压力所引起的吸引,因为地心的引力、行星相互之间的引力以及行星对太阳的引力必然是由某种液体的运动所引起的。一个物体只能通过自然的方式被另一个与它接触的物体所冲击而运动起来。任何其他对物体的作用,或者是奇迹,或者是想象。""同样地,和牛顿及其追随者的意见相反,在物质的自然界中的确没有真空的空间。空气唧筒绝不能证明真空的存在,因为玻璃上有细孔,通过这些细孔可以渗入各种细微的物质。如果我们在某个物体中发现较小的密度和阻力,我们也不能由此断定那里有较少的物质和较多的真空。物质的质不是植基于阻力之中。水银的质量比同样体积的水大约重14倍,可是绝不能由此断定水银所包含的物质也肯定多14倍。因为,虽然水银和水都是有重量的物质,可是它们都是有细孔的,许多没有重量的、没有表现出明显阻力的物质,例如光和其他一些不易觉察的流体,能够渗透到这些细孔之中。"

# 第十一节　物质本身的非实体性以及单子与肉体的联系

但是，我们永远不应当忘记，物质和一切物质的东西都不具有实在本身。"正如运动本身不是运动的实在之物，只有力或威力才是运动的实在之物一样，实在也只处于广延之中，或者一般地处于物质世界的现象之中"，实在不处于物质本身之中，而处于精神的和理智的原则之中，处于构成它们的基础的那些形而上学的和数学的规律和法则之中，"处于现象和表象的序列和顺序的（基础）之中"。因为，"虽然自然界里没有数学家制定的运动概念所要求的那种绝对千篇一律的变化，也没有几何学给我们描绘的那种图形，虽然数学的对象只不过是观念的，可是现实事物的现象毕竟不能背离它们的法则"；这恰恰就是现象赖以使自己区别于梦境的那种实在。"因为梦境和生活的区别就在于：生活中的现象是井然有序的，因而是普遍的；因为如果我的现象与别人的现象不一致，那我的现象就没有按适当的秩序排列起来。""因此，柏拉图学派和怀疑论者之所以和他们的反对者一样陷入困境，就仅仅是由于他们除了认为存在于我们外面的感性事物是一些有规律的或合乎规律的现象之外，还想到这些事物中寻找更多的实在。""因此为了更好地理解事物的基础，甚至适宜于撇开有形体的实体，仅仅从单子以及它们的表象相互一致中去解释一切现象。那样一来,就谈不上单子在空间中有什么远近,那就证明某些感性的说法和观念,例如,单子聚集在一点上或单子散布于空间之中,原来只不过是一些臆想,我们借助于这些臆想把那种仅仅是思维的对象的东西变成我们想象力的对象。"单子本身相互之间绝不占据任何位置,即不占据任何超出现象范围之外的实在的位置。

"物质是现象"这个命题只不过是前面提及的物质是普遍的联系这个意义的另一种不同的说法,或者是对这个意义进一步规定。可是,这个命题不仅说物质对我们这些思维的主体——我们承认思维主体作为单子而言是真正的实在——来说不是实在本身,这个命题还表明单子本身相互之间的联系。物质是现象,它同时也是单子相互之间的现象。单子的自为存在是它的灵魂,单子的为他存在是物质。单子不仅是一种能够表象的本质,而且也是一种被表象的和可能被表象的本质;单子不是纯粹的、绝对的主体(否则,它就是上帝了),它也必然是其他单子的对象。它不仅可处于主格和主动态,而且也可以被置于 casus obliquus [间接格]和被动态。单子的这种被动态、这种宾格不仅是它与一般物质的联系,而且是它与一种特定的、最近的、特别与它的个体本质相对应的物质的联系;这种物质就是它的肉体。肉体是一种善于表情的音调,单子的自为存在和为它存在通过这种音调而变成为人人可能感知的存在。

"任何单子都被赋予肉体。它与肉体的联系决定了我们称之为复合实体的那种东西";因此,"实体或者是简单的,或者是复合的",虽然,在莱布尼茨看来,严格地说,当然不可能有任何复合的

## 第十一节 物质本身的非实体性以及单子与肉体的联系

实体。可是，一般说来，从物质的定义中可以看出，肉体不外是一个集合体，不外是单子或实体的总和或汇集。于是出现一个问题：我们如何能够把这许多实体联结为某个单一的复合实体？只有通过如下方式，即在这许多构成肉体的单子中间，仿佛有一个 par excellence［出类拔萃的］单子，它通过表象的强烈性，从而通过高度的力和实在，成为一个占据优势地位的单子，成为其他单子汇集在它周围并围绕着它运行的中心，犹如行星围绕着太阳运行一样；因此，只有通过"隶属关系"，通过主从关系，才能把许多实体联结为一个单一的复合实体。"一个实体服务于另一实体。"单子汇集而成的肉体，犹如蜂巢。居于支配地位的单子，犹如蜂王或雌蜂。蜜蜂不像那些属于某个兽群的动物那样过着自由散漫的生活，而是构成一个统一的整体。应当把每个蜜蜂仅仅看作这个机体的一部分，它只具有局部的生命，完成独特的职能，就像我们身体的一个器官那样。可是，每个蜜蜂又是一个独立自在的个体，是一个特别的、独立自主的存在物。因此，正如许多独立的蜜蜂构成一个统一的机体，我们也应同样地想象单子如何汇集起来组成肉体①。

莱布尼茨说："每个单纯实体或单子构成复合实体——例如，动物——的中心，构成它的统一原则，它被其他无限众多的单子所组成的群体所包围，这些无限众多的单子构成这个中心单子自身的肉体。""每个有生命的肉体都有一个居于统治地位的隐德来希，它是动物的灵魂；可是，这个肉体的每个部分本身又充满着其他许多有生命的存在物，其中每个存在物也具有自己的隐德来希或居

---

① 在这点上，谁会不联想起歌德用以表述单子的结合和分离的那个有趣的方式？

于统治地位的灵魂。""在这些单子中间,一些单子或多或少地统治着另一些单子,因此单子之间有无限众多的等级。""肉体中居于统治地位的单子,是完整的、相符的隐德来希;居于服役地位的单子,是不完整的,它们隶属于头一种隐德来希,作为后者的一部分,不过它们也具有自己的相符的隐德来希。""正如表象和统治关系具有不同的等级和方式,因此集合体也必然具有不同的种类。""那种促使动物或有机体在本质上与一个居于统治地位的灵魂一致起来的统一,完全不同于那种促使一个简单的集合体(例如一堆石头)形成起来的统一。因为,后一种统一仅仅是某种现存的或空间的所与物的统一,而前一种统一则创造出一个新的存在物。用经院哲学的术语来说,前一种统一被称为本质的统一或 unum per se〔独立的单一〕,后一种统一仅仅被称为 unum per accidens〔偶然的单一〕。因此,单子对于它究竟是构成一匹马或其他生物,不是漠不关心的;由于单子经常在自身中表现出它与其他一切单子的联系,因此当它包含在马之中时和当它包含在狗之中时,它的表象是完全不同的。""因此,只有存在着拥有占统治地位的灵魂的有机体的地方,只有存在着动物或至少存在着与动物类似的存在物的地方,才能假定那里存在着有形体的或复合的实体;其余的一切则是简单的集合体,是偶然的、不能独立存在的统一。在单子构成复合实体的地方,可以设想单子是被实体的、本质的联系联结起来的。"[20]"只有借助于这种实体的纽带(即它与居于统治地位的单子的联系?)物体才能变为某种实在的东西。""然而,尽管如此,在这些处于服役地位的单子中间,没有一个单子牢牢地附着于这种联系或这种居于统治地位的隐德来希之上。""灵魂不是从一个有机

### 第十一节 物质本身的非实体性以及单子与肉体的联系

体转移到另一个有机体,而是始终处于同一个有机体之中,甚至死亡也不能使这条规律有所例外。但是,这个有机体本身却处于经常不断的变动之中,因此,对于物质的任何一个部分,都绝不能说它始终为同一个动物或同一个灵魂所具有。"这个命题从下述情况中已得到论证:单子本身只能构成集合体,它按其本质而言并不是统一物,因此,组成集合体的那些单子相互之间保持一种松散的联系,它们经常准备结合到新的联系之中。"我们在年老时拥有的肉体已经不是我们在孩童时期所拥有的同一个肉体。""可是,单子的统治和隶属,就其自身来看,不外就是知觉的不同程度。""因此,实体的联系(如果仅仅就其自身而言)可以不依赖于单子——居于统治地位的单子除外——而发生变异,甚至于解体;因为,蛆虫的灵魂不属于蛆虫处于其中的那个肉体的实体;它不是实体的部分,不是组成部分,而仅仅是后者的一件零星物品。"

如果抽掉作为现象的实在原则的实体联系而去考察单子本身,那么物体就仅仅是集合体,因而也就是现象,因为"除了构成集合体的成分的单子之外,其余的一切都是通过简单的表象,即通过它们在同一时刻被表象这一点而被归并到一起的。""可是,即使物体是简单的现象,那也绝不能由此断定感觉欺骗了我们;因为感觉的真实性仅仅依据于现象相互之间是一致的,如果我们信赖经验的基础,我们就一定不会弄错。""因为,它们是一些像虹和镜中影像那样有充分根据的现象,简言之,它们像一些连续的、相互紧密联系的梦境。""不论我们是否承认简单的表象力,或者是否进一步承认实在的有形实体,事物始终处于同样的序列之中。诚然,灵魂中发生的过程必须符合于灵魂之外发生的事件;可是,只要灵魂之中发生的过程既与它本身相一致,又与其他任何灵魂中发生的过程相一致,那对此来说也就足够了;绝对没有必要除了灵魂和单子之外还要假定某种东西。因此,譬如当我们说苏格拉底坐着,那么,按照这个假设,这不外就是说有某种现象出现在我们眼前,在这种现象中,我们想象着苏格拉底和坐的姿态。""即使物体不是实体,可是所有的人仍然倾向于认为物体是实体,正如尽管地球事实上在运行着,可是所有的人仍然倾向于认为地球是静止不动的。"

## 第十二节　宇宙的普遍联系以及
　　　　　　有机生命的无限性和差异性

　　由于单子是表象着的本质,因此肉体或最贴紧地包围着单子的那个范围,就不外是一种手段或工具,单子借助于这种工具并与它在一起而构成一种特殊的立场和观点,单子从这种立场和观点出发去想象世界和接受世界的影响;因为,灵魂是它的肉体的实体形式,它的肉体或工具的实在性和完满性的程度,也就是灵魂的完满性的程度,因此,"肉体相互之间的区别不会小于肉体与精神之间的区别"[21]。"因此,正如从不同的位置观察同一个城市时,这个城市显出不同的面貌,好像看起来变为好些个城市,同样地,仿佛存在着无限众多的、各不相同的、以个别实体的形态表现出来的世界,尽管这些世界只不过是从各个单子的不同观点在远处观察统一的宇宙时这个宇宙所呈现的形象。"肉体是灵魂的头一个直接的对象,灵魂从它出发去感知其他对象。"虽然单子表象着整个宇宙,可是,正是由于这个缘故,单子对肉体——肉体最适合于单子,单子是肉体的隐德来希——的表象,比对其他一切外界事物的表象清楚得多。""可是,肉体在那里不是孤立的、隔绝的。毋宁说,空间中的一切都被充塞着,一切物质都处于相互联系之中。由于在充塞着的空间里每一运动都按其距离的远近对遥远的物体发生一定的作用,因此每一物体不仅接受与其紧密相邻的物体的作用,而且通过这些物体接受遥远物体的作用,这种联系甚至扩展到很远很远的地方。因此,每一个物体都被宇宙中所发生的一切牵连着,以致那些有洞察力的人能够在任何一个个别的部分中,看到在整体中发生的事情,甚至看到那些早已发生或尚未发生的事情,他还能在现存的事物中看到那些无论就时间或空间而言都很遥远的事情。希波克拉底说:Σύμπνοια πάντα[普遍的一致性]。""现在中孕育着未来。"往昔中包含着现在,现在中包含着往昔;最遥远的彼处中包含着最邻近的此地。

"因此,正如肉体通过物质的普遍联系而表现出整个宇宙一样,灵魂在表象与它关系最为密切的东西的同时,也表象着整个宇宙。""但是,灵魂只能在自身中看到它清楚地表象出的那种东西;它不能一下子展现出自己的表象,因为这些表象力求达到无限。""因此,只有当我们把灵魂的全部皱褶展开时(这些皱褶只有随着时间才逐渐以清晰可见的方式展开),我们才能在每个灵魂中看到宇宙的美。""一切隐德来希都是宇宙的肖像,其中每一个都按自己的方式表现宇宙;这是一些 en miniature[小型的]世界,是宇宙的缩影;它们是一些多产的单纯因素,是实体的单一,可是由于它有许许多多的变体,它们在力的方面是无限的;它们是一些表示无限圆周的中心。""这也就是单子和原子之间的主要区别。诚然,与原子的状态一样,单子的状态也是一种变化的状态,是一种意向;原子希望改变它的位置,灵魂或单子希望改变它的表象。可是,尽管原子包含着部分,但它在自身中不包含那种在其意向中表现出多样性的东西,因为我们认为它的部分不改变它的关系。相反,尽管

## 第十二节 宇宙的普遍联系以及有机生命的无限性和差异性

单子是不可分的,但它具有复杂的意向,即含有无数的表象,其中每一个表象都寻求着自己的特殊变化,同时这些表象由于和一切其他事物有本质联系而处于单子中。伊壁鸠鲁的原子恰恰由于不具有这种多方面的、普遍的联系,而与自然界相矛盾。因为,没有任何一种个体的、个别的存在物,是不应当表现和表述其他一切存在物的。""个体性包含着似乎处在萌芽状态的无限的东西。""因此,从灵魂的变体的多样性方面,把灵魂和它从自己的特殊观点所表象的宇宙加以比较,在某种程度上甚至和上帝相比较(灵魂以有限的形态,在诚然是模糊的和不完善的关于有限之物的表象中表述上帝的无限性),比通过把灵魂和物质原子相比较来说明灵魂,更为重要。"

"只有有机体才具有生命的原则。""因此,单子或生物的肉体必然永远是有机的。由于每个单子按照自己的方式都是宇宙的一面镜子,而宇宙又享有完善的秩序与和谐,因此,在表象着的东西中,亦即在灵魂的表象中,从而在作为表象的观点的肉体中,也必然存在着和谐与秩序。"肉体是有机的,这无非是说,它是一架天然的自动机,是一种神的机器,它无限地优越于一切人工的机器,它不仅"在程度上,而且在实质上都不同于人工的机器,因为人工的机器就其每个部分而言并不是机器,而天然的机器在其最细微的部分直至无限都仍然是机器"。天然的机器由于直至无限都是机器,因此机器的每个部分本身也是某种机器(每个体系本身又是体系的体系),每个最细微的部分都具有轮廓分明的、特殊的、独立的生命,每个肢体本身又是一个由许多肢体组成的肉体,因此有机体包含有无限众多的、具有灵魂的肉体。这是下述这个不止一次地提到的规律的必然结果："物质、甚至它的每个部分,不仅可以无限地加以分割,而且事实上已被分割开来,它包含有一种井然有序的多样性。""因此,可以把物质的每个部分想象为栽满花木的花园或养满鱼儿的水池。可是,植物的每个枝叶,动物的每个肢体以及每一滴液汁本身又是一个花园、一个水池。"[22]"虽然,花园里植物之间的泥土和空气,或者水池里的鱼儿之间的水,并不是植物或鱼,但它们毕竟包含有植物和鱼,不过,在大多数场合下,这些植物和鱼纤细得不能被人们觉察出来"或者包含有"其他某些我们也许完全不认识的生物"。"因此,在宇宙里没有任何无形态的东西,没有任何无机的东西,没有任何无秩序的、无规律的、空虚的和僵死的东西,没有混乱,没有杂乱,只不过表面上看来有些混乱罢了。"①

可是,这些到处都有的机体因其完善程度不同而有区别。"如果单子具有一些适当的器官,单子通过这些器官所获得的印象以及表达这些印象的表象,包含有某种仿佛卓越美妙的东西,即明确性和清晰性(例如,通过眼睛里的液汁,光线被集中起来,发挥更大的力量);这种东西逐步发展,一直发展到出现感觉,即一种与记忆相伴随的表象,从这种表象中有某种像回音似的反响长时间地保留在心灵之中,以便到适当时机再重新发出声音来。""因此,拥有这种表象——这种表象与记忆有联系,因而比较清楚——的单子,才被

---

① 莱布尼茨指出,虽然他否认混乱,但这绝不适用于地球和其他某些物体的原始状态,因此,正如经验所证明,地球和其他某些物体当初曾在外表上处于混乱状态"我们的地球曾经处于像正在爆发的火山那样的状态"。《1714年3月22日写给布克的第五封信》(第6卷第213页)。《神正论》第3编第244—245节,特别是他的《普罗托加》第2—3节。

称为真正的灵魂。相反,只具有简单表象的单子,则被称为隐德来希或简单的单子。""如果我们在自己的表象中没有明确性,也就是说,没有一种可说是引人入胜的趣味,那我们就处于一种持续的、梦幻似的麻木不仁状态,简单的单子就处于这种状态。"因此,等级、程度、状态、方式,这就是存在物仅有的一些区别。"自然界中的一切都是相似的",都是相关联的、有联系的;万物就其本质而言处于万物之中;自然界在任何地方都与它自身相似;"谁真正认识某个事物,谁也就能认识一切事物;谁哪怕只理解物质的一个部分,但由于事物具有自成一体的联系,谁也就同时理解整个宇宙"。C'est tout comme içi[到处都和这里一样]。"在每个存在物中都可以认识无限之物","最大的物体十分精确地表现在最小的物体之中",最远的东西以观念的方式存在于最近的东西之中。存在物中没有绝对的本质区别。"完善的程度是千差万别的。可是,基础在任何地方都是相同的。只有大和小、可感知和不能感知的区别"①。灵魂不外是一种已经觉醒过来而具有清楚的表象和意识的简单单子;从我们自我的贵族式的观点出发,我们把简单的单子当作某种异己的东西,某种不偏不倚的中性的东西,某种僵死的东西抛弃掉,而这种单子是一种属于我们的种属和本质的存在物,它只不过是一种尚在沉睡的、还没有展开的灵魂。到处都有生命的幼芽,到处都有生命的元素,它们有一天也许会发展为与我们类似的存在物。自然界中没有真正的否定,没有真正的死,没有真正的生。死只不过是肢体的分解、包裹、减少和缩小;生只不过是肢体

---

① 《人类理智新论》,第458、441页。

的扩大和展开,只不过是业已存在着的东西从种子和幼芽的形态改变为另一种形态,正如人是从精虫发育出来的,精虫的灵魂虽然不是理性的,但是在通过受胎使这些精虫达到人的本性之后,这些精虫的灵魂就变成为理性的[23]。总之,自然界中没有任何绝对间断的东西;一切对立面,空间—时间和方式的一切界限都消失在宇宙的绝对的连贯性、宇宙的无限联系面前。"点仿佛是无限小的线,静止不外是一种由于不断减弱而正在消失的运动,平衡不外是正在消失的不平衡。""这条关于连贯性的规律在任何时候和任何地方都不会使自然界受到损害。自然界不作飞跃。自然物的全部秩序组成一条统一的锁链,在这条锁链中,各个不同的种属像许多环节那样紧密地相互衔接着,以致无论感觉或者想象都不能确定一个种属结束而另一个种属开始的那一点。"[24]

# 第十三节　单子之间相互联系和交往的方式

万物相互之间如此密切地处于极其美妙的和谐之中,处于令人惊叹的相互联系之中,以致每个存在物都是一个小宇宙。以宏伟的形态存在于和发生于大宇宙中的事物,均以细微的形态存在于和发生于小宇宙之中。每个存在物好像都是温度表和气压表,表现出宇宙中大气的变化,尽管如此,存在物相互之间没有任何直接的、物质的影响,而只有形而上学的影响。"单子之间的相互作用不仅是不可能的,因为不能设想有任何手段能够说明这样的作用,而且这种直接的作用也是不必要的,因为干吗要一个单子把另一单子自己已经具有的东西给予后者呢?实体的本性恰恰在于:现在中孕育着未来,从个别事物中可以认识一切事物。"单子确实是从它自身的怀抱中产生出万物,"而且不是用经院哲学家借以从热中引出其作用的那种方式,而是以一种崇高的、精神的机械方式,这种机械是有形体之物的机械的基础和中心,以致我们可以想象一个东西借以从另一个东西产生出来那样的形态和方式"。"单子不是外在活动的原则。""甚至单子的障碍原则也处于它们自身之中。如果实体没有受到阻碍,它就能尽其力所能及地活动下去。单纯的实体在其活动中的确受到限制和阻碍,但是这种限制仅仅内在地来自它自身。""因此,没有一种东西能够作为障碍作用于单纯的实体;不仅如此,甚至在复合的实体中,在物体中,即使通过它周围的物体的冲撞,也不能产生任何不是来自它的内部而能破坏它的内部秩序的东西。"因为,"物体在被冲撞时只有通过它自己的弹性才会受冲撞的影响,这种弹性就是那早已存在于它自身之中的运动的原因"。"仅仅从表面现象看来,才会觉得实体受到了外来的强力。""就其内在的规定性来说,真正的实体不可能受到阻碍,因为在它自身之中包含有一切外在之物的表象。"

可是,我们可以这样提问:灵魂譬如说原来处于快乐状态,怎么可能后来又紧接着变为处于痛苦状态呢?为什么灵魂不始终处于同一种状态呢?培尔就给莱布尼茨提出过这样的质问。"有限实体的本性就是不断的变化,而且这种变化是按照一定顺序发生的。这种顺序本身固定不变,却把实体引入各种相应的状态,但不是强制性地,而是按照实体自身的自发性。这种顺序的规律构成每个特别的实体的*个体性*①,它与任何其他实体以及整个宇宙中发生的事情是完全联系在一起的。按照这个规律,每逢灵魂与肉体的联系出现中断时,灵魂便从快乐转变为痛苦,因为,表达和表现这种物体中所发生的情况,就构成规律,就构成这种不可分的实体的本性。"

因此,实体之间的相互联系仅仅具有*观念的*性质。实在的存

────────────────

① "每个这样的实体都在自己的本性中包含着相继更迭自己作用的规律,包含着过去和现在与它一道发生的东西。"(《写给阿尔诺先生的信》第2卷第46页)"在每个实体中,未来都与过去保持着完全的联系。这构成了个体的同一性。"(《人类理智新论》第2册第1章第12节)还可参考《神正论》第3编第291页。

第十三节 单子之间相互联系和交往的方式 103

在物只有作为单子所表象之物才能作用于单子；可是，实在的存在物也不能以其他方式作用于单子，因为单子是灵魂或灵魂的类似物。单子只能被它自身所作用；它只是与它自身发生关系；它仅仅在理论上是活动的。单子之间相互发出的光，或者它们借以相互看见和感知的光，不是充满能量的阳光，而是冷漠无情的月光。它所产生的印象缺乏感性，缺乏直接的、现实的印象所具有的那种热情；这些印象只具有回忆的力量，在回忆中，对象只是像它在我们心中想象的那样作用于我们，而不是通过它自身作用于我们。虽然，单子由于自己的完全由神经而不是由血肉构成的特性，被宇宙中发生的一切牵连着和影响着，可是，对于周围发生的一切事变，单子不是一个亲临其境、耳闻目睹的见证人；它只是像读者那样参与这些事变；它只是站在遥远的地方经历了这一切。可是，站在远处经历某个事变，而不是现实地参与事变，这就是表象。因此，单子并没有由于这样的参与而越出它自己的范围，并没有因此破坏灵魂内心的安宁。总之，单子不是世界舞台上的一个登场人物，而只是一个观众。单子论的主要缺陷正是在这里。

"单子之间只有一致关系，而没有实在的联系；因此，居于统治地位的单子并没有限制其他单子的存在。""如果我们说一个单子被另一个单子所阻碍，那就只能把这句话理解为一个单子被它自己对于另一个单子的表象所阻碍。""一个实体对另一个实体的作用，并不在于它从自身中发出某种本质或者某种实在的东西，并把它移植于另一实体之中，像人们通常想象的那样。就物质世界来说，我们完全可以用机械的方式、通过某种微粒的发出和吸收来说明自然现象；可是物质的东西并不是实体。""单子具有向外的活动,只要单子是完满的。当单子具有清楚的表象时,单子是能动的;而当单子具有模糊的表象时,单子便是被动的。因此,一个单子相对于另一单子而言的完满性,仅仅在于我们在这一单子中发现一些可以由以说明另一单子中发生的事件的原因;而且只有当我们发现了这样的原因,我们才能说这一单子作用于另一单子。""因此,单子的能动和被动是相互的。同一个单子,当我们能在其中清楚地看出一种可以由以说明另一单子中发生的事件的原因时,它便是能动的,而当我们在另一单子中清楚地看出一种可以由以说明这一单子中发生的事件的原因时,它便是被动的。"

关于单纯实体相互关系所说的这一切,也适用于复合实体和单纯实体的相互关系,或肉体和灵魂的相互关系。"经院哲学家认为灵魂和肉体之间相互发生物质的作用;可是,自从人们考虑到思想和有广延的物质相互之间没有任何共同之点,甚至是根本不同的东西之后,近代许多哲学家已承认灵魂和肉体之间没有任何物理的相互作用,尽管存在着形而上学的相互作用,根据这种相互作用,肉体和灵魂构成为一个主体或者一个人。""因为,无法解释,如何从灵魂的表象中产生出物质的形状和位置,或者如何从物质的形状和运动中产生出表象。""如果存在着物质的相互作用,那么灵魂就能改变存在于肉体中的运动的速度和方向,反过来,肉体也能改变存在于灵魂中的思想的顺序。可是,无论从肉体的本质规定性中,或者从灵魂的本质规定性中,都不能引出这样的作用。笛卡尔试图找到一种折中办法,从而使肉体的一部分活动依附于灵魂。他认为物体中保持同样数量的运动是一条自然规律,并由此推断说,灵魂的作用不能否定物质世界的这条规律。可是,笛卡尔认

第十三节　单子之间相互联系和交往的方式　105

为,灵魂毕竟可能具有一种改变肉体中发生的运动的方向的能力,这差不多类似于骑手虽然不能把力传递给他所骑的马,可是他能按照自己的心意指引马奔跑的方向。但是,灵魂不像骑手那样拥有一种可借以产生这种作用的工具。与力的大小的变化一样,运动方向的变化也是不能从灵魂和肉体的本性中,即从思维和物质的本性中得到说明。"因此,笛卡尔学派求助于偶因论的体系,按照这个体系,上帝自己根据某种意志活动而直接产生出肉体借以实现这种意志的活动。可是,"在那样的场合下,就可以迫使上帝在自然的和通常的条件下像 deus ex machina［永动机］那样以异常的、奇异的方式进行活动。因此,这个体系是与自然和理性相矛盾的。"这样一来,便仅仅剩下单子之间相互联系和相互作用这样一种方式,成为我们借以想象灵魂和肉体的关系的真实范畴了。"灵魂可能会感知在它之外发生的事件;可是,这只有通过在它自身之内发生的事件,只有依赖于普遍的和谐,这种和谐使每个实体成为宇宙的一面活生生的、与外界事物相符合的镜子。""如果灵魂希望完成某项工作,那么肉体的机械本身由于它那生而具有的运动便乐意于和倾向于实现这一意愿;如果说灵魂感知它的肉体的变化,那么灵魂不是从肉体那里获得新的表象,仿佛肉体破坏了灵魂的规律似的,而仅仅是从一系列过去的、然而模糊的表象中获得新的表象。""灵魂既没有给予肉体以运动,也没有给予肉体以运动的方向或规定;不能用机械的方法从物质的先前的状态和运动中来解释运动。如果有人坚持相反的见解,那他就把灵魂变成肉体,尽管这是一种非常稀薄纤细的肉体,或者他接受了某些不可理解的、什么也不能说明的原则。""尽管活动状态的最近泉源寓于灵魂之中,正如被动状态的泉源寓于物质之中那样,可是我们不能由此认为灵魂通过它的内在活动,即欲望和表象,就能使肉体的机械规律停止发生作用,毋宁说,灵魂仅仅是按照这些规律进行活动的。""如果灵魂在肉体中引起某种与肉体的本性相抵触的东西,那就是奇迹了。""肉体中的运动诚然是按照灵魂的意愿产生的,但不是通过这种意愿,而是通过机械规律产生的。""只有肉体中的表面现象符合于灵魂的内在过程,即活动。""因此,灵魂仅仅遵循灵魂自己的规律,肉体也仅仅遵循肉体自己的规律。灵魂按照目的因的规律进行活动,肉体按照活动因或运动的规律进行活动。是的,在这个体系中,肉体单独活动着,仿佛没有灵魂似的,灵魂也单独活动着,仿佛没有肉体似的,而且,在灵魂和肉体活动着的时候,仿佛它们相互之间发生一些实在的、直接的作用似的。"然而,尽管有这种独立性,肉体和灵魂仍处于"高度的和谐之中",处于最密切的统一之中。"灵魂中甚至有一些与血液循环和内脏运动相一致的表象,可是我们不能感知这些表象,正如我们住在磨坊附近听不见水的响声那样。不论肉体处于沉睡状态或清醒状态,如果肉体中有一些绝对不会作用于灵魂的印象,那我们事实上就给灵魂和肉体的统一规定一些界限,正如肉体的印象如果要被灵魂所感知,就必须有一定形状和大小,可是这是与灵魂的无形体性不相容的,因为在无形体的实体和物质的某种变体之间,没有任何比例关系。"

"应当到先定的谐和或上帝中去寻找这种一致关系的基础;通过上帝才能使一个单子作用于另一个单子,在单纯的实体中,这种作用仅仅是观念的。""在灵魂具有完满性和清楚思想的情况下,上帝使肉体适应于灵魂,并预先这样地创造和规定肉体,以致肉体必须实现灵魂的意愿;在灵魂是不完满的而它的表象也是模糊的情况下,上帝就使灵魂适应于肉体,以致灵魂被那从肉体的印象中产生出来的情欲所激动。"灵魂的自由并没有因此而被取消。"这恰恰有如某个人知道我明天一整天内将吩咐我的仆人要做的全部工作,便制造了一架自动机,这架自动机与我的仆人十分相似,它在明天将准时完成我所吩咐的全部工作。尽管如此,我对工作的安排仍是一种自由的意志活动,虽然在代替仆人工作的自动机的活动中没有任何自由。这个自动机以观念的方式依附于我,依赖于那样一个人的智慧,这个人预先了解我未来的意志活动,赋予自动机以一定的结构和能力,使它在第二天准时地为我工作。对我未来的意志活动的了解成为这个卓越的工匠后来制造出自动机的基础:我的影响是客观的(观念的),这个人的影响是物质的。"

## 第十四节　先定谐和的意义

95　　先定谐和虽然是莱布尼茨的宠儿,但也是莱布尼茨的弱点,特别是如果像通常那样从表面意义上去理解它的话;当然,在这点上是莱布尼茨自己的过错。通常流行的关于那个奇妙的、超越世界的存在物——它与事物仅仅保持一种表面的、机械的关系——的观念,在这里以及在其他地方,给莱布尼茨的那种本身颇为深刻的形而上学披上一层阴影;可是,我们不应把这层阴影看作他的哲学的本质。莱布尼茨很尊敬当时的神学;不过他是采用那样一种方式,犹如一个有头脑、有教养,并且感到自己优越的男子对一位夫人表示尊重那样,他在与她谈话时把自己的思想翻译成她的语言,甚至使用代用语。遗憾的是,绝不能否认对于神学的这种déférence und complaisance〔尊敬和顺从的态度〕,同时也给他的哲学带来一种内在的、无疑是消极的影响。诚然,可以把莱布尼茨学说中的隐蔽方面和公开方面区别开,不过要确定这两方面之间的界限却很困难,因为莱布尼茨很少 dans la rigueur métaphysique〔按严格的形而上学方式〕阐发自己的观点。然而,这点是可以肯定的:如果从一种对单子仅仅是表面的意义上去理解先定的谐和,那是与莱布尼茨哲学的精神完全背道而驰的。诚然,莱布尼茨自己就作过一些肤浅的表述,例如,他说:"上帝预先一劳永逸地安排了一切。"(《神正论》第 9 节)"上帝一开始就已经这样地创造了灵魂,以致灵魂必然要表象肉体中发生的事情,同时又这样地创造了肉体,以致肉体必然要执行灵魂的命令。"(同上书第 62 节)préétabli[先定的]这个术语不表示任何形而上学的规定。毋宁说,"在先"或"在前"这个倒霉的词其实无非是对思想的一种请求,要它不要把自己的分析进行到最后,这就不至于使自己的理性达到停滞不前的地步①。可是,在莱布尼茨那里,理性在实质上先于那个决定着事物的存在的意志。这种神圣的、无限的理性就是事物自身的本质,或者包含有事物的本质。因此,他说:"每一事物在其存在之先以观念的方式或者在观念之中——可是观念是事物的本质或者表现这种本质——参与上帝对一切事物的存在所作的决定。""在上帝的观念中,每个单子都有理由要求上帝在最初安排其余的单子时对它加以考虑。""上帝在比较两个单纯实体时,在每个实体中都发现有一些促使他把一个实体和另一个实体连接起来的根据。"莱布尼茨最反感的,莫过于非理性的、空洞的力,纯粹的意志,以及无差别的、无规定性的选择这样一些观念。他自己就非常中肯地说过:"没有理性的意志是伊壁鸠鲁学派的偶然之物。"上帝的本质仅仅植基于理性之上。La nature de Dieu est toujours fondée en raison.②正如在莱布尼茨看来存在以本质为前提,同样

---

① 不过,莱布尼茨自己就说过(例如,在《书信集》,L. 费德尔编辑,第 106 页):他的先定谐和体系中包含有某种神秘的东西,上帝的干预具有超自然的性质;可是,仅仅在事物的开始阶段是如此,在此之后,一切则按照肉体和灵魂的规律继续自己的进程。

② 《写给托马斯·比涅特的信》。

地意志也以理性为前提。在他看来，就严格的形而上学意义而言，意志不外是对理性的肯定，是理性的威力，是自我运动的理性。因此，他竭力反驳布瓦勒、布杜斯等人的观点，因为他们认为规律和观念的真理性依赖于上帝的意志。"只有（事实和事变的）偶然真理依赖于上帝的意志，而必然真理则完全依赖于上帝的理智。"因此，他把自己的先定谐和体系作为一个在其中一切都是有联系的、谐和的—— tout va par raisons〔一切都具有自己的根据〕（《神正论》第 353 节）——体系，以此与培尔的观点对立起来。培尔赞同笛卡尔的追随者的下述见解："举例来说，在物体运动着的情况下上帝给予灵魂的那些感性特质的表象，由于这些特质是被给予的，因此这些表象不包含任何作为这些运动的反映或与这些运动相对应的东西；由此可见，上帝是否为了同样的理由给予我们以冷、热、光的表象或其他完全不同的表象，那是完全无关紧要的。"莱布尼茨说："我非常奇怪那些头脑如此聪明的人们竟会对这样一些非哲学的、与理性的基本原则相矛盾的见解感兴趣。当一个哲学家感到自己不得不承认，按照他的体系出现某种他所不能论证的东西时，这最明显地证明他的哲学是不完善的。因为，不论上帝或自然界如何活动，自然界总是有它自己的根据。"①培尔认为，凡是仅仅遵循普遍规律发生的事物，都是按照完全自然的方式发生的，即使这些规律是上帝随意制定的，例如，如果肉体上的创伤在心灵中引起痛苦的感觉，那么这仅仅依赖于上帝的意志，而不依赖于事物的本性。莱布尼茨指出培尔的这种见解是错误的，他说："如果规律

---

① 《神正论》第 340 节。《人类理智新论》第 4 册第 3 章第 7 节。

是没有根据的,如果事变不能通过事物的本性得到说明,那么这种情况只能以奇迹的方式发生。譬如说,如果上帝安排物体必须沿着圆圈运行,那么,为了执行这个命令,就必须不断出现奇迹;因为这样的运行是与运动的本性相矛盾的,按照运动的本性,如果物体没有受到任何阻碍,它为了按切线方向继续自己的运行,必须要离开圆形的路线。因此,只有上帝的命令还不足使创伤必然引起愉快的感觉;要做到这一点,还必须有自然的手段。可是,上帝借以使灵魂感觉到它的肉体中发生的事情的那种真正的手段,就是灵魂的本性;灵魂表象着肉体,灵魂预先被创造成这个样子,以致表象符合于肉体中发生的变化。因此,表象与表象的本原有着自然的联系。如果上帝让物体的圆形的形态通过四角形的观念表现出来,那么这种表现是非常不合适的,因为在表象中有角,而在对象那里一切都是曲线的。表象要是不完全的话,那它大概往往隐匿对象中的某种东西,可是,表象不能从外面把任何东西加诸对象,否则表象便是虚假的。此外,尽管模糊的表象所隐匿的东西胜过于我们所想象的东西,但是我们的表象永远不会把一切都隐匿下来。"因此,先定的谐和植基于事物的本性之中;这种谐和处于灵魂自身的本质之中,它本身只不过是灵魂和肉体的形而上学同一性的一种表面的、通俗的、神学的表现,只不过是这样一个定义的表现,按照这个定义,灵魂是居于统治地位的隐德来希,是实体的形式,是它的肉体的本质力量。灵魂是本质的,它不外是众多性在单纯性中的表现。它不外是一种集中的、被压缩到一个不可分割的中心点的机械;而肉体则不过是一个仿佛展开的、扩展的灵魂。灵魂是一个形而上学的点;肉体也是同一个点,不过它是数学的点,或者毋宁说是物理学的点。换句话说,单子作为形而上学的对象,作为清楚明白的思维的对象,便是单子,便是灵魂;而作为物理学的对象,作为想象、感性表象的对象,便是肉体。肉体是物质的机械,灵魂是一部精神的、内在的机械。"这种机械的根据,在肉体中是展开的和相互分离的,而在灵魂或隐德来希中则是有联系的,仿佛集中到一起,并在那里找到了自己的泉源。""灵魂是一种精神自动机。"因此,存在于和发生于肉体中的一切,也存在于和发生于灵魂之中,反之,发生于灵魂中的一切,也在肉体中表现出来;"甚至最抽象的推理也能借助于想象力所提供的符号而在肉体里的相应运动中找到自己的表现"。如果从单子的最后的、最深刻的根据出发加以观察,那么肉体——在主观上——不外是模糊的表象,而作为对象来说,则不外是模糊地表象出来的灵魂。因此,肉体和灵魂之间的谐和便被归结为能动原则和被动原则之间的谐和,而这两个原则都处在单子本身之中。

无论如何,先定谐和具有表面性或随意性的特征。在莱布尼茨那里,灵魂和肉体的联系问题是与实体之间的相互联系问题相一致的。因此,与从前在单子是否形成和如何形成 unum per se［独立的统一］或 per accidens［偶然的统一］这个问题上一样,在这里也是不明确的;因为,单子就其本质而言虽然非常易于激动,非常敏感,拥有多种多样的联系,可是,与此同时,按其存在而言,它们又是分离地存在着的,并在这种分离中被假定为某种独立的东西。"单子从一个普遍的和最高的原因中,既获得它的能动的特性,也获得它的被动的特性(也就是说,既获得它的非物质的特性,也获得它的物质的特性),因为,如果不是这样,单子由于自己的相互独立性便不能创造出我们在自然界中所看到的那种秩序、那种美与那种谐和了。""只有从普遍的原因中才能在这许多相互毫无共同之点的实体之间得出这种完全的谐和。""因为,既然每个灵魂按自己的方式表现外界的现象,而它又不能通过其他某些个别的存在物的作用而获得这种表现方式,却必须从它自己本性的能力中汲取这种表现,因此,灵魂必然要从一个普遍的原因中获得在表现外界现象上的这种特性或这种内在根据;所有这一切存在物都依赖于这个原因,它决定了一个外界现象与另一个外界现象处于完全的谐和之中。"但是,也应当认识到,先定谐和不具有对实在作出论证的意义,而且具有对现象作出解释的意义。其实,这种谐和只是表现和决定莱布尼茨的形而上学和人们通常对肉体及其与灵魂的联系所持的那种通俗观念之间的谐和;尽管哲学思想和通俗观念之间的这种联系,不是一种表面的、主观的和故意的联系,而是莱布尼茨哲学本身的一个客观的组成部分。实在的、实体的东西就是单子;可是,单子不是没有表象的;而表象恰恰是内在之物和外在之物之间的中介物,是事物的联系,是单子相互之间的梦行症关系。如果把谐和理解为某种与表象同一的东西,那么谐和最初就是与单子的本质一道形成,它只不过是形而上学规定性的一种次要表现,就像我们从感性表象的观点观察这种谐和时那样。莱布尼茨把肉体和灵魂说成是两个独特的实体,甚至称它们为êtres d'un genre tout-à-fait différent［截然不同的存在物］,他把它们比拟为两个时钟,上帝一开始就对这两个时钟作了这样的安排和调整,以致它们此后永远相互吻合(阿尔诺德·海林克斯曾经作过这样的比拟)。任何一个对莱布尼茨的思想多少作过一些深入研究的人都承认,在莱布尼茨的形而上学之外,这种说法仅仅在通俗的、感性的表象方式这一范围之内才具有实在的意义,因而这只是某种自愿的或强制的适应。除此之外,在偶因论的体系和莱布尼茨的体系之间没有任何区别,因为在偶因论的体系中,肉体和灵魂被理解为两个独特的、相互对立的本质或实体,因而它们必然只能被一个绝对的实体联结起来。虽说莱布尼茨本人在某处这样说过:从偶因论过渡到他的哲学很容易;这句话在许多方面也是正确的。可是,他企图从灵魂的本性中引出笛卡尔学派仅仅借助于无限权力的不明确表象,仅仅借助于上帝的意志所实现的东西[25];正是这一点使他的哲学和偶因论区别开来,并构成哲学史上一个重大进展;这一进展也是整个人类思想的进程,因为这一进展的意义不外在于:对上帝随意活动的范围不断加以限制,对真正上帝的概念和生活给予限定,这个上帝是按照理性的必然性活动的,是与知识和科学相一致的:只有通过这样的上帝概念,自然界和历史才是可以认识和可以理解的①。

---

① 莱布尼茨在写给布克的第 2 封信中这样写道:"从上帝的纯粹的随意性中,绝不能得出任何东西。"

## 第十五节　界限以及派生的单子和原始的、原初的单子的关系

先定谐和概念中的那个含糊不清、摇摆不定的方面，其根源既在于与先定谐和十分密切地联系着的界限概念是不明确的，也在于作为谐和的基础的那个无限的、普遍的实体概念也是不明确的。单子的有限性，因而单子的依赖性植基于它们的模糊表象之中，植基于物质之中，也就是植基于它们与其他单子的牵连之中。可是，如果我们从那些总合起来构成单子的本质的各种规定性中把自为的存在这个规定性分离出来，那么单子本身便是不受限制的，其他单子并不是它的界限；因为每个单子都是独立的，每个单子对另一个单子都不发生作用。因此，根据这种规定性，单子起初并不是通过它自身，也不是通过单子的相互作用，而是通过另一个与它不同的、处于它之外并凌驾于它之上的存在物，才被纳入联系之中。因此，单子是被限制的、被规定的，被看作是有限的存在物，虽然，在其他单子的活动和表象的规定性构成单子的自为存在的规定性这一限度内，单子在实质上是与其他单子联系着的，因而是通过自身被限制的。可是，为了不致留下任何缺陷，正是应当从这个自为存在的概念中引出界限。莱布尼茨不是通过概念，而是借助于表象来排除这里出现的困难。单子是被限制的这一点，不过是一个论

断,而不是一个推论;我们在上面引证的莱布尼茨的这样一句话就是如此:"单子不是纯粹的、绝对的力,而是被限制的力。"同时,单子概念就是绝对实在性的概念,只有单子才是一切有效性、真实性和本质性的相符表现。可见,在这个限度内,单子概念只有在上帝之中才具有自己的相符存在,只有在上帝之中才能完全融解。因此,莱布尼茨把上帝称为原始的单子或原始的单纯实体,其他单子是这一单子的产物[26],仿佛是通过神性的不断发射产生出来的,它们是派生的单子。可是,单子就其本质而言具有它自己的个体的、单独的生命。因此,上帝只能在非自身的意义上被定义为单子;单子概念消失于绝对不受限制的存在物的海洋之中,它在这里失去自己的特殊意义。可是,正如以上所述,一切实在毕竟都与单子概念有联系。因此,我们是以一个普遍的概念作为基础;原始的、无限的单子和派生的、有限的单子的区别,仅仅被归结为表象或想象的规定性,而不是被归结为思维的规定性。当莱布尼茨把最高的实体称为伟大的统一,而把其他统一仅仅称为这个最高实体的流出和影像时,情况就是如此。区别仅仅在于:单子概念由以构成的那些一般的规定性,以有限的量存在于有限的单子中,以无限的量存在于无限的单子中。然而,恰恰由于这个缘故,明确的意义和思想就与有限的单子联系在一起,不明确的、单纯的表象就与无限的单子联系在一起。无限之物犹如黑夜,在那里看不见理性的阳光;无限之物犹如天命,在它面前,多神教的单子世界,ὅρος的王国,界限、形式和形态的王国,都消失不见。当然,如果这种规定性本身,按其本性来说,甚至在它处于有限之物之内和表现某种本质的(积极的)东西的场合下,也被看作是绝对的和不受限制的,那就是另

第十五节　界限以及派生的单子和原始的、原初的单子的关系　117

一回事了;因为,在这里,对界限的排除只不过是借以从界限的本质方面理解界限的一种客观手段。当莱布尼茨把上帝定义为一种对一切事物具有完全的和清楚的,即纯粹非物质的认识的存在物,或者定义为一种没有掺杂任何被动性的、只有纯粹的能动性的存在物,情况就是如此。因为,能动性本身就是亚里士多德在他的《伦理学》中所说的那种存在于每个自然物中的ϑεῖον τι［神圣之物］。

单子的纯粹的概念、观念只有在上帝之中才能找到自己的相应的存在或对象,可是单子的概念又只有在原来的意义上才能加诸上帝;单子一方面就其自身而言是不受限制的,可是,另一方面从本质上说又是受限制的;这样一种矛盾植基于这个问题本身的本性之中。因为,界限本身是一个有双重含义的概念;它既表示肯定,又表示否定;它是存在和非存在之间的中介物,它是乔尔丹诺·布鲁诺的最小值,同时又是最大值;它不是一切,但又不是虚无,而是意义深远的某物的存在［Etwas-sein］。因此,界限是宇宙的主要助手,是智人之石,是自然界的秘密的绝招,是创造力的活动场所,是生命的泉源,是个体性的原则。因为,只有在自然界受到限制,发生分裂,倒退为和凝缩为无限小的点和角的情况下,自然界才创造出单子的生命。莱布尼茨说:"创造物在本质上是受限制的[27]。界限植基于自然界的神圣观念本身之中。这种界限就是自然界的原初的不完善性,是自然界的缺陷和错误的观念泉源。"因此,界限表示某种否定的东西。可是,有限的存在物正是通过界限也成为"存在着的东西"。"限制和界限属于本质之物。"界限本身是活动的动力。模糊的表象构成单子的界限;可是,正是由于这个缘故,单子力求解开这个紊乱的线团,使之成为清楚明白的表象。"既然创造物的任何活动都是创造物的变体的更迭,因此,显然可见,活动是通过与限制或否定的联系从创造物中产生出来的;这些限制或否定包含在创造物之中,并通过这种更迭发生变化。"①所以说,单子只有通过界限而被肯定。如果没有界限,那就与上帝没有任何区别,那就只有一个实体了。莱布尼茨使用神学语言这样说,上帝不能把一切都给予创造物,否则就会把创造物变成上帝;因此,就事物的完善性而言,存在必然有各种不同的程度和各种各样的界限②。可是,不论界限具有如何模棱两可的性质,绝不能否认,莱布尼茨只有借助于表象,而不是借助于思维,才能理解原始的单子以及派生单子和原始单子的关系;也不能否认,一般说来,莱布尼茨在神学的领域内往往沉湎于一些可悲的、毫无思想的表象之中,或者至少对这样的表象表示容许。例如,当他在写给德·博斯的信中以及在他的《神正论》中说:单子为了活动就需要上帝的协助或参与,而且,这里所说的上帝不是从单子的自在地存在着的、内在的、普遍的本质这种意义而言,而是从一种单独的、处于世界之外的存在物这种意义而言,这时他所说的是什么意思呢?要知道,实体得以成为实体,这有赖于自发性,有赖于它自己固有的能动性。因此,如果人们是在上帝的协助与参与下思考事物,把它和哲学思想联系到一起,而不是与表面的神学概念联系到一起,那么单子概念便消失了、融解到斯宾诺莎的统一实体概念之

---

① 《神正论》第 377 节。
② 同上书,第 317 节。

第十五节　界限以及派生的单子和原始的、原初的单子的关系

中。例如,莱布尼茨在他的《神正论》中刚才引证的那一段里说:"如果说,创造物依赖于上帝,因为创造物存在着和活动着,甚至惰性状态也是不断的创造,那么这就是说,上帝不断地把创造之中的积极的、美好的和完善的东西给予创造物,并不断地创造出这种东西来;一切完善之物都来自光明之父,而活动中的不完善和缺陷则来自原来的限制。"如果从这段引文来看,那就很难理解,除了单子是上帝活动的界限之外,还给单子留下什么东西①。如果单子不能提供任何现实的、真实的东西,那么单子的活动就不是实在的,而是幻想的、想象的,它本身不具有任何存在,不具有任何根基;对于上帝来说,就不能把单子和变体区别开了。

而且,从"自我活动"这个词中也可以看出,单子的活动表示一种内在的、精神的活动,或者至少是与精神活动相类似的活动。可是,精神活动是排斥任何协同活动的;由于这个缘故,而且仅仅由于这个缘故,它才是自我活动。只有对两个感性地分开的存在物来说,才可能出现协助、参与,例如,如果某个人协助我举起一个重物,那么重量一部分落在我身上,一部分落在他身上。如果我的朋友或教师帮助我去理解或翻译某个作者的著作,那么,当然,他要对我有所帮助,不过这个帮助只有通过我自身才能发生作用,只有通过我自身才对我具有生命力和作用;因为,我把从他嘴里发生的

---

① 为了解释为什么只有上帝才是一切积极之物的原因,莱布尼茨在他的《神正论》第30节中,以及在他对笛卡尔主义者拉米的论点所作的评论中,采用这样一个例子:一条货船沿河航行,它的负荷越重,它就航行越慢。河流是处于运动中的积极之物的原因,是这条船的力和速度的原因,而负荷则是对这种力的障碍或限制,是速度减慢的原因(第1卷第305页)。

声音当作音节分明的音、词接受下来,把含义与它们结合到一起,并且理解它们,这一切是我的事情,是我的活动。归根到底,我的一切规定都是自我规定。灵魂是纯粹的活动(actus purus),是自在的原因(causa sui);绝对者以及我们赋予它的一切宾词,除了纯粹的理智之外,都只有在灵魂中才能获得它的实在的意义、它的存在以及它的基质。任何人都不能和我一起思索和愿望。灵魂是单一的和唯一的;它是绝对的整体,可以说它是绝对的统一,而且从这种统一中得出它的双关性、自我区别、自我统一,因而也得出它的能动性,不过这种能动性是以自我活动的形态表现出来的。由于在灵魂中除了灵魂自身之外没有其他任何东西,因此,除了它自身之外,没有其他任何东西与它一块存在着或活动着,否则它就是感性的事物或存在物了。因此,关于上帝协助的观念既与上帝概念相矛盾,也与单子概念相矛盾。这样一些充塞于神学之中的观念,不外是上帝观念中的一些假装的窗户,不外是理性的一些涂上石灰的坟墓,在它们的表面写着上帝的名字,可是,仔细一看,它们的内容却是由最粗糙的、最物质的、最最非上帝的观念所组成。因为,还有一点需要作些说明:假定能够对内在的自我活动原则实现参与,那如何能够想象上帝这个无限的、全能的存在物(人们想象上帝就是如此),竟然与单子、因而与一个有限的、受限制的存在物一道活动呢?上帝怎么能够与创造物——单子的特征在这个方面被归结为这个不明确的观念——一道活动呢?假如一个与我相似的或者甚至其力量还比不上我的存在物的参与就已使我的力量受到限制,以致我再也不能认为自己具有完全的自我活动能力,那么,无限存在物的参与必然更加大大地否定我的能动性,因而也否

### 第十五节　界限以及派生的单子和原始的、原初的单子的关系

定我的本质。我们在这里处于其中的那个观念范围的特性,使这样的比较不仅是合理的,而且是必需的。因为,显而易见,无限的存在物的力量、威力本身必然是无限的。它如何可能与我一块活动呢？如何可能协助我做任何事情呢(或者采用人们认为合适的其他说法)？只有当这种力量在我自己的活动中找到一种界限、限度时,才可能出现这样的情况。可是,既然一个存在物为了自己得以活动而需要无限的存在物的协助,那么这个存在物如何能给无限的存在物设置界限呢？那个给无限的存在物的活动设置界限的存在物,岂不是应当比无限的存在物本身更加无限了吗？因此,在这个观念里,也如在上帝的恩赐和人的意志那些神学观念中一样(据说人借助于这种意志才得以与上帝对抗),我们看到了同样的欺骗和诡辩,同样的混乱,同样的荒谬。可是,我们不要在这里被引入迷途,而应当认识到,在所有这些以及与此类似的观念中,上帝只不过是一个名字,而内容却是氢氰酸、氮或其他化合物,这种化合物按照某种甚至可以精确计算出来的比例,与另一种化合物,即人的灵魂结合到一起。

## 第十六节　对莱布尼茨神学观点的批判:作为《神正论》一书的导言

　　神学的思维方法也是莱布尼茨在撰写他那部因为流行故而最为著名的著作——《神正论》时所依据的观点。他写这部著作的动因是由培尔提供的,因为培尔宣称并力图证明信仰和理性不相容,理性能够揭示宗教信条中存在着的那些无法解决的矛盾,尤其是,在理性看来,世界上的邪恶、罪孽和祸害是与智慧的、善良的和正直的上帝形象不相容的。这一著作的目的在于反驳培尔的论断和答辩,从而证明信仰和理性是协调一致的。绝不能由于指责莱布尼茨怀有洞察上帝的不可理解的本质这样一个胆大妄为的想法,便全盘否定这部著作;因为,从哲学上看,这部著作不外是企图借助于观念去解决经验之中的虚假的或真实的矛盾,并在与观念相矛盾的事物中揭示观念的实在性。毋宁说,把上帝想象为一个把自己的生产方法保密起来的工厂主,或者想象为一个木偶演员,他用一些不易察觉的线牵动着木偶,只是在必要时偶尔露出手来,然后又立刻把手藏到幕后,这种想法是最不可取的。因为我们通过认识并没有从上帝那里拿走任何东西,毋宁说,正如莱布尼茨所说,我们对上帝"认识得愈深刻,便愈加热爱上帝",上帝是无限的对象,同时也是认识所不能穷尽的对象。只有感性的东西才是不可认识的,或者说,感性的东西只有在形象的、象征的、模糊的和混乱的形态下才是可认识的;因为,感性之物按其本性来说就与精神、理性格格不入。感性之物仅仅生活于与活动于感觉之中。认识像磁铁那样的矿物的特性和作用,认识植物的模棱两可的、虚幻的生命,认识人及其无数的、令人惊讶的矛盾,比认识神的实体的那种绝对明确的、单纯的、独立自在的、没有矛盾的和清楚的生命和本质,要困难得不知多少倍,甚至是更加不可理解。把自身含有的一切谜都解开来的那种存在物,不可能本身又是一个谜;归根到底,作为一切认识的原则的那种本质,不可能是认识的阴暗面、μὴ ὄν [非存在之物]。因为每一种认识在它特殊的范围内都把一种有限的观念作为自己的原则,并以此作为前提的。譬如,法律学便是以普遍的、绝对的正义观念作为前提的,这种观念表现出一种本质的真实,一种神的本质性。当然,如果问题不仅涉及上帝的意志,而且涉及上帝对这个和那个事物的意志,涉及上帝的特殊的、个别的意志活动,涉及上帝的目标、计划、建议和意向,那就是另一回事了。因为,谁能洞察任何一个存在物的意向呢?可是,这个观点恰恰就是神学的观点。于是产生一个问题,莱布尼茨为了解决他的任务,可能怎样做和必须怎样做呢?他如何能够——如果允许我们这么说——同时既满足神学的兴趣又满足哲学的兴趣呢?他如何能够把神学思想和哲学思想所依据的那些截然不同的、甚至相互对立的范畴联结起来呢?①

---

① 我们没有提出这样的问题:莱布尼茨如何能够使当时的正统观念与他的哲学协调起来?而是把问题提得更广泛一些,因为这样更有意义。同样地,我们把《神正论》的主题思想归结为信仰和理性的对立以及对这种对立的调解,尽管莱布尼茨仅仅在他的《论信仰与理性的一致》中才谈到这个问题;可是深入思考一下就能看出,《神正论》的整个主题思想不外是力图使信仰与理性一致起来。

神学的范畴是关系,哲学的范畴是实体性。哲学使作为一切对象的对象的那个对象仅仅与自身发生直接的关系,而后才与人发生间接的关系,神学却使这个对象直接与人发生关系并且仅仅与人发生关系。在神学中,太阳围绕着地球运行,在哲学中,地球围绕着太阳运行。因此,一切哲学,甚至莱布尼茨的哲学,与神学相比并且相对于神学来说,必然被看作是斯宾诺莎主义、泛神论。有人指责斯宾诺莎主张无神论。为什么呢?因为他否认上帝具有意志和理智。那他为什么否认呢?难道是因为他的思想是不信神的或者是反神的吗?完全相反,仅仅因为他发现意志和理智是与无限实体的观念相抵触的,他认为意志和理智是与无限实体的观念不相称的;因为,在他看来,意志和理智表示某种界限,某种关系。斯宾诺莎否认上帝在注视着,只是因为他认为上帝就是注视的光本身;他否认上帝具有理性,只是因为他认为上帝就是唯一真实合理的东西本身,就是认识的原则,就是思维的原素,就是观念的观念。斯宾诺莎的简明的、基本的思想不外是这样:如果某个东西在它之外还有一个与之发生关系的某物,那么这个东西必然是有限的自然界。因此,实体仅仅存在于自身之中并通过自身而被理解这样一个命题,不是一种形式的、表面的规定性,这种规定性不是像莱布尼茨所希望的那样属于另外一些事物和概念。在斯宾诺莎看来,只有那种与自身发生关系、在其他任何事物中没有自己的对立面的存在,才是真实的存在;他认为只有这种存在才是绝对处于自身之中的存在;一切事物只能处于上帝之中,并只有在上帝之中才能被思维。因此,他否认上帝具有理性和意志,因为,从神人同形论的意义上说,理性和意志是与某种作为它们的对象和对立面的其他东西发生关系,而上帝却是——如果认为上帝具有理性——他所思考的那种东西本身,在上帝那里,对象和思想是合二而一的①。因此,斯宾诺莎的观点绝不是物质的,而毋宁是高度精神的。因为,关于精神的头一个思想就是巴门尼德关于绝对统一的思想。如果把上帝想象为精神,那怎么可能在上帝之外还有某种东西呢?神学观点则与这种观点截然相反。在这里,上帝只是与他自身之外的其他事物发生关系。在这里,只有智慧、善良和正直才是上帝的本质的和实在的特性;其他特性都退到后面,它们不是神学观点的代表性特征,而是形而上学,仿佛形而上学突然出现在神学之内,或者毋宁说被吸引到神学之中。可是,智慧、善良和正直从实质上说仅仅表示与我们的关系。上帝不仅数过头上的头发,而且,按照亚历山大·克雷门的见解,上帝甚至数过胡须和全身的汗毛。没有上帝的意志,麻雀就不会从房顶上摔下来;上帝的全部活动不外是注意我们这个可爱的地球上发生的事情,不外是惩罚和酬报、照应和保护、考验和拯救等等。上帝是有智慧的,可是他的智慧仅仅在于调整、安排和调度这个与他自身不同的外部世界;上帝是无所不知的,可是他的知识的内容是某种有限的、非神圣的东西,甚至是他的创造物的一些隐秘的、邪恶的、与上帝的本质相矛盾的情绪和思想。托马斯·阿奎那说:"上帝之所以是无所不知的,因为他不仅知道一般的事物,而且知道最细微的末节。"可以说,上帝忙于为其他一切事物操劳,就是不关心他自己。

---

① 关于这一点,可参看斯宾诺莎的《伦理学》第 1 编命题 16 的注释、命题 23 的注释 2,第 2 编命题 7 的注释。

在这里,根据这种看法,上帝被设想为一个仿佛与我们一样的存在物,只不过具有不可比拟地大得多的威力和完善性;上帝被设想为一个存在物,而在他之外还有其他存在物,因此他被看作是一个个别的、在其存在上受限制的存在物,尽管他的特性被想象为不受限制的。既然设想在上帝之外还有其他存在物,那就必然会设想其他存在物占有一定的空间,具有空间的存在;因此,只要人还没有思考和意识到自己的这些基本设想的后果,就的确会出现这样的想象,仿佛上帝是处于天上似的;可是,只要对此作些思考,上帝无所不在这个特征就能及时防止产生这样的想法。因为,虽然上帝与人的关系作为绝对的规定性构成上帝之所以成为表象的对象的基础,可是在人心中必然会意识到和思考到(不仅就他的空间的或非空间的存在而言,而且一般说来也是如此),上帝也是一种与自身发生关系的生命和存在物。可是,当上帝的实体开始变成有限之物时,对它的无限性的意识只能通过有限的和否定的方式加以实现。人借以使无限之物变成有限之物,使上帝下降到与自己相等的地位,而自己又得以免除罪孽的那种东西,主要就是关于上帝的神秘性、意志和随意性的观念。从这种上帝观念的观点看来,宇宙和一切有限之物中的积极的,即真实的和本质的,甚至神圣的东西,对于人的意识来说表现为某种否定的东西;因此,宇宙的那种对于上帝而言是否定的东西,对于人的意识来说必然表现为某种肯定的东西,表现为那样一种规定性,人仿佛认为可以通过这种规定性向上帝表示最大的敬意;在表述这种观点时,这是最值得注意、最重要的特征之一。因此,在人看来,规律、尺度、顺序、联系仿佛是自然界中的神圣之物;理性、道德规定性以及人之中的神

### 第十六节 对莱布尼茨神学观点的批判:作为……的导言

圣之物,则仿佛仅仅是界限、否定之物。因此,人只有以某种有限的和否定的形态,或者更正确一点说,以自由的外貌,借助于关于没有根据的愿望和喜悦的表象,才能实现上帝本质的无限性;同样地,当人的形态在人看来表现为某种有限之物时,人就只能在动物(例如鸟的翅膀)中,或者在光线中,在各种蒸气和气体中找到用以构造自己的更高级身体的材料。不论这些观念本身是多么卑贱和荒谬,可是它们在那些曾经作为所有这一切的基础的观念中毕竟是人借以使自己能够在自己理智的秘密谴责面前为自己辩白的唯一手段,这种手段是理性的无法消灭的残余物灌输给他的,他借助于它们得以想象和保存无限性观念。因为,如果根据这种观念,与君主和统治者相类比,上帝在我们看来表现为一个按主词来说是特殊的、个别的,因而是有限的存在物,仅仅按宾词来说是普遍的、无限的存在物,那么,不言而喻,就不可能说有什么按照规律和根据决定的、被理性所规定的意志,而只说有一种随意的、没有任何联系的、即所谓绝对的意志;在这里,理性甚至表现为一种宿命论的必然性,表现为外在的、受限制的必然性,表现为强制。绝对的君主只有通过绝对的恣意妄为才能与有限的君主区别开来。可是,在这种观点的范围内,人没有认识到,从他的这种观点看来,恰恰是由于否认上帝具有理性,才获得一种借以使理性得到肯定和加强的唯一方法;人没有认识到,借助于自己的自由决断和其他类似观念(人以为借助于它们仿佛使他一劳永逸地排除了理性),人仅仅以理性的名义和为了理性的利益执行着命令,并且只要在这种情况下有可能时就去实现这些利益。因此,从这种观点看来,上帝是正直的;可是他的正直完全不同于人的正直。他的意志就是法律；凡是他所希望的，即他所喜欢的和中意的一切，都是正当的。上帝是仁慈的；可是人的幸福不取决于自己的功绩或权利，而取决于上帝的恩赐，取决于上帝的自由意志；上帝也能惩戒人们[28]。路德说："如果你认为那个把生命的王冠赐给不配享有王冠的人的上帝是正直的，那你也不能不喜欢那个把无辜者打入永劫不复之境的上帝。"我们不是也发现无数的事实和事件，它们证明世界上的邪恶和恐怖是怎样地与上帝的智慧、善良和正直相抵触的吗？软弱的、受限制的人如何能够洞察上帝的计划和意图的奥妙呢？其次，这里又说：上帝创造了世界；可是，不言而喻，这种创造取决于上帝的单纯的喜好和愿望。他也可能不创造世界，同样地，他也可能把世界创造得完全不同于他实际创造的那个样子；因为，如果不是这样，上帝就是有局限性的了。

在世界是从单纯的意志活动中被创造出来这一观念中，或者一般说来在上帝与世界的关系中，神学和哲学之间的区别表现得最为明显。哲学按照它的全部特性，是从世界与上帝的内在关系方面观察世界，神学则从世界与上帝的外在关系方面观察世界。在哲学看来，世界是必然的产物；而在神学看来，世界则是偶然的产物（或随意的产物，可是按原因而言的随意之物恰恰就是按结果而言的偶然之物）。哲学从起源方面观察世界，神学仅仅从事实方面观察世界。因此，神学向来就指责哲学，说哲学使上帝屈从于命运；因为从神学的观点看来，哲学中的必然性必然表现为外在的限制，表现为强制的必然性。因此，只有当世界被理解为必然的产物时，哲学在基督教时期才开始渗透到神学之中。在那个时候，斯科特·埃里根纳曾提出如下的思想："在上帝身上没有任何偶然之物。因此,一切存在之物都不是从偶然性中产生出来。可是,那样一来,上帝就不能存在于创造世界之先。否则,对上帝来说,创造世界就成为一种事变,即偶然的东西了。因此,上帝只有从他是创造世界的原因这种意义上来说才能存在于世界被创造出来之先。上帝以原因的形态发生作用,这并不是偶然的。"

可是,这种对立观点由以产生的原因,并不是特殊的,而是普遍的、根本的,它植基于神学和哲学的本质上不同的观点之中。从本质上说,神学的观点是人的实践的观点,哲学的观点则是理论的观点(就这个词最普遍、最原始的意义而言)。从实践的观点看来,世界表现为意志的产物,表现为可以发生,但是也可以终止的活动,表现为偶然事件;从理论的观点看来,世界被看作是处于内在联系之中,被看作是本质的产物、理智的产物,因而它是必然的。把世界理解为必然的,这就意味着对世界进行思考、领悟;把世界理解为活动,这就意味着对世界进行想象、设想。如果我仅仅从实践方面去考察人的活动,那我所注意的不外是活动是人的意志的产物;我心目中只把人看作是活动者;对我来说,活动之所以成为某种对象,只是因为可以对它加以谴责或予以赞许,只是就它的道德特性而言。这里所涉及的仅仅是道德的范畴,而不是本质的、内在的范畴,依据这个范畴,活动对我来说才成为对象。这样的活动只能引起我的道德感,而我对它的判断只不过表示这种情感,表示对象与我的关系;对于主体来说,对于活动者来说,则表示与他的意志的关系。相反,如果我从理论方面考察活动,那么我在这里已经不是以道德家的身份,而是以心理学家的身份出现了;因此,我把活动看作他的本质的产物,看作某种结果,我发现虽然活动跟意志、意识一道发生,但它必然是活动者所固有的,这样一来,我就抽掉活动的方式,仅仅从与其自身的关系方面去考察活动着的存在物;但是只有通过这种方式,我才既认识活动者,也认识他的活动。理智、思维所指的恰恰不外就是这样地与对象发生关系,以便使对象仅仅与它自身发生关系[29]。因此,如果以为通过断言世界是一种活动,便提出了一个与世界是必然的产物这种思想相对立的见解,那么这种想法是很愚蠢的;因为这是把两种观点混淆起来了。谁把活动看作哲学的重要内容,谁就用表象取代了哲学。活动所表示的不是概念,不是认识,不是理智的活动,而仅仅是断定、保证和誓言;尽管它想作一些科学的说明,但结果仅仅是一些十分空洞的空谈。对于思维来说,活动永远是必然的后果或必然的行动;从形而上学意义而言的本质的必然性,变成为从实践意义而言的意志的活动。必然性永远是科学的形式。否认必然性,就意味着否认知识和科学的观点。不论从实践的观点把世界理解为活动是多么正确,可是在科学的领域里这却没有什么可大惊小怪的。存在是与意志一块被给予的,本质是与理性一块被给予的。只要我们获得了本质,那么我们也就随之获得其余的一切,因而也就获得存在了。存在是一种自我活动。可是,这以某种活动着的东西为前提。存在是意志、本质和理性。通过存在,某物变成表象的对象,它越出它的自在存在,越出它与自身的关系(这种关系只能被思维所理解),进入关联和关系之中。因此,把意志看作事物的原则,就意味着仅仅从事物的表面状态,从它们的程式和关联方面去理解事物。

一般说来,实践的观点也就是生活的观点,根据这种观点,我

### 第十六节　对莱布尼茨神学观点的批判:作为……的导言

把自己作为个体或个人与我之外的客体、主体或其他人发生关系。这些关系的总和就构成生活本身。根据我与对象的关系的观点,对象本身必然按另一种方式被规定。我对于对象来说是什么,对象对于我来说也是什么。因此,无限性的观念,在主体看来,必然是根据主体与这个观念的关系或者根据主体与这个观念的对象的关系,以不同的方式加以规定;无限性观念不仅是人生而具有的,而且就是人之中的人性观念本身;这个观念对于人的精神来说不仅是不可缺少的,而且构成人的本质性本身,构成人的不朽性,或者毋宁说就是这种不朽性本身。因此,上帝作为神学的对象是一回事,作为哲学的对象是另一回事。神学以上帝的意志,哲学以上帝的理性,作为自己的最高对象,甚至作为自己的基础本身,作为自己的原则;因为,哲学不顾其他一切次要的目的和利益,首先仅仅以认识作为自己的目的。当我作为理论的存在物而不是作为实践的存在物时,我就与他物发生另一种关系,我就是另一个样子。不论理性或思维——我指的是我的思维——怎样受我的个性的限制和规定,我的个性在这里毕竟仅仅是一种偶性,是某种本身是偶然的东西;我的理性只不过是理性的某种形态,只不过是我借以参与到理性之中的某种方式,只不过是理性的特定的活动方式。从实践的观点看来,个人是本质的东西,或者用通俗的语言来说,它是主要的东西;而从理论的观点来说,它却是次要的东西。我是否认识这个或那个东西,这是无关紧要的,它对问题没有影响;而从实践的观点看来,全部问题恰恰在于我是否做过这件或那件事情。我做了这件事情,而不是任何其他人做了这件事情。有罪或无罪这个重大问题,就取决于这个区别。良心的谴责不外是行动者本人的这样一种震撼全身的呼叫：可悲啊！这就是我,这就是我干的。相反,对于科学来说,是不考虑个人的;因为,科学所依据的思维本身,它按其本性而言对于一切个性都是绝对一视同仁的,这种一视同仁的态度抹杀了个人之间的区别,从而也抹杀了个人的实在性;因为个人的实在性就植基于个人之间的相互区别之中。因此,一个不能够从自我中解脱出来的人,譬如说,一个普通的、感性的人,是没有能力进行思维的,是没有能力从事科学研究的;如果他去研究科学,那就只会造成不幸,把科学弄糟。因为,思维之所以是那样地紧张,那样地容易令人疲惫,是因为人在这里必须抛弃他所固有的个人的观点——但这样做是需要精力、毅力以及精神力量和性格的力量。自然的,即感性的人害怕思维,犹如害怕死亡一样。从实践的观点出发,人向对象问道:你对于我来说,是什么呢？人还对它说:对于我来说你是的那种东西,对我来说就意味着对于你自己来说是的那种东西,就意味着你自身是的那种东西。相反,从理论的观点出发,人向对象问道:你对于你自己来说,是什么东西？人对它说:对于你自己来说你是的那种东西,是我最为关心的;我不向你要求与我建立特殊的关系,我已经是听天由命,我在你的幸福的、与世隔绝的自在存在中寻找我自己的幸福。

总之,从理论的观点出发,我使自己与对象发生关系,而且仅仅为了对象本身;从实践的观点出发,我使对象与我发生关系。这犹如从认识的观点看来,地球围绕着太阳运行,而从生活的观点看来(这种观点表示地球与他自身的关系),太阳则围绕着地球运行。在实践上,我主观地活动着;在理论上,我却是客观地活动着。思

第十六节　对莱布尼茨神学观点的批判：作为……的导言　133

维是人之中的客观性的能力和原则。作为思维的存在物，我不是个体的、个人的存在物，而是普遍的存在物；再重复说一遍：尽管我的思维是主观的，它可能被我的个性所损害，可是这对事物或思维的本性都不发生任何影响[30]。如果以为仿佛通过思维不能认识事物本身的情况，那就大错特错了；毋宁说，对象就其真正的本性而言只有借助于思维才能被我们所认识。只有借助于思维，才能确定现象和本质之间、为我存在和自在存在之间的区别。事物本身之所以难于认识，仅仅是由于思维如此地高出于我们的个性，与我们的个性如此地迥然不同，需要我们付出如此多的精力和牺牲，仅仅由于思维本身对于人来说是如此困难。可是，过失不在于思维本身，而在于我们没有思维或者没有正确地和真正地思维。

　　哲学按其观念来说，——根据这一观念，一切的确有权要求获得这个称号的哲学体系构成一个统一的整体——只有一个任务、一种意向，这就是研究事物的本质（如果在这里可以使用这个词的话）；仅仅对作为感性的和有个人兴趣的存在物的我们，生活才向我们展示出这种本质；这种本质就其自身而言，或者就它与理智、与人的关系而言（这两者是一回事），则是一种思维的、认识的本质。诚然，显而易见，对人的理智具有意义的东西，对人本身也间接地具有意义，对于作为有个性的存在物的人必然地、甚至不由自主地具有实践的意义和影响；可是，在这里不能进一步阐发，正因为这里所谈的是尖锐的区别，因而更不能阐发。哲学是从无限之物的观点出发对无限之物进行的观察，其意义和方式正如对地球围绕着太阳的运行所作的观察是从宇宙的观点、从无限之物的观点所作的观察。宗教是从有限之物的观点、从生命的观点对无限之物所作的观察以及与无限之物的关系,因此情感是宗教的一个绝对必不可少的和本质的因素。神学是宗教的科学;如果神学严格地把自己限定在自己的范围之内,那么它的任务不外是成为宗教的现象学,这就是说,它从历史的观点搜集和观察关于宗教生活和宗教情感的事实和现象,把深奥难解的宗教神谕翻译成清楚明了的语言,按照那些以最真实的形式把宗教的本质表现和体现出来的经典典范,把宗教的规范或宗教感的理想规定和确定下来。可是,神学却把宗教的规范变作认识的规范,把实践的观点变作形而上学的观点;神学表述了这样一种真理,它既是从生活的观点给作为道德的、有个性的存在物的人制定的真理,也是给作为思维的存在物的人制定的真理,即理论的真理;神学把上帝与人的关系变成他的自在的存在,变成一条最后的、绝对的和不可逾越的界限。因此,在宗教里,上帝是作为个人或有个性的存在物的人的对象;在这里,如果人对上帝来说不是那种有个性的存在物,那么上帝就不是为人而存在着,因为人本身在这里表现为有个性的存在物,尽管他由于对上帝的恭顺和忏悔几乎使自己化为乌有。这种对他自身的否定毕竟是某种个人的、仅仅涉及他自身的行为。但是,神学——由于它愿意作哲学的思考和理论的探讨——或被神学所败坏的哲学,却立即把个性说成是一种形而上学的规定性,赋予实践的规定性以理论的实在性,从而跟哲学和理性相冲突,相分裂,并把科学观点作为某种独立的东西排除掉。因为,对于没有个性的思维活动来说,上帝必然不是被规定为有个性的存在物,而是被规定为那样一种东西,这种东西被阿那克萨哥拉称之为 νοῦς [理智],

### 第十六节 对莱布尼茨神学观点的批判:作为……的导言

柏拉图称之为 ὄντως ὄν①[存在之物],亚里士多德称之为 ὂγ ἥ ὂν [独立的存在]、形而上学的对象,斯宾诺莎称为实体,莱布尼茨称之为单子,黑格尔在他逻辑学的结尾部分称之为理念,费希特在他的早年时期称之为自我(这个自我实质上是与那个有个性的或人的自我有区别的)。一切把个性置于哲学之首位的倾向都是神学的,都是非哲学的,甚至是反哲学的。

雅科比的哲学特别强调个性,而且是以一种极其聪明的和最最坚决的,但同时也的确是粗暴的和狂热的方式加以强调;它是一种自我否定的哲学。因为,在这里,真正的思维被想象的思维所取代。在这里,思维没有内在的内容,没有从思维关系的本性中汲取得来的那种对象的规定性。可是,把那些从实践观点看来属于对象的规定性变作思维的规定性,这就意味着用表象代替思维。关于从虚无中创造出万物的观念,也是如此。在这里,显而易见,把人依据以与处于自己之外的事物发生关系,并按照自己的实际目的和实际决定从外界事物中汲取某种东西的实践观点,变成为我们应当依据的想象上帝与世界的原初关系的准则和观点。虚无不外是一种思想,反省仿佛借助于它重新把这样一个基本观念或前提,即实践观点不仅是人的个性的观点,而且是上帝的个性的观点狡猾地夺了回去,加以修正,或者毋宁说加以否定;因为虚无应当表现出上帝的实践或活动与人的实践或活动这二者之间的区别。

---

① 莱布尼茨说:"如果有人要求从柏拉图的更加深刻的哲学中获得证明,那他就应当阅读柏拉图的《巴门尼德篇》和《蒂迈欧篇》;在《巴门尼德篇》中以令人惊异的方式论述了一种存在,即上帝,因为一切创造物都不是存在,而只是存在之物;在《蒂迈欧篇》中,他完全从运动和形式出发来说明物体的本性,等等。"

可是,当思想在表象的范围内从它自己不相称的意识中产生出来并获得自己的意义时,思想只不过是对它所接近的表象的限制或者毋宁说否定,只不过是一种否定的思想;其实,这又是另一个新的表象。因此,在这里,虚无是一个空洞的表象。在这种情况下,虚无是不能被思维的,毋宁说,虚无是思想的绝对真空;因此,当一种更加深刻的思想在这种表象的范围内觉醒过来时上帝本身被理解为这种虚无而虚无则被理解为一种还未确定的本质,像在斯科特·埃里根纳和雅科布·波墨那里就是如此。根据这一理由,神学必然把自己的信条说成是不可理解的;事实上,它的信条的确就是如此,因为每一信条本身都是自相矛盾的,在它们之中,主词否定了宾词,宾词又否定了主词,也就是说,表象否定了思想,思想反过来又否定了表象。

因此,哲学和神学的真正和解决不在于证明思想、理性真理是教义观念的基础。因为教义不外是一种盖有形而上学印章的实践的规定性。哲学任何时候都不可能、也不应该与神学和解,不论神学是以理论的形态出现,还是以形而上学的形态出现。一般说来,哲学与神学之间只能有一种起源的关系,而绝不可能有组合的关系。哲学的作用仅仅在于从起源上阐明那种构成神学的基础的观点,即宗教的观点,从而证明这种观点是实在的、本质的;这就是说,从上帝赖以成为理智的对象的那些规定性中,引出一些包含有实践观点的原则的规定性。善的观念就是上帝赖以从理智的对象变为感觉和感情的对象的那种规定性;因为善不外就是作为感觉和感情的对象的真。可是,教义的规定性和形而上学的规定性的任何真正的融合,神学观点和哲学观点的任何结合,像在我们这个

### 第十六节　对莱布尼茨神学观点的批判：作为……的导言　137

时代是往往看到的那样，却是如此拙劣，如此荒唐，如此虚假，就像卡霍·德·勃腊格企图把托勒密的体系和哥白尼的体系结合到一起那样。这样一种结合或者毋宁说是凑合，表面上显得颇为深刻，但那只不过是表面上显得如此而已。它是对精神的一种真正的败坏，因此是那种水陆两栖的、半阴半阳的、半明半暗的人的产物，这种人不能深刻地理解任何类的概念、任何 εἶδος［观念］，不能领会、也不能坚持精神的独立性、完整性和统一性，而是把一些异质的实体胡乱地搅拌在一起，并把这一堆轻信的杂拌冒充为一种令人愉快和使人振奋的精髓。这是那些可怜的、不三不四的哲学家的产物，在他们看来，"omnia mea mecum porto"［"把自己的一切都带在身边"］这个崇高的哲学命题，听起来太刺耳了，太抽象了；因此，他们把实践观点的全部食品和家具什物满满地装在袋里，带在身边，搬到形而上学观点那里，以便在那里安居乐业，过着愉快舒适的生活，就像和自己的堂兄弟姐妹处在一起一样①。

现在我们回过头来继续探讨莱布尼茨，看一看在他的《神正论》中能够以怎样的方式实现哲学思想，而为了使教义和思想一致

---

① 重要的是指出，哲学本身与（历史的、实证的）神学没有任何关系，因而没有与神学相对立；这一点依据于下述这个简单的理由：哲学实质上是一门自由的、普遍的科学，而神学不仅是一门特殊的、特定的科学，而且，按它的基础、它的观点以及它的知识范围来说，也是一门受限制的科学；普遍之物与特殊之物不是对立的，只有特殊之物才可能与另一特殊之物相对立。因此，神学和哲学之间的显著区别，即神学以上帝的意志作为自己的最高对象，哲学以上帝的理性作为自己的最高对象，只是在把神学和哲学加以对比时才具有意义；因为，从历史上说，早在基督教的纪元之前，在苏格拉底和柏拉图那个时代，哲学已经把善这个观念纳入自己的考察范围，而且是运用自己的手段独立完成的。

起来，他又能够和必须以怎样的方式解决他的课题。上面已经谈到，神学观念——即使不是神学的全部观念——构成他的《神正论》的基础；因为，关于上帝的特性，例如关于正直，莱布尼茨说得完全正确：正直概念一般说来是与上帝的正直相符合的。"普遍的权利对于上帝和对于人来说都是一样的"；因为，如果不是如此，我们就不可能认为上帝具有这些特性以及与此类似的特性，也不能谈论这些特性①。在这样的前提下，思想一般说来不可能具有一种富有成效的和积极的力量和意义。思想不得不只限于从事限制、防御、修改、区分、减轻和扩大。由于这个缘故，莱布尼茨就能毫不费力地对付严格遵循神学观念的培尔；因为莱布尼茨是从他自己的扩展开了的观点来为这些观念作辩护的，例如，他从宇宙的观点出发把一切邪恶的、不祥的、永远被诅咒的事物归结为某种 presque néant〔几乎不存在的东西〕②。要知道，这种观点恰恰是与神学观点相对立的，尽管圣·托乌斯·阿奎那和苏阿列茨曾经在下述意义上采用过这一观点：与数量很多的极乐天使相比，堕落的天使和应受诅咒的人在数量上是微乎其微的③；从神学观点看来，上帝只有在与他所喜爱的自我、个人发生关系时才显现出来，一切都萦绕着个人，积极的东西只能是个体的，整体、宇宙的概念消失了，或者——这是一回事——表现为人的纯粹的抽象观念。思想在《神正论》中所具有的这种形式上的意义，也是与对这个问

---

① 《论信仰和理性的一致》第4、35节。

② 《神正论》第1编第19节。

③ 参看迪唐出版的拉丁文本的《神正论》第1卷第406页注释中提到的Epitome controversiae〔论战概要〕等，在那里还引证了基利尔的一段话。

题的解决本身相符合的。只有通过对上帝的意志,即神学的基础加以限制,使意志以理性为前提,使意志被理性所制约,才能使这个问题得到解决;因为只有在上帝的理性中,而不是在上帝的意志中,才能找到这样一种手段,它不仅使那种与上帝的意志相矛盾的恶与上帝观念联结起来,而且使那样一种恶——它以感性方式使人意识到一种不以人及其感觉为转移地发生作用的力——与上帝观念联结起来,使恶的观念与信仰和理性联结起来。同时,还必须承认意志是一个独立的、合理的原则;不过是以这样一种方式,即归根到底要使理性占据优势地位。因此,只有通过一个能在一定程度上满足双方要求的中介概念,才能使这一诉讼得到调解。这个概念只有通过精确的区分才能发现,道德的或假设的必然性概念就是这样的概念。世界不仅是意志的产物(这里所注意的不外是善和我们的幸福),而且是理性或理性所制约的意志的产物。世界作为意志的对象是偶然的,作为理性的对象则是必然的,而且必然是它实际上是的那个样子。换句话说,世界按其存在而言是偶然的,按其本质而言是必然的;因为世界的本质包含在上帝的理性本身之中;从严格的形而上学意义来说,上帝的理性也就是世界自身的本质。道德的必然性恰恰就是那个借以使偶然性和必然性联结起来的中介概念,就是表象和思维之间的两栖动物。

尽管这个概念是不明确的和不充分的,可是莱布尼茨的《神正论》的深刻思想毕竟在于:他取消或者限制了纯粹意志这个空洞的概念,取消或者限制了与我们的纯粹关系这个范畴;他强调必然性概念的意义,可是他企图通过以自由概念为中介来确定这个概念中的本质区别①。莱布尼茨正是用这一点来弥补我们在阅读《神正论》时不可避免地感觉到的不满和厌倦心情;当然,这不是指那些与他的哲学紧密相连的思想,而是指他接受了一些极其空洞的、毫无内容的神学观念,例如,上帝容忍罪孽和邪恶这样的观念,他甚至于接受关于永恒地狱这样野蛮的观念,这个观念不外是圣巴托罗牟之夜②这样的教义,不外是引起正教对异教徒的愤怒的那种狂暴的胆汁热[31]。

诚然,莱布尼茨对必然性概念中的这些细微差别所作的规定,是片面的、不充分的;这一点与作为他的思想基础的那些观点有着必然的联系。他停留在半道上,没有得出一种纯粹的、独立的产物,而只得出某种中介物。他把形而上学的必然性和几何学的必然性等同起来,并利用一种特殊的、道德的必然性使自己从他由于作这种等同而陷入的陷阱中解脱出来。甚至对这种几何学的或形而上学的必然性(在他看来,这两者是一回事),他也仅仅从表面上加以理解,因为他认为这是一种盲目的必然性。为此,他经常指责斯宾诺莎,说后者只承认上帝具有盲目的权力和必然性,而不承认上帝具有理性和智慧,好像几何学的必然性是一种盲目的必然性[32]。应当承认,在斯宾诺莎看来,几何学的必然性具有上帝的必

---

① 通常有一种见解,即认为如果行动具有必然性,那么赞扬和谴责、酬报和惩罚都失去意义。为了批驳这种见解,莱布尼茨在《神正论》第 75 节中提出一个值得注意的评论:情况绝非如此。而在他之前,彭波那齐早已提出这一思想。必然的行动也受我们的支配,至少在这样一个限度内,即根据我们希望赞扬或害怕谴责、希望快乐或害怕痛苦这样的意志,我们可以这样做,也可以不这样做。他还补充说,我们也能赞扬或谴责马、石头、人的好的或坏的自然特性,而这些是与意志不相干的。

② 法国国王亨利第四在即位前原是新教徒的首领,1572 年 8 月 24 日他在巴黎举行婚礼之日,新教徒被诱到场,悉遭屠杀,亨利亦被拘禁,至 1576 年始获免脱,此事被称为圣·巴托罗牟之夜。——译者

然性的意义,尽管几何学的必然性仅仅是上帝的必然性的影像。难道盲目的必然性不是理性的必然性,不是我的精神、我的理性在其中得到实现的那种必然性吗？如果我的精神知道,对象不仅必然与它自身相一致,而且必然与我的理性相一致,那么我的精神从哪里获得满足呢？要知道,这不是那样一种盲目的必然性,即不是那种使我们面临一片黑暗、不能发现任何根据,仅仅构成我的思维的否定方面的必然性,而是那样一种必然性,它使观察活动得以实现,从而使我获得认识的快乐,精神在它那里好像得其所哉。应当仅仅从这种意义上去理解斯宾诺莎赋予实体的那种必然性,在这种必然性中,他自己发现了上帝的自由。因此,斯宾诺莎仅仅否认实体具有主观的理性,而绝不否认实体具有客观的理性,也就是说,不否认实体具有那样一种理性:它处于对象本身之中,与对象相一致,并使对象变成理性的、真实的客体。毋宁说,这种理性恰恰就是这种客观的理性。斯宾诺莎是一个全神专注于自己对象的人。因此,他知道没有任何与对象不同的、只是为了自己而认识自己的理性。在他看来,人的理性是思维赖以使自己得到满足的对象。在他看来,实体是思维的质料,而不是质料的思维；他认为理解本身只是一种样态。观念、认识的实在性仅仅植基于对象的实在性。诚然,他把方法定义为观念或观念的意识,可是,这个观念——方法存在于它的意识之中——恰恰就是实体观念①。

---

① 莱布尼茨的下面这段卓越的言论,也能证明这里对必然性概念所作的解释,是与斯宾诺莎的观点和思想相符合的:"如果我们知道上帝的本性,那么从我们的本性中必然能推论出上帝存在着,正如从三角形的本性中能够推论出三角之和等于两直角一样。而当我们以这样的方式断定某个事物时,我们毕竟是最自由的。"(《书信集》第34封)

对斯宾诺莎的必然性观点作这样表面的理解,其结果必然是:莱布尼茨希望借以表达某种相反观点的那个定义本身是不完全的、表面的。他在给汉施的第17封信中这样写道:"如果在对那与我们这个世界不同的另一个世界的看法中包含着[逻辑]矛盾,那么我们这个世界就绝对是必然的。可是,由于我们能够把其他的世界随便设想为不计其数,而且设想得非常清楚,像米利提人的童话和幻想所表明的那样,还由于我们这个世界之所以产生,只是因为一种与它的本质不同的意志活动宁愿它产生,因此我们的世界仅仅在道德的意义上是必然的,而在绝对的意义上却是偶然的。"[33]

对于他的《神正论》的基本思想,我们简略地叙述如下。

# 第十七节 《神正论》的
# 最本质的思想

"上帝是事物的本原；因为作为我们的感觉和经验的对象的有限事物，总的来说是偶然的，其本身不包含任何必然存在的根据。因为，显而易见，时间、空间和物质就其自身而言是没有差别的和千篇一律的，它们对一切事物都漠不关心，它们可能接受另外一些完全不同的运动和形态，并处于另一种不同的序列之中。因此，应当到那样一种实体之中去寻找世界——世界不过是一切偶然事物的总和——的存在的根据，这种实体本身中包含有自己存在的根据，因而是必然的和永恒的。可是，这种根据必须是理性的，因为既然现存的世界是偶然的，而且，和这个世界一样，其他无限众多的世界也是可能的，它们仿佛也同样提出存在的要求，那么，世界的原因想必注意或考虑了所有这一切可能的世界，以便决定其中哪一个世界能够存在。可是，存在着的实体与单纯的可能性的这种联系或关系，不外就是那种在其中包含有这些可能性的观念的理性；而每个观念赖以存在的那种规定性，不外就是那个进行选择的意志的活动。这种实体的力量使这种意志发生作用。力量与存在相关联，智慧或理性与真理相关联，意志与善相关联。这种理性的原因按各种方式而言都必须是无限的，在力量、智慧和善方面都是绝对完善的,因为它包罗一切可能的东西。又由于一切都处于和谐与联系之中,因此实体只可能有一个。它的意志是存在的泉源,它的理性是本质的泉源。"(第7节)上帝是"永恒真理的基质和主体,它构成永恒真理的实在的基础,因为任何实在都必须在一个存在着的主体中有其根据,因此,不能像司各脱的某些追随者那样,说什么即使没有理性,甚至即使没有上帝,永恒真理也能存在"(第184、189节)。"这种与同样无限的善结合到一起的智慧,不可能不选择最美好的事物。因为,正如比较轻微的恶是一种善,同样地比较微末的善也是一种恶,如果它对较大的善有所妨碍的话;因此,上帝的行为中包含有一些缺陷,一些需要改善的东西,如果存在改善它们的可能的话。"(第8节)

"如果在这些可能的世界中没有一个最美好的世界,那么上帝也不会创造出一个最美好的世界来。因为,他做一切事情都是根据最高的理性,一般说来,他不可能做任何不顾理性或者违背理性的事情(第196节),因此他选择了一个最美好的世界。"(第8节)"可能有人对此反驳说:也许可能有一个没有罪孽和痛苦的世界;可是,那样一来,它就不是最美好的世界了,因为,在任何一个可能的世界里,一切事物都是联系着的;宇宙不论是怎样的,它总是某种像海洋那样浑然一体的东西。因此,宇宙中任何东西发生变化时,它的本质,或者也可以说它的数的个性,也就随之分裂。因此,如果在那里没有最轻微的恶,像在这个世界里所发生的那样,那么它也就不再是一个其中一切都经过计算和审核的世界,因而也不是被上帝看作最美好而被选中的世界。"(第9节)

"诚然,我们可以想象可能有一些没有罪恶和不幸的世界;可是,这些世界远远比不上我们的这个世界,这一点从上帝选择的就是现在这个样子的世界这样一个行动中,已经可以 a posteriori[后天地]推论出来。此外,大家知道,善往往是由恶所引起的,没有恶,就不能获得善。两种恶加在一起往往产生出大善,两种毒药加在一起往往被证明具有医疗的功效。甚至在罗马教堂里、在神圣的复活节前夕,不是这样地歌唱吗:

"亚当的罪孽是一种神圣的必然性,

因为基督的死已经把它冲洗干净;

救世主如此庄严宏伟地赐予的

那种过失是何等幸福安宁!"

但是,绝不是像某些人所说的那样有那么多的罪恶。"如果对罪恶特别注意,罪恶便会增多。""我们的善之所以减少,只是由于我们对它不大注意。如果我们经常生病,很少处于健康状态,我们便无限地更加珍视这种伟大的善,而较少地感到自己的恶。尽管如此,如果我们经常处于健康状态,只是偶尔生病,那当然好得多。""如果我们考虑到人体的脆弱,我们就不应对人们有时生病感到惊奇,毋宁说,应当对人如此稀少地、如此不经常地生病感到惊奇。"(第14、13节)"培尔①在世界上只看见医院和监狱;可是,住宅比监狱多得多。欧里庇得说得很对:人所获得的幸福胜过于灾祸。"(第258节)

"必须到创造物的观念本性中去寻找世界上这种罪恶的原因,

---

① 《历史批判辞典》,条目:"到处都是监狱和医院,到处都是绞架和乞丐。"

131 只要这种本性是通过不以上帝的意志为转移地包含在上帝的理性之中的那种永恒真理来理解的。因为,在创造物这个概念中早已原始地包含着不完善性,因此创造物本来就是可能犯错误的和不完善的。柏拉图在他的《蒂迈欧篇》中说过,世界植基于与必然性相联系的理性之中。从这一命题中可以发现一个卓越的见解。上帝是理性,而必然性,即事物的本质特性,则是理性的对象,只要这一对象存在于永恒真理之中。可是,这个对象纯粹是精神的,它包含在上帝的理性之中。在这里不仅包含善的原形或本质,而且包含恶的起源。这里是永恒真理的领域,当涉及事物的起源时,就必须用这个领域取代物质。这个领域既是灾害和邪恶的观念原因,同样也是善的观念原因;虽然,使恶之所以成为恶的那个恶的形式方面,其实并不具有任何积极的、发生作用的原因,因为这个形式方面仅仅在于剥夺。"(第 20 节)培尔认为关于两个原则的假设符合于理性和经验;但这个假设是错误的。"诚然有两个原则,可是它们都处于上帝本身之中,这就是他的理性和他的意志。理性提供了恶的原则,但它自己并未因此受到玷污,自己并未变成为恶;理性想象着存在物,像它们处于永恒真理之中的那个样子;理性之中包含着恶赖以获得许可的根据。"(第 149 节)"人本身是他的苦难的泉源;人在上帝的观念中就是他实际上是的那个样子。"(第 151 节)"如果我们承认某个特殊的原则,例如,如果我们企图借助于一个特殊的恶的原则来解释恶的原因,那就是对现象作出一种最肤浅、最简单的解释。恶不需要原则,正如寒冷和黑暗不需要原则一样;既没有寒冷的原则,也没有黑暗的原则。恶仅仅产生于剥夺,产生于贫乏;在这里,积极之物仅仅是偶然的,正如在寒冷中能动的力量仅仅以偶然的方式存在着。枪筒中装的水在结冰时可能把枪筒胀裂,可是寒冷仍然是对力的某种剥夺;寒冷仅仅产生于那种使液体的各个部分相互分开的运动逐渐减弱。"(第 153 节)"因此,恶来自于抽象的形式本身,也就是说,来自于观念,这些观念是上帝不能通过他自己的意志活动产生出来的;数和图形以及一般说来那些应被看作是永恒的和必然的可能本质,就是如此。因此,只要本质仅仅是可能性,上帝就不是本质的缔造者;可是,任何真实之物的存在都是上帝规定和授予的,上帝之所以容许恶,只是因为他是从最初存在于可能性领域之内的那个最好方面理解恶的。"(第 335 节)"可是,恶是意志的对象,只是指它作为条件而言,而不是指它作为目的和手段而言。"(第 336 节)

"形而上学的恶就是纯粹的不完善性或局限性,物质的恶就是痛苦,道德的恶就是罪孽。物质的和道德的恶虽然不是必然的,然而毕竟是可能的,而且是由于永恒真理的缘故。既然真理的无限领域自身中包含着一切可能性,因此,必然存在着无限众多的可能的世界,其中有许多世界必然包含着恶,甚至其中最美好的世界也包含有恶。"(第 21 节)"可是,这样的恶本身对善是有裨益的;恶之所以是恶,仅仅是就一个被限制的局部而言,而不是就宇宙而言,不是就事物的广泛联系而言。""在局部中表现为混乱的东西,在整体中却是井然有序的。"(第 128、145 节)

"一切理性创造物的幸福都是上帝所注意的目的;可是,这不是上帝的全部目的,甚至也不是他的最终目的。"(第 119 页第 2 部分)"如果理性创造物的幸福是他的唯一目的,那当然就既没有罪孽,也没有灾害了。上帝也可能从各种可能性中选择一种排除了这些灾害的序列。可是,那样一来,上帝就失去了他应当给予宇宙的东西,也就是说,失去了他应当给予他自身的东西。"(第120节)"我们在世界上发现一些不合我们心意的东西;可是,我们应当明白,这些东西并非仅仅为了我们而存在着!如果我们是有智慧的,世界就是为我们而被创造出来的;如果我们适应于世界,那么世界也就适应于我们;如果我们希望成为幸福的,那我们在世界上就是幸福的。"(第194节)"诚然,美德是创造物的最珍贵的品质,可是它并不是事物的唯一美好的品质。还有其他无限众多的、仿佛把上帝引向它们自身的品质,而所有这一切吸引和倾向的结果,就是产生出最大量的可能的善;显然,如果仅仅存在着美德,如果仅仅存在着理性的创造物,那就只有很少的善了。当米达斯仅仅拥有黄金的时候,他就不像从前那样富有。此外,智慧必定产生多样性;如果只是同一种东西增多许多倍,那么,即使这种东西非常珍贵,那也是多余的,同时也是贫乏的。因此,自然界需要有动物、植物以及没有生命的物体;在非理性的创造物中也有某种使理性得到运用和施展的奇异之物。如果根本没有非理性的事物,那么理性的存在物有什么事情可干呢?如果没有任何运动、物质和感觉,那么理性的存在物思考什么呢?"(第124节)

"虽然上帝不会不选择最美好的东西,可是他毕竟不是被迫作这样的选择,在上帝所选择的对象中没有任何必然性;因为,另外一系列事物也是同样可能的。正是由于这个缘故,选择是自由的,并不依赖于必然性,因为选择实现于许多种可能性之间,意志仅仅被对象中占优势地位的善所规定。"(第45节)"诚然,上帝不能不这样做,因为不可能比这做得更好。可是,这是一种假设的、道德的必然性,这种必然性与上帝的自由并不是对立的,毋宁说,它是他的选择的结果。绝不能把与理性相对立的东西,加诸于智慧的存在物。"(第 124 节)"正因为上帝不会不选择最美好的东西,所以他在自己的行动中总是被规定的。存在物愈加完善,它在趋向善方面愈加被规定(déterminé au bien),同时它也愈加自由。"①"上帝自身的理性和智慧是他的裁判者。永恒真理和智慧的对象,对于朱彼特来说,比斯提克斯河更加是神圣不可侵犯的。"(第 121 节)

"从这种道德的或假设的必然性中,产生出对恶的容许。"(第 128、152 节)"可是,不应当把由于道德的必然性,即由于善和智慧的原则所产生的必然结果,和由于形而上学的、盲目的必然性所产生的必然结果混为一谈,后一种必然性存在于对立面中包含着矛盾的情况下。"(第 174 节)"自由不仅可以脱离强制,而且可以脱离必然性本身,尽管自由始终是与坚定不移的信念、明确的意向相伴出现。"(第 280 节)"只有形而上学的必然性是与自由对立的。诚然,在一定的意义上可以说:品行端正的人必然是没有罪孽的;魔鬼和被判罪者必然是有罪孽的;上帝本人必然选择最美好的事物;人在作出自己的决断时必然始终遵循最强烈的意向。"(第 282 节)"作家维列尤斯在谈论卡图时这样说:卡图的行为是合乎道德的,因为这是他的本性,他不可能不这样行动;并且认为他说的这些话是对卡图的最大赞扬。"(第 75 节)"可是,这种必然性不是与偶然性相对立的;这不是逻辑的、几何学的或形而上学的必然性。"

---

① 《莱布尼茨书信集》,费德尔出版,第 32 封和 1711 年 2 月 8 日写给德·博斯的信(第 2 卷第 1 编第 292 页)。

(第282节)

可是,这种道德的必然性不仅是形而上学的原则,而且也是物质的原则。"那些存在于自然界之中并通过经验得到证实的运动规律,其实并不是像几何学原理那样绝对可以得到证明。它们的主要泉源不在必然性原则之中,而在完善和序列的原则之中;它们是上帝的选择和智慧的结果。虽然我能够对这些规律提出许多证明,可是,在这里,我始终必须以某种不具有绝对的几何学必然性的东西为前提。因此,这些绝妙的规律为理性的和自由的存在物对这个绝对的和盲目的必然性体系提供一个卓越的证明。"(第345节)"如果假定结果按力量来说总是与原因相等,总是包含同样数量的力量,那就能够给这些规律找到根据;可是这些基本原理属于更高的哲学,不能借助几何学的方法加以证明。还可以举出其他一些类似的原则,例如作用和反作用始终相等的原则,是以事物中存在着一种反对外来变化的阻力为前提,不可能从广延和不可入性中引申出来;又如这样一个原则:简单运动所具有的特性,与引起类似变化的复合运动的特性相同。我们不能不对这些命题表示赞同,它们令人满意地解释了运动的规律;尤其是当它们相互之间协调一致时,它们确实包含有最适合的解释根据;可是,它们之中没有包含一种迫使我们承认它们的绝对必然性,像我们不得不承认逻辑、算术和几何学的法则那样。"[①](第346节)"这些自然规律——连续性这一绝妙规律也应列入其中——既不是绝对必然的,也不是绝对随意的。应当承认这里有一些中介物,它们是最完

---

① 还可参看《人类理智新论》第2编第21章第13节。

善的智慧所作的选择。因此,这些规律清楚地说明了绝对的必然性和道德的必然性之间的区别,前者仅仅依赖于实际起作用的原因,后者则是智慧按照最终目的或合目的性的原则(des causes finales ou de la convenance)所作的自由选择;这些规律同时也给绝对的随意性,即那种植基于空洞的和毫无根据的无差别性之上的东西,作了明确的说明。"(第349节)

# 第十八节　莱布尼茨的灵物学导论：对经验论的批判

上帝在单子论中按观念来说，和他在科学学说中是同一个东西，这就是 ordo ordinans［一种用以建立秩序的秩序］；如果可以从费希特的观点来理解这一点，那么这确是一个很有意义的、深刻的思想。仅仅就上帝与单子的关系而言，不附加其他规定，上帝不外是单子相互之间的统一和联系赖以形成的原则，不外是单子之间的秩序赖以建立的那种秩序，也就是秩序的最高根据。严格说来，在单子论的范围内，这是上帝的唯一肯定的规定和意义。按照这一规定，上帝绝不是一种外在地与单子相对立的存在物。上帝把单子相互联结起来，这不是因为他喜欢这么做，也不是由于一种盲目的、空洞的意志活动，而是因为在被联结之物的本性中就包含有这种联结，因为这种联结是一种内在的可能性；上帝把灵魂和肉体联结起来，把统一和无限杂多联结起来，因为灵魂按其本质来说就是有代表性的和无所不包的，就是宇宙的中心。上帝是一种使这种内在的、观念的可能性赖以得到实现的纯粹活动（actus purus）。上帝是单子的普遍本质，因而也是一种统一的力量，在这种力量面前，在这种力量当中，单子相互之间所保持的独立性便消失了。可是，莱布尼茨又把这个普遍的本质自身置于差别和区分的范围之内,并使这种本质成为独立的、特殊的存在物或主体,这样一来,这种本质便从内在的、本质的力量变成异己的、外在的力量,或者至少表现为这样的力量。诚然,莱布尼茨把内在生命的原则保存在上帝的理性之中;因为,理性是事物的观念本性和内在可能性的领域,而这种可能性是意志的决定性的原则,甚至意志其实只不过是这种可能性的实现。可是,这样一来,这个内在生命的原则又变为与事物的外在关系,因为它被规定为那个被想象为孤立的,即被包括到实践观点的表象方式之中的主体的特性。莱布尼茨把一些按其本身、按其观念来说异类的关系纳入他的单子论之中;他把神学的神人同形论观念和他自己的哲学思想搅拌在一起。莱布尼茨的《神正论》的那个令人烦闷和令人不满的方面,正是由于这种混杂引起的。因此,绝不适宜于用这个方面来结束对他的哲学的阐述,因为结论应当与观念或原则相一致。为了弥补我们在阅读他的《神正论》时所获得的那个令人不快的、混乱的印象,莱布尼茨应当在结束时给予我们一些补偿。我们只有在莱布尼茨与那些陌生的客人——他在《神正论》中与他们应酬来往——谈话之后与其亲密朋友亲切交往中观察他,他才能够给予我们以这种补偿,只有在我们再一次在他的故乡的土地上、在单子论的基础上遇见他;只有在我们找到那样一个东西,这个东西从一开始就已经是主体,同时又是形而上学的客体,才能够给予我们这种补偿。这个东西按实质而言就与他的哲学很接近并为他的哲学所固有,它不是一个仅仅由于与宾词相结合而形成的主体,像《神正论》中的主体那样,后面这个主体之所以成为主体并不是就它自身而言,而仅仅是从莱布尼茨授予它的那些规定性而言。这个东西就是灵魂(Psyche），但这不再是作为简单的单子或一般地作为表象着的灵魂的灵魂，而是作为自我意识的、思维的、理性的单子，作为精神的灵魂。在那种把灵魂理解为自然原则的哲学中，莱布尼茨和笛卡尔的区别在于：莱布尼茨扩大了灵魂概念，把某种与意志和意识不同的东西纳入灵魂之中，而笛卡尔却把这种东西作为物质置于灵魂之外。相反，在这种把灵魂理解为精神的哲学中，莱布尼茨又与笛卡尔结合到一起了，因此，在这个方面，莱布尼茨只不过把笛卡尔的哲学加以深化和发展罢了。莱布尼茨赞同笛卡尔的见解，认为"精神的本性"比物体的本性"更加为人们所知晓"①，"精神的存在"比物体的存在"更加确实可信"②，因为灵魂和它自身最为接近，是它自身所固有的"，"灵魂始终在思维着和想象着，尽管它没有经常意识到这是它自己的表象"，认为"精神是它的规定性的泉源"，因此，笛卡尔的天赋观念论是有根据的；莱布尼茨因而把经验论——它在那个时代主要以英国哲学家洛克作为自己的代表——说成是浅薄的哲学，因为洛克直接从感觉中引出观念③。诚然，对于洛克的那些通俗的或者探讨实际问题的著作，莱布尼茨表示充分的赞赏，可是对于涉及比较深刻的真正哲学问题的著作，莱布尼茨则认为洛克谈得很不透彻。En toutes ces matières Mr. Locke a

---

① 《对比尔林的第五封信的回信》第19号。
② 《人类理智新论》第2编第23章。
③ 大家知道，洛克除了承认自身的 expérience［经验］，还承认精神对它自己的活动的反省也是观念的泉源；可是，反省只具有次要的意义，因为，在洛克看来（第2编第9章第1节），我们通过反省获得的头一个最简单的观念——perception［知觉］，以及rétention［保持］（第10章）和 abstraction［抽象］（第11章第9节），也和一般的精神活动一样，仅仅与通过感觉获得的观念相关联，并仅仅依赖于这些观念。

## 第十八节　莱布尼茨的灵物学导论:对经验论的批判

raisonné un peu à la légère[在所有这些问题上,洛克先生的推论有点轻率]①。莱布尼茨的这个评论是正确的。可是,洛克从他用以理解天赋观念论的那种方式和意义上去否定天赋观念,也是正确的。这就是说,他是作为一个经验论者去理解这些观念以及一切哲学问题的;他是从这些观念的字面上的、有形体的意义上理解这些观念的。他仅仅注意用以叙述这一学说的那些粗糙的、感性的词句。他是一位批评家,可是他的批评仅仅针对别人,而不针对自己,不针对自己用以理解和批评的方式;他不反躬自问这种天赋观念的思想本身意味着什么或者至少可能意味着什么。如果我们仅仅从事实方面,而不从起源方面理解某个哲学思想、哲学体系,如果我们只是注意所说的话语,而不注意话语中没有谈到但仅仅考虑到的思想,如果我们不把思想和用以表达思想的语句区别开来,那就没有什么事情比(从表面上)驳倒这个哲学思想或哲学体系更加容易的事情了。如果我们仅仅像洛克那样去理解天赋观念论,即认为人出世时就带来某些现成的概念和知识,就把某种知识的储备随身带到世界上来,在那种场合下,批评家要驳倒这种学说难道不是易如反掌吗？在洛克看来,对于反驳这种学说还有一个十分深刻的理由,这就是:在精神中只存在着那样一些表象,它们或者是它现在具有的,或者是它过去具有而现在还记得住的;如果说具有天赋观念,可是又没有意识到这些观念,那就意味着这些观念处于精神之中同时又不处于精神之中,因为只有精神

---

① 1697年8月24日写给比涅特的第7封信(第4卷第1编第11页)和1714年3月14日写给蒙莫尔的第2封信(第5卷第25页)。

所知道的东西才处于精神之中①。可是,只要更加深刻地去体验和考察,这种反驳也就打消了。在莱布尼茨看来,如果我们一旦理解某个基本原理的意义,我们就立刻承认和确信这个基本原理的真实性,这种情况便是这个原理是天赋的和为我们意识所固有的这一点的确凿证明。如果另一个人说出一个思想,我们又十分清楚地理解这一思想的真实性(不论我们是立即理解还是稍后一些才理解,这都无关紧要),我们不是就认为——并且也这样说——这个思想是来自灵魂,尽管我们明确地和确凿地知道我们从来不曾有过这样的思想?确信某个真理或者承认它是真理,这不外意味着认识到真理和理性是同一的;可是,承认真理与理性是同一的,又不外意味着承认真理是先天地植基于理性之中,是理性所固有的,是理性生而具有的,尽管经验在促使人们确信这一点方面可能也起着中介的作用。可是,中介的作用只不过是条件,而不是起源、根源。这种仿佛来自外面的所与物,"按力量和可能性来说",是处于我们心中的。没有空气和水,没有阳光和温暖,植物就不能从自身中长出花来。可是,如果企图从这些作为条件的材料中追溯花的根源,那却是何等荒谬和错误,同样地,把感觉理解为观念的泉源,那也是荒谬和错误的;虽然,不言而喻,感性表象正因为是感性的。所以处于感觉之中并来源于感觉。

从洛克借以理解天赋观念、从而否定天赋观念的那种意义上

---

① 洛克:《人类理解论》,阿姆斯特丹—莱比锡版,1755年,第1卷第1章第5节和第3章第20节。

## 第十八节　莱布尼茨的灵物学导论:对经验论的批判

来说,我们没有任何东西是天赋的,无论我们的手和足,无论我们的感官和身体,都不是天赋的。凡是我不能利用来达到一定目的的东西(这种东西只是为了达到这个目的才成为它现在那个样子),凡不受我支配的东西,也就不是我的。身体只有通过锻炼和运用,通过活动,才变成为我们的身体。手和足不属于还躺在襁褓里的婴儿,因为婴儿本身还不属于他自己呢。从洛克所理解的那种意义上来说,人自身也不是天赋的。他随身带到世界上来的只不过是饥饿和口渴,即某种空虚,可是这种空虚是与空虚感,即与感到胃里空无所有而不舒服的感觉联在一起的,这种空虚是一种想填饱肚子的欲望,因而是不空虚的;因为,欲望本身至少就其正常状态来说(对于对象的真正认识仅仅依据于这种正常状态),就具有某种虽然还没有正式地由它支配,可是按可能性来说已经潜在地属于它的东西。与一切经验论者的见解相反,饥饿和口渴先天地是两个哲学家,他们先天地预知和演绎出自己对象的存在;他们不是从对所渴望的对象的感性经验和知觉中产生出来,而是先于这些感性经验和知觉,他们在还没有拥有这些感性经验和知觉或者已经失去它们的时候,又为失去它们而感到惆怅。因此,感性的东西本身是某种正在形成着和变动着的东西,而绝不是终审法院,不是牢固的立足之地,不是起点也不是终点,不是直接的本原,不是足以说明问题的根据,像经验论者所认为的那样,——然而这恰恰是经验论的本质由以构成的信条。经验论从感觉中引出观念,它便以为它已解释了观念的起源;它中止于感性之物,认为感性之物没有什么需要,不需要依赖于某物,也不需要作进一步的说明;在经验论看来,感性之物是某种直接地不言而喻的东西,它自身就是清楚的、确定的和实在的;因此,经验论者把条件变成原因,把质料变成形式,把被动之物变成能动之物,同时又把能动之物、灵魂、精神变成被动之物。在经验论者看来,感性在认识方面所具有的两种最重要的机能——看和听,是绝对的事实,也就是说,是经验论者直截了当地当作前提的东西,他不再把它们当作自己研究的对象,不再对自己提出这样的问题:看和听如何成为可能?如果他给自己提出这样的问题,那他就会认识到,看的可能性本身就在于思维。撇开人通过比较和判断——如经验所表明的——所获得的那些表象,即对象的大小、形状、位置和距离不谈,对我们之外的对象的知觉已经是一种纯粹的精神活动,已经是意识,已经是思维,尽管这种思维当时还隐藏、包藏和限制在感性直观之中,要等个人成长为独立的个人时,才作为思维本身显现出来。一个头脑简单的人,甚至一个没有受过教育的人,用与受过教育的人同样的、甚至从生理上说更加完善的眼睛和耳朵注视着和倾听着,可是他看不到和听不到受过教育的人所看到和听到的东西,看到的和听到的东西不如受过教育的人所看到和听到的东西那么多。这一点已是一个平凡的真理。不错,一切都植基于直观,可是,为了发现和看出某种东西,我们就必须思考。从低等动物的某些值得注意的现象中可以看出,动物的眼睛和耳朵的主要作用仅仅在于保护自己;它们是动物的卫兵,是动物的生活需要的供给者。但是,在人那里,眼睛和耳朵获得一种更高的、并非仅仅与生活需要相联系的意义,它们获得了理论的意义。感觉在这里已经是理论能力的最初的流出。人是为理论而生的。感觉是人用以认识的手段;可是,只有在感觉的内在目的业已具备的条件下,也就是说,只有

### 第十八节 莱布尼茨的灵物学导论：对经验论的批判　159

在已具有理论活动能力、思维能力的条件下，感觉才能发挥作用，才能成为手段。感觉给我们照亮了世界；可是它的光亮不是它自己固有的，而是来自精神这个中心的太阳。赞赏是认识的开端，可是这种赞赏不是产生于感觉，而是通过感觉产生于精神。

诚然，经验论的伟大历史意义在于，它恢复了感觉作为认识手段的合法权利，使中介之物、经验之物的领域上升到必不可少的重要对象的水平。我们之所以能够摆脱无数的、可怕的、否则会使人类遭受痛苦的邪恶，摆脱对神和迷信的畏惧，不再被魔鬼的专横独断的统治所愚弄和奴役，这首先应当归功于经验论的哲学；正是由于有经验论哲学，我们才不再像过去那样由于看见一颗烟雾弥漫的彗星，或者由于看见一只向我们飞来的无辜的蝴蝶，就把它看作蝼蛄鸟，因而充满对死亡的恐惧；我们才不会把飞蝗这个蹂躏庄稼的旅游者的翅膀上的纹路和斑点，看作表示上帝愤怒（ira dei）的文字；我们才不再把可怜的萤火虫看作标志埋藏着的珍宝的火炭，而被它引入迷途。经验促使思想获得自由和独立，使思想从对权威的崇拜中解脱出来，给人们指出亲自进行观察和研究这个神圣的、不可割让的自然权利。因此，洛克说得很好："我们越是亲自认识真理和理性，我们的知识便越是真实可信。在科学中，每个人亲自了解多少底蕴，他便掌握多少真实的知识。这就是他的真实的财富，他拥有这笔财富，有权称自己是它们的主人。"①那些没有掌握经验论这个[认识]工具、忽视间接的力和原因这一领域的哲学家，是不幸的；他们在仅仅适宜于采用一种合理的经验论的地方，

---

① 《人类理解论》，第 1 卷第 4 章第 23 节。

求助于所谓哲学的演绎,并想把某种也许完全立足于局部的、暂时的和有限的论据之上的东西,当作神的必然性,当作理性的真理,展示给我们。可是,如果经验论企图成为独立的,并把自己提升为哲学时,它就越出了自己的范围和界限;它把条件变成原因,把间接之物变成原始之物;它仅仅重视现象和个别之物;在它那里,统一性、整体性、本质、实体这些概念都消失了。这样一来,经验论便把概念的间接起源变成概念的原始起源,把特殊概念赖以形成的方法,把观察、反省、抽象这些仅仅是主观随意的方法,变成一般的、普遍的和必然的方法。可是,观察、抽象和反省已经以思维为前提,把思维当作自己的原则,而思维不可能没有它所固有的规定性,即使这些规定性起初还不是作为自觉的、真正的、明确的概念表现出来和发挥作用,即使思维在开始时不是表现为思维,而是表现为直观。从感性直观中,即从那种一开始已经不同时是精神的、思维的直观中,永远不能形成概念,因为在那种场合下必须从虚无中引出概念的起源。人是从观察和思维的统一出发;他的对象绝不是作为个别、特殊之物的那些个别的、特殊的感性客体;个别性、特殊性和普遍性这些特征是后来才确定的。人是从无差别的整体开始,在他看来,个别之物也就是普遍之物本身;正如康帕内拉已经按他的方式所表述的[①],也如莱辛所指出的[②],人是从不确定的普遍性开始的。而且,关于天赋观念和非天赋观念的问题绝不是一个人类学的问题,而经验论却仅仅从人类学的意义上理解这个

---

[①] 《论对事物的感知和魔法》,法兰克福,MDCXX 第 2 册第 22 章。
[②] 《莱辛全集》,柏林,1792 年,第 7 卷第 217 页。

问题。诚然,洛克也谈到灵魂和人或个体之间的区别,可是他完全是从经验的观点理解这种区别,因为他把这种区别看作一种形式的、感性的划分。应当从一种更高的意义,从哲学的、形而上学的意义上来理解这个问题。在这里,它涉及的是精神的本质,而不是关于人生而具有或后来获得某种财富的问题。因为,天赋之物和非天赋之物之区别,应当被归结为本质之物和非本质之物、内在之物和外在之物、固有之物和偶有之物之间的区别。莱布尼茨就是从这种意义上理解这个问题的。如果成为精神对于精神来说是本质的,那么进行思维对于精神来说也是本质的;而如果进行思维对于精神来说是本质的,那就也有一些与它的本质相联系的观念;因此,这种本质的、与精神的存在相同一的概念或观念,也如精神的本质一样,不可能从感觉中产生出来,也不可能从感性对象中抽引出来,或者说,也如精神不可能从感性对象中引出它的本质,即它自身。莱布尼茨的伟大思想在于:精神对它自身来说是天赋的,也就是说,是本质的,为它自身所固有的;这种固有性就是它的本质的、精神的观念的泉源。这是精神的自我直观的最高原则,是精神深入到自身之中的最高原则,是它的独立性和自主性的最高原则;这也是康德和费希特的唯心主义的原则,它在莱布尼茨那里已经显露出来。在莱布尼茨看来,精神是自我性的原则;精神是它自身的对象;精神是它自身的观念,就是对它自身的意识;这个观念与它自身是同一的;精神就是它自身,就是精神,只不过通过这个观念表现出来;精神的主动性和独立性的原则,它的固有性和它的观念的原则,就植基于这种自我意识之中。也许,精神是通过观察和抽象从感觉中引出关于它自身的观念,或者通过对自己活动的反省而获得这一观念,绝不是如此!反省是精神的内在的自我意识的结果,而绝不是这种自我意识的根据①。

---

① 无可否认,对洛克的经验论的这种批评隐约地显示出当时费尔巴哈的思想上的一些迹象:在那个时候,德国的唯理论和泛理论的因素仍然在他的思想中占据主导地位。在下面第二十一节"对莱布尼茨的灵物学的批判"(1847年)中,表明费尔巴哈在十年之后,即在他于《未来哲学原理》(参看本全集第 2 卷)中表述了自己的观点之后是怎样理解这同一个问题的。——德文版编者

# 第十九节　对莱布尼茨的灵物学的阐述

"与神的本质一样,灵魂是一个统一体,它包含有三重的差别,因为:在它思考着自身或反省着自身时,它是思考者,然后又是被思考者,最后既是思考者,又是被思考者。""可是,灵魂从实质上说既能进行反省的活动或观察其自身,也能想象外在的事物;不仅如此,它仅仅是通过认识它自身和它自己的内在内容来认识外在事物的。"当灵魂上升到意识其自身时,它也就上升到理性,反过来说也是如此;在这个阶段上,它已不再是灵魂,而是精神了。人就处于这个阶段。理性使人与动物单子区别开来。

"诚然,动物的表象也是相互联系着的,这点与理性有所类似;可是,这种联系仅仅在于对事实的回忆,而绝不是对原因的认识。例如,狗害怕用来打过它的棍棒,因为它回忆起棍棒在它身上引起的疼痛。人的经验活动占其全部活动的四分之三,人在这种活动中是与动物相似的。例如,我们期待着明天早上又是白天,因为我们从前一直经历这样的变化。只有天文学家的判断才是立足于根据之上,从而立足于理性之上。""只有对永恒的和必然的真理的认识,才使我们与简单的动物单子区别开来,使我们参与理性和从事科学,因为它使我们上升到对我们自身和上帝的认识。""理性本身不外是必然的、普遍的(几何学的、形而上学的和逻辑的)真理的锁链或联系。""只有通过认识必然真理,我们才上升到反省的活动;由于这种活动,我们思考着被称为自我的那种东西,并意识到自身。这也就说明,为什么我们在思考着自身时,也思考着本质、实体、非物质之物以至于上帝,因为我们把那些在我们身上是有限的活动设想成在上帝那里却是无限的活动。因此,反省的活动为我们的理性进行推理提供了绝妙的材料;推理依据于两个基本原则,即矛盾律和充足理由律;按照矛盾律,我们断定那种包含有矛盾的论断是错误的;按照充足理由律,我们认为,如果没有某种原因或一定的根据,也就是说,如果没有某种可以借以先验地说明为何这一事物存在着而不是不存在、是这样而不是别样的根据(尽管这种根据并非经常为我们所了解),那么任何事物在任何时候也不会产生,也不可能加以确定。"[34]

"必然真理不依赖于感觉,也不是来自感觉,尽管感觉给我们提供了使必然真理被我们所意识的机缘。""因为,如果我们不想到另外某种东西,也就是说,不想到感觉提供的特别事物,思维就绝不可能成为我们思考的对象。""洛克的错误在于他没有清楚地把必然真理的起源和历史真理的起源区别开。必然真理起源于理性,历史真理起源于感性经验,甚至起源于我们心中的某些模糊表象。""精神不仅能够认识必然真理,而且能够在自身中发现必然真理;因为,如果精神仅仅具有接受知识的能力,或者仅仅具有纯粹被动的能力,具有像蜡块或空白的黑板接受图像或字母那样的不确定的能力,那么精神就不是必然真理的泉源了;然而,事实上,它正是必然真理的泉源。因为,以下情况难道是可以否认的吗?感

第十九节　对莱布尼茨的灵物学的阐述　　165

觉还不足以使我们认识到某种东西是必然的,因此精神具有从其自身中引出必然真理这样一种能动的能力和被动的能力,尽管为了促使精神注目于必然真理,感觉也是必不可少的。不论我们对普遍真理作过多少次观察,拥有多少经验,但如果不借助于理性去认识它的必然性,我们通过归纳是绝不能确知它的普遍性的。""通过归纳绝不能得出真正普遍的命题,因为我们始终不能确定是否已把一切个别事例都考察过了。""对于必然真理的原始证明只能来自于理性。""必然真理的可靠性原则就处于我们自身之中。""诚然,感觉能使我们更接近于这种真理,确证它的存在,可是感觉永远不能向我们证明它的万无差错的、始终不变的、毫无例外的确定性。""因此,可以说算术和几何学就其作用来说全部处于我们自身之中,为了发现它们的原理,只需要对那已处于我们自身的东西作仔细的考察和整理,而不需要任何通过经验或传统获得的知识。我们待在自己的房间里闭着眼睛就能探讨这些科学,而不需要事先借助于视觉或触觉来了解为此所必需的真理。诚然,如果我们什么也没有看见,什么也没有感觉到,那么这些观念就绝不会成为我们的对象,这一点同样也是真实的;因为,我们的本性有一种奇特的结构,这就是甚至对于我们的抽象思想,我们也总是需要某种感性的东西,尽管这种感性的东西只不过是像字母和音调那样的标记,而这些随意作出的标记和思想之间并没有任何必然的联系。但是,这并不是精神不能从自身中汲取必然真理这一点的根据。对于人们仅仅借助于自然的逻辑和算术而不依靠其他任何手段能够作出多么大的成就,经验甚至提供了这样的事例:瑞典有一个小孩不采用通常的计算方法,甚至不会念书写字,却能在头脑里立刻

148

完成最困难的计算。""洛克为了反对天赋的真理或原理,例如反对一种东西不可能同时既存在又不存在这一原理,提出这样的反驳:如果有这样的天赋原理,那么所有的人都必然知道它们,然而实际情况并非如此。""可是,即使天赋原理没有被人们所知晓,天赋原理却不会因此就不再是天赋的,因为只要人们一旦理解它们,就会承认它们。从实质上说,所有的人只要知道它们,一有机会就会运用它们,例如对矛盾律就是如此,尽管人们没有明确地把这一规律本身当作思维的对象。任何一个人,即使野蛮人在严肃的事情上对谎言者的自相矛盾的言行都会感到恼怒。""洛克的下述反驳也是站不住脚的:真理被铭印在心灵之中,而又不被心灵所意识,这种说法是自相矛盾的。""因为,甚至在我们需要知识的时候,也有无限众多的知识为我们所忘记而没有被意识到。既然获得的知识可能被埋没在我们的记忆之中,那为什么自然界不能把原始的知识埋藏在心灵之中呢?难道自我认识的实体天然地固有的一切在现实中一定会立即被认识吗?难道像心灵那样的实体也不可能和不应当拥有许多不能立即尽数被认识的特性和规定性吗?"洛克关于"凡是人们学会的东西都不是天赋的"命题,也是没有根据的。"关于数的真理存在于我们心中,尽管如此,我们能够认识它们,我们或者从它们的泉源中把它们引出,先天地通过证明而获得关于它们的知识(这是它们为我们所天赋的标志),或者像通常的数学家那样通过例证检验它们,这些数学家由于不知道这些原理的根据,只是通过传统或机械的方法来学会它们。""然而,最困难、最深奥的科学对我们来说应说是生而具有的,这难道不是不合理的和奇怪的吗?知识就其作用而言是我们所天赋的;可是对知识的确实认识则不是天赋的,正如没有天赋的思想一样;因为,思想是活动,而知识和真理只要存在于我们心中,即使我们没有想到它们,它们也以素养、禀赋或天然能力的形态存在于我们心中。""知识处于我们心中,犹如大理石纹理所构成的图像,在我们开琢大理石而发现它们之前,已经存在于大理石之中一样。如果说心灵像一张没有写过字的白纸,那么真理之存在于心灵之中,就像赫库勒斯大力士的图像存在于大理石中一样,而大理石对于其中有这个图像或其他图像,则是漠不关心的。可是,如果大理石中有一些纹理,它们构成的图像更像赫库勒斯大力士,那么这块大理石便更加注定要被刻成这个图像,而赫库勒斯大力士在某种意义上可以说是大理石所天赋的,尽管在开凿和琢磨这些纹理方面要花很多工夫。天赋真理和天赋观念的情况恰恰也是如此。"

诚然,正如洛克所断言,观念或概念发生在真理之前。"真理的性质取决于观念的性质。可是,必然真理的泉源却是理智的观念或理性的观念,并非来自感觉;尽管从根本上说心灵的一切活动都产生于心灵的深处,它们仅仅由感觉所引起,并非由感觉所提供。""洛克自己也承认,并非所有的观念都产生于感觉,还有某些观念来自反省。可是,反省不是别的,正是注目于存在于我们自身之中的事物。既然是这样,谁能否认有许多东西对我们精神来说是天赋的,因为我们对我们自身来说也可以说是天赋的?谁能否认存在、统一、实体、延续性、变化、活动、表象、快乐以及我们理智观念的其他千百个对象,都处于我们心中?这些对象恰恰是我们理性的直接的和常存的对象,尽管我们由于分心而没有察觉出它们;既然如此,我们为什么要对这些观念以及由此派生的一切观念对我们来说是天赋的这种说法感到奇怪呢?""如果理智的观念来自外界,那我们就应处于我们自身之外;因为我们是从我们的精神自身之中获得理性或反省的观念。我很想知道:譬如说,如果我们不是存在物自身,因而不是在我们自身之中发现存在物,那我们怎么能具有存在物的观念呢?""毋宁说,关于存在物的知识是包含或隐藏在关于我们自身的知识之中。""因此,对于事物本性的认识往往不外是对于我们的精神的本性和我们的天赋观念的认识;天赋观念并非发源于外界,它们对我们的心灵来说更是某种本质的东西;因为,譬如说,本质、可能性、同一性这样一些观念,是我们一切思维和推理的基础。""甚至物体也不是感性观念的本质原因;因为外界的感性事物不能直接作用于心灵;它们对于心灵来说仅仅是间接的对象;只有上帝是直接的、外在的对象。观念则是心灵和思想的直接的、内在的对象。""我们在我们自身中观察事物。"

总之,让我们再一次概括一下:心灵仿佛是一张白纸这样一种见解,是一种在现实中毫无根据的纯粹虚构。如果从心灵那里拿去观念,那么心灵还剩下什么呢? 如果说,把心灵说成是一张白纸这个比喻的意义,在于说明心灵起初只具有一种纯粹的可能性,那就可以反驳说,没有活动的能力,简言之,经院哲学家的那种纯粹的、空洞的能力,恰恰不外是一些虚构,大自然对它们是一无所知。世界上哪里能找到一种仅仅是纯粹的可能性而不表现为活动的能力呢? 始终存在着一种对活动的特殊禀赋和倾向,而且对一种活动的禀赋和倾向胜过于对另一种活动的禀赋和倾向;与此相伴出现的还经常有一些对活动的欲望,这些欲望极其大量地同时存在于任何一个主体之中,而且它们绝不是没有结果的。为了把心灵

## 第十九节 对莱布尼茨的灵物学的阐述

导向这种或那种思想,使心灵注目于处于其中的观念,那就需要经验;可是,经验和感觉怎么可能给心灵提供观念呢?难道心灵有窗户吗?还是说心灵像记事板或者像一块蜡吗?显而易见,那些这样看待心灵的人,实质上把心灵看作某种有形体的东西。有人会把学院哲学坚持的这样一个原理拿来和我对抗:心灵中所有的东西,没有一种不先存在于感觉之中。但是,必须把心灵本身及其属性排除在外。除了理性本身之外,理性中所有的东西,没有一种不先存在于感觉之中。

统觉、意识把一切单子所共有的简单的知觉或表象提升为知识,提升为概念,并借此把心灵提升为精神;同样,意识把一切单子所共有的欲望提升为意志行为,从而提升为自由。因此,自由的本质植基于认识,理性就是自由的原则。"意志(或真实的愿望、意志行为)是一种趋善避恶的欲望或倾向,因而我们的欲望是直接从善与恶的意识中产生出来的。因此,只能把那些与意识和反省有联系,从而依赖于对于善和恶的认识的活动,称为自愿的或意志的活动。""亚里士多德早已认为,活动要成为自由的,那它就不仅是自愿的、独立的,而且也应是经过深思熟虑的。""因此,自由的实体是通过它自身被规定的;可是,起推动作用的本原则是通过理性而形成的善的观念,诚然,在人们那里,这个观念通常是一个非常脆弱的、而且仿佛是喑哑的观念,因而人们往往宁愿趋恶而避善。""但是,理性没有强迫意志,它仅仅劝说意志。""清楚明晰的真理观念中直接包含有对于这一真理的肯定(确认和承认);这一观念强迫着理性,或者说,它对于理性来说是一种必然性。可是,不论人们对于善具有怎样的观念,按照认识行事这样一种欲望——这种欲望构成意志的本质——毕竟与这个观念是有区别的。由于满足这种欲望需要一定时间,因此这种欲望本身也可能消失,或者被一个油然而生的新想法所排挤。因此,我们的心灵具有这么多与被认识的真理相对抗的手段,从精神到心有这么大的距离。""因此,自由具有认识或理智,后者包含有关于所思考的对象的明确知识;自由具有我们借以确定我们自身的那种自发性或自主性,还具有一种偶然性,即对逻辑的或形而上学的必然性的排除,这种必然性在于由于某种原因不可能出现相反的情况。可是,理智仿佛是自由的灵魂,其余之物只不过好像是肉体或基质。"其实,许多不可能称之为自由的单子也具有自发性,"在千百种自然活动中也存在着偶然性;可是,如果在活动着的存在物中没有判断,那里也就没有自由,诚然,另一方面,如果我们具有一种不与任何活动意向相联系的判断或知识,那么我们的心灵便是一种没有意志的理性。""因此,我们的自由绝不是一种不确定性或无所偏重的平衡状态,好像人们可以同样地既倾向于这一方面,也可以倾向于对立的方面。像经院哲学家所想象的这种无所偏重的平衡状态是绝对不可能的。因为,如果我们感觉自己同样地倾向于 A、B 和 C,那我们也不可能同样地倾向于 A 和它的对立面——非 A。""只有当善的观念战胜与之对立的观念时,善的观念才不断地把意志推向活动。""如果说确定性产生于绝对不确定的模棱两可,那这就是说确定性产生于虚无。"

"借助理性来确定最美好的方向,这是自由的最高阶段。难道有人会由于蠢人比聪明人较少受到明智理由的约束,而愿意成为蠢人吗?如果自由就在于挣脱理性的约束,那么蠢人和疯子便是最自由的人了。可是,我也不相信有人会出于对这种自由的喜爱而愿意成为蠢人,也许只有那些已经是蠢人的人不在此列。诚然,今天有一些人认为公开诋毁理性、把理性看作一个令人厌烦的学究,是聪明绝顶的事。可是,诋毁理性就意味着诋毁真理,因为理性是真理的连接。"因此,自由的本质仅仅存在于无限的存在物之中,存在于上帝之中。"只有上帝才是完全自由的。"因为,在上帝那里,理性和意志没有分家。"上帝的意志始终遵循理性的判断。""如果以为既然上帝的意志依附于他的理性,因而上帝屈从于命运,那是愚蠢的。因为,这种仿佛甚至约束和决定着神性的命运,不是别的,正是上帝自己的本性,正是他自己的理性,这种理性为他的智慧和善良规定了法则;这是一种幸福的必然性,如果没有它,上帝就既不是智慧的,也不是善良的了。"可是,"至于我们这些有限的生灵,则常常把认识的判断跟模糊的感性表象混淆起来,这种感性表象引起激情,甚至引起一些不易觉察的、并非经常被我们意识到的意向。""在自觉自愿的活动中,心灵是自由的;在这种活动中,心灵具有清楚的观念,并表现出理性;可是,那些受肉体调节的模糊表象,却是从以前的模糊表象中产生出来的,心灵对于这些模糊表象并不需要有所期望和有所预见。""大概一切都依存于我们的心灵,可是,并非一切都依存于我们的意志。""有一些独立的活动是在毫无选择的情况下发生的,因而它们不是自愿的,或者说,它们不是意志的活动。""我们并非始终遵循实践理性的最终判断,而是根据意愿作出决定;可是,我们的意愿始终是一切意向的结果,意向或者来自理性的根据,或者来自在没有理性的明确判断的情况下产生的激情。""像在任何地方一样,人所做的一切都是确定的和预先决定的,人的心灵仿佛是一架精神的自动机,尽管一般说来偶然的活动、具体说来自由的活动并没有由于这个缘故而必然与绝对的必然性联系着。"因此,"生动的内在感觉根本不足以证明我们的自由活动具有独立性,像笛卡尔所希望的那样。我们甚至根本不能感觉出自己的独立性,我们并非始终都知道我们的决断所依据的那些往往不易觉察的原因。这种情况正好像磁针自以为它指向北方是一种乐趣,因为它认为它指向北方是不依赖于任何原因,它不知道磁性物质的那种不易觉察的运动"。"甚至当我们走出房间时,我们为什么先踏出右脚而不是先踏出左脚,这也是由尚未得知的原因决定的。"这些决定着我们和影响我们意识的不易觉察的、未被意识到的根据和原因,不外是一些模糊的、不易觉察的、无限细微的表象。

"因此,这些不易觉察的或感觉不出的表象在灵物学中的作用和效用,等同于微分子在物理学中的作用和效用;如果以它们没有出现于感觉之中这一点为借口加以否认,那是没有道理的。由于连续律的作用,自然界里不是直接地从大转化为小或从小转化为大,万物都是逐渐地和逐步地发生的;运动绝不是直接从静止中产生,运动也只能通过较小的运动而过渡到静止,正如我们不预先画一条较短的线,就绝不能画出一条较长的线。因此,可以觉察的表象也是逐步地从一些由于太小而不能被觉察的表象中产生出来。谁不是这样想,谁就很少了解自然界的那种不可计量地纤细、微小而又灵巧的特性,自然界无论何时何地都包含着真实的无限之物。""无论如何,有充分的证据可以说明,心灵中可以没有意识和反省,但在任何一个时刻都有无限数量的表象,也就是有那样一些变化,这些变化由于它们所造成的印象或者过于微小,或者过于众多,或者过于单调而没有被我们所觉察,它们本身单独看时没有什么区别,可是与其他变化联结起来时不会不发生作用,至少会以模糊的方式使人们感觉到它们的这种联结。例如,当我们在磨坊或瀑布附近停留一段时间,我们就会由于习以为常而不再注意磨坊或瀑布的运动;这并不是因为仿佛这些运动在这个时候不再作用于我们的感官,从而在心灵中不再发生与此相应的变化,而是因为这些印象不再在心灵和肉体中引起新奇之感,因而不再强烈到足以吸引我们的注意力和唤起我们的记忆,于是我们的注意力和我们的记忆便转到其他更加有趣的对象上去了。""其次,我们绝不会睡得那样熟,以致我们不具有某些哪怕是非常微弱和模糊的感觉。如果我们对世界上最大的声响在它起初发出细微的声音时没有一点感觉,那么这种声响就不能把我们惊醒,正如假使我们不预先用较小的力量把麻绳拉紧扯长(纵然由此拉长的细微部分是不能觉察出来的),那么世界上最强大的力量也不能把麻绳拉断。"

"因此,这些细小的表象所起的作用比我们所想象的大得多。例如,正是这些表象产生了感性的质的某些不可言状的东西,例如味道和感性质的形象,这些味道和形象联结起来时是明晰的,按其单独的部分而言则是模糊的;这些表象包含有周围物体在我们心中引起的印象,而这些印象中隐藏着无限之物;这些表象把每个个体和整个宇宙联结起来,把过去和将来跟现在联结起来;这些表象作为我们的显著的感性表象的一些不易觉察的成分,构成了感性的质的表象和物体中与其对应的运动之间的本质的、内在的联系。"

"这些细小的表象也仿佛构成我们的痛苦和欢乐的原始材料和原素,形成我们可以感觉到的强烈欲望由以产生的那些细小的刺激、动因和动机,并构成在我们生活中经常出现的焦虑不安的基础,这种焦虑不安与痛苦的区别只是程度不同而已。例如,当对胃的刺激和心灵中与此相关的表象——它们起初是非常细小微弱的以致不能被人感觉——变得明显和巨大时,便从对食物的单纯企求中形成痛苦的饥饿感。我们经常处于茫然无知和只有模糊表象的状态,这正是自然界的一种明智的安排;因为,有了清楚明晰的表象,我们便会受到我们所厌恶的许多事物的滋扰,而自然界为了达到自己的目的又不能抛弃这些事物。我们不知不觉地吞吃了多少昆虫啊;有多少人由于他们的嗅觉过于敏锐而受到滋扰啊;如果我们的眼睛更敏锐一些,我们就会看见多少可憎的事物啊!自然界通过这种绝招使我们获得对企求的隐秘刺激,也就是痛苦的起因或原素,或者,也可以说是半痛苦或——用一个不恰当的字眼来说,因为统觉与痛苦是连在一起的——细微的、觉察不出的痛苦,以便使我们在享受从恶中汲取的益处时,而又不致感觉出恶的弊端;因为,如果这些表象过于清楚,我们就会由于对善的期待而感到痛苦,就不会像现在这样感到快乐;当我们顺从于自己的需求,在某种程度上满足于这种快感或欲望时,连续不断地战胜这些微弱的痛苦,就会使我们获得大量的半快乐,而从这些半快乐的延续和积累中,就能形成完全的和真正的快乐,正如通过连续不断的冲击,下坠的重物就会获得新的速度。""然而,这些细小的、觉察不出的、经常伴随着我们的刺激,不外是一种模糊的状态,在这种状态下,我们自己往往不知道自己究竟缺少什么,而在明晰的状态下,当我们具有意向和欲望的时候,我们至少知道自己缺少什么。""甚至快乐中也含有不安情绪,因为快乐使人们朝气勃勃,轻快活泼,充满着希望以便继续前进的。""不安情绪甚至对于人的幸福来说也是重要的;因为幸福不在于完全的占有(完全的占有只能使人们变得冷漠和迟钝),而在于连续不停地向越来越大的善前进,在于持续不断的进步,而如果没有企求或经常的不安,这种进步便是不可想象的。""甚至我们的身体也从来不会感到完全舒适。因此,这些细小的、觉察不出的表象和冲动,不外是我们的本性企图借以使自己排除细小障碍的一些努力。其实,这也就是我们无论在激情状态或表面安宁的状态下刺激着我们、为我们所感觉而不理解的那种不安情绪。要知道,我们任何时候都不是处于运动之外,其原因仅仅在于我们的本性总是想移入更加舒适的状态。""正是由于这个缘故,我们永远不会处于无动于衷、无所好恶的状态,甚至当我们表面上似乎处于这种状态时也是如此。例如,我们在林荫道上散步时向右拐或向左拐,就是因为我们的本性觉得向这边拐比向那边拐更合适一些。"

"虽然心灵受到这许多觉察不出的表象、欲望和意向的制约,可是,只要心灵知道如何适当地运用自己的理性,人就依然能够自己支配自己。人的统治是理性的统治;为了对抗自己的情欲,人只需要在时间方面预先作些准备,因为心灵对自己意向的统治是一种间接的统治。即使心灵不能立刻改变自己的情欲,它仍然能够仿佛从远处有成效地对此发挥作用,形成新的情欲和习惯。"一般说来,如果我们追溯形而上学的终结原因,从经验的现象上升到事物的本质,上升到单子论的原则,那我们就"比自己所想象的更加自由；因为我们的原初的规定性不是得自外部"。"我们不像某些才智之士那样声称，我们仅仅在表面上、仅仅在生活所需要的程度上是自由的；我们宁愿认为，我们仅仅在表面上是受制约的，至于就其他一切存在物的影响而言，如果按形而上学的严密性来判断，我们却享有完全的独立性。这一点也就决定了我们的灵魂是不死的，我们的个性始终是同一的，在灵魂自己的本性之中就包含有它的活动的法则和规律，使它免受其他一切异己之物的影响，尽管相反的假设也可能具有许多虚假的论据。因为，每个精神都仿佛是一个独立的、自足的、不依赖于其他任何存在物的世界，它包含着无限之物，反映着宇宙，因而像宇宙自身那样稳定、那样持久、那样绝对。由于这个缘故，我们也应当承认，每个精神总是在宇宙中起着某种作用，而且这就是精神在尽力促使一切精神的集合体——这种集合体在天国中构成它的道德统一——日臻完善方面所能发挥的作用。的确，精神不仅是宇宙的镜子，而且也是神灵的镜子，仿佛是一个小神灵；精神甚至能够创造出——纵然是小规模地——与神灵相似之物。在梦幻的奇迹中，我们能毫不费力地，甚至是不知不觉地发明我们在清醒时必须苦思苦想才能得到的事物；即使不谈这些梦幻的奇迹，我们的精神在其自觉自愿的活动中也是一个富有创造才能的艺术家，当它发现了上帝依据以安排和整顿事物的那些学识（如重量、质量和数目）的时候，它就在自己的领域内模仿地做出上帝在宇宙的范围内所做出的事物。"

# 第二十节 对莱布尼茨哲学的
阐述和评论

莱布尼茨的哲学是唯心主义。它的基本思想是：心灵不是一种特殊的、有限的实体（在这种实体之外还存在着一个与之不同而且相对立的物质实体），而是一个统一的、独一无二的实体。心灵就是全部真理、本质和现实；因为，只有活动的存在才是现实的、真实的存在；而一切活动都是心灵的活动，活动概念不外就是心灵概念，反过来说也是如此。物质不外是对活动的抑遏和限制；单子是被限制的活动，因为单子是与物质联结在一起的。物质只不过是心灵的众多性的表现；它仅仅说明，不是只有一个唯一的心灵，不是只有一个实体，而是有无限数量的心灵；因为物质是有限的单子与无限的单子的区别，它作为这种区别而成为众多性的泉源。你的生活中的乐趣只不过来自你的痛苦，即来自你的本质、你的活动受到限制。单子只是在物质的这种昏暗背景上，像无数的星辰那样照耀着；如果把物质拿掉，单子也就消失，这只不过是无限实体的一种光芒。

如果仅仅把莱布尼茨的哲学称为唯心主义，而不对这唯心主义作进一步说明，那就依然没有对他的哲学提出任何独特见解。唯心主义是人们的一种原始的、甚至普遍的世界观。就其原意而言的经验主义,或者毋宁说唯物主义,虽然是一种不可避免的危机,但只不过是精神发展中的一个中间环节,只不过是一种次要的、特殊的现象。然而,甚至唯物主义也是一种唯心主义,尽管是一种与意志和认识相违背的唯心主义。诚然,唯物主义否认精神是一种积极的、原始的活动来加以否定;它甚至把另一种东西,把精神的对立物看作精神的本质,因为它仅仅从感性的物质事物中引出精神的内容;可是,在它看来,真实的现实之物不是感性的物质,不是作为感觉对象的物质,而是仅仅作为思维对象的物质;它否定精神,可是它同时又肯定精神活动、思维活动的真实性和实在性,因为它把思维的对象看作真实的对象。唯物主义者按其活动的观点从精神那里拿走的东西,又以客体的形态交回给精神。在他那里,可理解性成了实在的尺度;凡是不可理解的东西,在他看来就是虚无。在唯物主义者看来,自然而然地只有感性的、物质的、东西是可理解的东西,因为它认为只有这样的东西才是真实的。唯物主义者否认精神本身,可是他至少要肯定自己的精神,肯定思维、理性的特性。这种肯定是一种必然性。精神不能否定和抛弃它自身;唯物主义者可以随心所欲地反对和抗拒精神,但他总是一再证明自己是在说谎。如果他这样认为和这样宣称:只有感性之物是真实的,只有物质才是本质,如果,他讲这句话就并不只是发出一种感性的声音,而是说出一个真理、一种思想,说出一个具有意义和理智的命题,那他就由此间接承认,只有那种具有理智、具有精神意义的东西,才是真实的。严格说来,精神不外就是思考它自身,也就是说,精神也许可以思考它所愿意思考的一切,可它总是必须在对象中肯定自身,否则对象对它来说就根本不可能成为对象了；精神绝不可能是反对它自身，它不能违背自己的本质而行动。任何力量都是对它自身的肯定和确定。活动无非意味着对自身的肯定和确证。因此，活动着的东西，即肯定着自身的东西，不可能在肯定自身的同时又否定自身，这将是一个不合理的、荒谬的矛盾。因此，当精神活动着，即思考着的时候，精神不能把它自身思考为虚无，因为这意味着它在肯定自身的同时又否定了自身。无论精神设置什么，它总是设置自身；因为它把那种东西设置为真实的、实在的，而它之所以如此设置，只是由于它承认这种东西是真实的，从而在对象中证实了它自身。精神不能越出自身或超出自己范围之外，而这种不能越出自身的现象，并不表示精神受限制和不完善，毋宁说是表示精神的完善；精神不能越出它自身，因为它自己是一种无所不包的本质，因为一切存在着的东西都必然与精神相联系，都对精神具有意义，因为只有虚无才能是那种绝对没有精神的东西。因此，一切哲学，甚至人的各种观点，都是唯心主义；本质的区别仅仅在于：精神最初表现为什么？精神是在何种意义上——在受限制的或不受限制的、片面的或全面的意义上——被理解的？精神的哪些规定性被看作实在的尺度而构成直观的基础？一般说来，这一本质区别依据于精神所持的观点。

　　唯心主义的头一种观点是诗意的观点或人本学的观点。持有这种观点，人就不把自己和事物区别开，他到处看见的都是他自身，到处都看见生命，而且是他自己那样个人的、人的生命，他到处都看见感觉。感觉是最伟大的、最激昂的、最冷酷无情的唯心主义者；它根本否认另一个世界的存在；诚然，它不怀疑在它之外存在着树木、山岭、太阳和月亮（哪一个头脑健全的人会对此有所怀疑呢?),可是,在它看来,树木不是树木,物体不是物体,而是具有感觉的或者与它类似的、有生命的存在物。对它来说,自然界是一种在其中它只听见自己声音的回声。感觉由于自己的幸福过于丰富而溢出自身之外;它是那样一种爱,这种爱由于确信自己是绝对的实在,因而对任何事物都毫无保留,它委身于任何事物,它认为只有那种被它看作是有感觉的东西才是存在着的。感觉对它自己而言就是 ἕν χαὶ πᾶν [个别与全体][35]。在科学领域内,代表这种观点的是近代的头一批哲学家,是那些认为万物都有感觉的意大利人,还有刻卜勒,他把宇宙看成是动物,他谈到物体相互之间的友爱和仇视,甚至谈到物体相互之间的恐惧。唯心主义的第二种观点是主观—逻辑的观点,是批判和反省的观点。按照这种观点,人与事物是有区别的,这一区别就在于思维,这种思维就是人的本质,不仅是人的本质,而且是一般的本质,因而被看作是真理和实在的,已经不再是感觉,而是思维了。因此,按照这种观点,自然界仅仅被看作是精神的异在,恰恰由于这个缘故,自然界仅仅被看作是僵死的物质。按照这种观点,自然界虽然被说成是独立的存在(在过程终结时),可是就其本质而言只不过是某种消极的、没有本质的东西:因为只有那种具有自我意识的、把自己与自然界区别开来、并且恰恰把这种区别看作自己存在的确定性和无可置疑性,即本质性的精神,才被看作是真理与生命。通常只是把这第二种观点称为唯心主义,可是第一种观点也同样是唯心主义。因为,按照第二种观点,人否认外部世界,是由于他没有在其中找到他自己;而按照第一种观点,人否认外部世界,是由于他在其中仅仅找到他自己。第二种观点是分裂、斗争和纠纷的观点;因而它自身之中包含有对中介的需要和必要性。二元论是一种强制的状态。这种中介只有通过下述方法才能找到,这就是:精神在它自身之中作出区别,而且是使它与它自身区别开来;精神对内作出区别,而按照第二种观点,则只是对外作出区别;精神在它自身之中找到了一个阶梯,找到了一个与它自己的特殊概念有区别的原则,找到了一个就其自身而言是客观的,因而精神把它看作普遍的宾词、看作自己与世界之间的联系环节而据为己有的东西;这样一来,像在第一种观点中那样,精神又使自己与世界处于和谐的关系之中,并在世界之中找到了自身,不过,精神把自身之物和一般之物区别开来,并承认一种限制,即精神在那就其本身而言是客观的精神原则中找到了这种和谐关系的泉源。然而,这个原则不外就是表象,特别是那个模糊的、非精神的、无思想的表象,而这个原则所依据的观点,就是心理学唯心主义。感觉与主体是直接一致的,表象则绝不是如此①。感觉是主观性的主观活动,表象则是主观性的客观活动。在前一种场合下,我肯定我自身,我仅仅使自己与自己发生关系;而在后一种场合下,我却肯定了对象。诚然,没有感觉的表象是不存在的,即使感觉可能是如此冷漠无情,如此无动于衷,或者由于习以为常而如此迟钝,以致我们觉察不出我们所感觉到的东西;换

----

① 费尔巴哈在这里以及在下面对表象和感觉这两个词的使用,与现今的心理学对这两个词的使用相比,容易使人迷惑。在费尔巴哈那里,表象指的是在主体及其感官与客体(外部世界)相互作用下产生的那种意识内容,因而也就是感性知觉;感觉则指的是一种与感性知觉相联系的,生命或器官的感觉和感觉现象,例如愉快或不愉快,它们不涉及任何客体,而仅仅涉及主体的一定状态。在本书第166页的注释36中,费尔巴哈自己还与以往的经验心理学一道把主观的感觉(感受)和客观的或认识的感觉区别开来。——德文版编者

句话说,每一表象对我们来说同时也是感觉(尽管是迟钝的感觉);可是,感觉恰恰是表象的主观的部分和成分,是与我自身的联系(这种联系同时存在于与对象的一切联系中),是我具有这个表象这一点的标志。因此,人们对于某一事物可能具有相同的表象,可是却具有不同的、甚至相反的感觉。主体 A 在看见红色的平面时,对于红色具有与主体 B 相同的表象,可是主体 A 对它的感觉可能完全不同于主体 B 对它的感觉。表象是对象在其对自我的反省中对其自身的反省,而对象对于自我的反省就是感觉;表象是对象的表现,感觉则是得自对象的印象。在各种感官中,眼睛代表了表象,其余的感官则代表感觉。可是,眼睛是最客观的感官,尽管为了确信对象的实在性,我们特别要借助于触觉。特腾斯曾巧妙地把眼睛称为理性的感官。它是思维的感官,只有借助于它,人才能深入到自然之中,并消失于自然之中。只有借助于眼睛,才能看见世界,看见宇宙。对于其余那些有局限性的、主观的感官来说,无数的星辰和滴虫都不存在,或者仅仅是光学的幻觉;它们仅仅对于眼睛来说,诚然是仅仅对于经过装备的眼睛来说,才是存在着的。因此,当感觉被提升为普遍的本质时,便产生了主观唯心主义,而对表象来说则绝不会出现这样的情况。表象仿佛是精神的亚里士多德式的植物灵魂,感觉则是真正的动物灵魂。在表象自身中,灵魂处于一种没有偏颇性的状态,处于一种没有激情的、无动于衷的状态,它与其自身是统一的,与世界也是统一的。然而,感觉则与此截然相反;它因而突然爆发为痛苦与欢乐的呼叫。它直接产生于激昂的心灵自身,产生于心灵与世界的对立;感觉是自我的策源地,从而也是幸福和悲痛、欢乐和痛苦之间的尖锐对立的泉源。感觉是心灵的诗篇,表象是心灵的哲学。表象给予我们以世界,感觉则把我们的自我给予我们。表象是对我们的自我的否定,因为我在其中觉察到有别于我的他物;感觉则是对我们的自我的肯定,因为,严格说来,我在其中仅仅觉察到以某种变化了的形态呈现出来的自我。如果我仅仅表象着,而不是同时也感觉着,那我就完全不了解我是否存在着。我的存在、我的自我的确定性,仅仅包含在感觉之中。相反,表象是外部世界在我们心中的代表,是宇宙的镜子,是杂多在统一中的表现,是与对象的(观念)联系和关系[36]。

因此,无论从概念上或从历史上看,依据以把表象提升为普遍原则的观点,比依据以把感觉作为本质的规定性纳入客观性概念之中,从而取消客观性概念的观点,更晚一些、更高一些;因为,与自然界直接地、无差别地相统一的观点,是人的最初的和最主观的观点。格利森——他的观点相似于康帕内拉的那种自我反省的、批判地考察自身的观点——早已对此提出过证明,他把感觉看作某种变种,而把表象理解为一切实体的普遍属性。格利森认为:"康帕内拉直截了当地在更高程度上把表象赋予没有灵魂的物质,高到超过了我所能接受的程度。"①他说,要知道,表象是单纯的,而感觉是复合的,感觉仿佛是一种反复的、重复的表象,是双重的表象,是表象的表象。"在感官中产生的表象,通过神经运动传到大脑,并在那里再一次被表象,即被感觉"②。培根早已明确指出,我们必须严格地把表象和感觉区别开,毫不迟疑地从知觉的能力

---

① 《论实体的能量特性,或论自然的生命,等等》,第 13 章第 1 节。
② 同上书,第 15 章第 6 节。

中引出身体中的许多自然现象。当人把一个内在的、灵性的活动原则赋予自然界,而除了表象概念之外找不到任何相符的、更加明晰的词来表达这一点时,人就不是从其自身出发,而是从对自然界的直观和观察出发。因为,表象是我们的主观性的一种本身就是客观的因素,这种因素与我们主观的感觉、意志和自我意识是有区别的;诚然,在自然界里找不到呈现于我们心中那样的表象,因为,在我们心中,表象是跟意识和感觉联系着的。

于是格利森和康帕内拉通过心理学、通过对动物生活现象和所谓本能的观察,得出知觉的思想;培根通过物理学,通过对那样一些现象——在那里一个物体不通过直接的接触,至少不通过可见的和可感知的中介物,而作用于另一物体——的观察,例如对磁的观察,而得出知觉的思想;莱布尼茨则通过光学和反射学得出知觉的思想,它们至少给他提供了与此相关的形象和感性基质。

单子是宇宙的一面镜子。因此,在莱布尼茨那里,必须把能动的表象和被动的表象区别开来。能动的表象仅仅为就本意而言的心灵所固有,被动的表象则为单纯的隐德来希和力所固有,这样的隐德来希和力不是为了自身而表象宇宙,而是使观察万物的眼睛能够在它们之中认识宇宙,犹如在有经验的人看来,动物的个别骨骼通过它与机体的全面的、无限的联系,而表现出动物机体的其他各个部分的形态和结构。"每个单子不仅反映它自己的身体,而且反映整个宇宙,这就好像每个物体通过自己的运动表现着宇宙一样。这并不是说在这两者之间仿佛存在着确实的类似之处,而只是说这类似于我们在绘图时可以通过抛物线或直线而画出圆形来;要知道,内行的人根据任何一个局部就能认识整体,例如仅仅根据狮爪就能认识狮子一样。"①当然,不应把对宇宙的这种反映和表现——在莱布尼茨看来,每个单子、每个现实的存在物都是这样的反映和表现——理解为这样:仿佛莱布尼茨认为,在任何一个事物中都以一种感性上可以认识的形态包含着其他事物,以致通过无限的化学分析就能在每一事物中发现同一种材料,而应理解为:任何一个单子与其他一切单子的区别恰恰在于这些单子表现着其他一切单子;因为这一区别表现出某物与另一个与它有别的事物的关系,这种关系仅仅对于精神的眼睛来说是可以认识的,对于感性的眼睛来说则是不可认识的。

当然,在那些单纯的唯物主义者看来,任何心理原则在运用于自然界时都始终是主观唯心主义的原则,表象概念也是如此,即使我们是从最普遍、最客观的意义上使用这一概念;这些唯物主义者认为,这是人把这一原则从自身中移向自然界,因为人仅仅按照自己的尺度来解释和说明一切。但是,如果人把 ψυχή[心灵]和自己的、人的个性、主观性区别开,难道心灵仍然是某种主观的东西吗?难道自然界在动物界的领域内没有向我们展现出心灵的无限地千差万别的种类和变体,没有把心灵本身表现为某种与我们不同的、客观的原则吗?如果生命和表象是同一的,难道不应当像存在着形形色色的心灵那样而存在着同样众多的形形色色的表象吗?譬如说,即使动物还没有特定的、特殊的器官来感知光,难道动物就不能按它自己的方式去感知光吗?即使我们否认植物具有感觉,难道植物没有表现出许多令人惊异的与动物类似的现象吗?难道

---

① 《给施塔尔的回信》,第 2 封(《全集》第 2 卷第 2 编第 154 页)。

植物没有表现出某些与动物的欲望相对应的现象吗？举例来说，植物在漆黑的地窖里发出芽来，长到一码多长，直到它伸向它所渴望的远处的阳光；又如当我们把谷种的所谓嘴部或根部朝上倒埋时，谷种依然按照它自己的规定性，朝下面弯曲过去，与它的根相反，幼芽现在则向上生长。不过，何必要从有机界中举出个别的事例呢？机体有一种令人惊奇的合目的性，由于这种合目的性，自然界本身就能预防某些可能发生的偶然事件，例如，植物的花冠就能保护它的娇嫩的受精器官，使它免受外界的影响；眼睑及其睫毛能防止异物的侵入；静脉的阀门能防止血液倒流入动脉。这种合目的性显然要求自然界有一种内在的感知能力，有一种知觉的活动作为前提，诚然这种活动与我们的知觉活动是不同的。可是，难道在无机界和有机界之间存在着绝对的区别或对立吗？一般说来在生命中以及在自然界中的区别，不论这些区别具有怎样真实的存在，难道没有在它们的极大差别中出现某些相似之处，尽管我们往往很难发现它们的结合点？在植物和动物之间难道没有任何过渡形态吗？那种像测量员那样塑造晶体的自然界，与那种形成胚胎的自然界，从本质上说难道不是一样的吗？甚至在有机物的生命中，自然界难道不也是从头开始、从无机物开始，从卵的液体中产生出胎儿的肢体结构吗？难道有机物的最低形态没有与它生存于其中的无机界融合为一个几乎无法辨别的整体吗？甚至一种有机物对于另一种有机物来说，例如一种植物对于另一种植物或昆虫来说，一种昆虫对于另一种它赖以为生或者甚至生存于其中的昆虫来说，难道前者不是后者的无机界、世界、因素吗？既然一个有机物对于另一个有机物来说成为后者活动的目标，成为它存在的基础，成为它的生命的材料，那反过来说，为什么那个被我们看作是无机的物质就其自身而言不能是有机的，不能在其自身中包含自己的机体，不能构成基质，或者，像莱布尼茨所说的，构成机体的集合体呢？这种机体与本来意义的，即我们看得见的机体的区别，仅仅在于后一种机体是袒露出来的、轮廓分明的，它是明晰感知的对象，而前一种机体是不能感知的、相互界限模糊不清的。即使在人造物中，例如在粘书的糨糊中，在米醋中，难道我们就绝对不能发现动物的生命吗？难道微生物没有表明，甚至一个最细微的、我们的肉眼看不见的，或者仅仅作为模糊的或同质的物质表现出来的质点，也是一个世界，那里有无数的、各种各样的个体在乱挤乱爬，沿着蜿蜒曲折的道路，在生命的自由之树周围转来转去？难道这些情况没有促使我们想起莱布尼茨的下述见解："万物中都充满着动物或类似的生物；每个质体中都包含有无数的单子；到处都有机体，尽管并不是每个质体都构成有一个机体。"[37] 难道自然界的物质没有分解为无数个单子的水银珠吗？难道生命不就是灵魂的表现，而灵魂不就是生命的本质和根基吗？我们上升得越高，难道物质、肉体不也就愈加只不过表示一个存在物与另一个存在物的关系，表示它对另一个存在物而言的存在？而它的表现、灵魂也只不过是它的自在的存在，它对自身的关系；存在就不再是感觉的对象，而仅仅是思维的对象了[38]。

所以说，莱布尼茨的哲学是一种聪明绝顶、感情充沛和思想丰富的唯心主义。你所感觉到、听到和看到的一切，都是灵魂的表现、幻影；你在万物中都能觉察到本质、灵魂、精神、无限性。你的感觉只不过是一些模糊的思想；物质只不过是一种现象；你的肉体不过是像自然界中引力或重力那样的东西，而引力或重力又只不过表示物体相互之间的相互联系、一种 liaison universelle［普遍联系］。你的肉体不是某种绝对之物，不是某种自在之物；它只不过是你的灵魂和别人的灵魂之间的联系，后面这些灵魂与你处于特别密切的关系之中，它们像为你服役的精灵那样翱翔于你的中央单子的神性的周围；它们不同于那些与你距离较远、你只能间接地通过它们来感知的灵魂。你的肉体只不过表示你不是某种独一无二的东西；它只不过是一个惊叹号，不过是你由于感到自己是一个与其他存在物相联系的存在物而交替流出的快乐之泪或痛苦之泪。诚然，你的肉体就像梅非斯托菲勒①那样，他把你从你的那间孤独寂寞的斗室中拉出来，把你引入世界，跟你纠缠不清。可是他是以你自己的名义向你这样呼喊：

　　　　最丑恶的社会使你意识到，
　　　　你是一个与别人有联系的人；

你的肉体只不过是你的灵魂中的某种 nolens volens［不由自主的东西］，一种幻影，一种来自你内部的声音；可是，由于它所固有的力量，它在你看来仿佛是其他存在物的声音。它使你产生一种无法推却的和不可抵抗的感觉：你不仅是一个有权利的存在物，而且也是一个负有义务的、受约束的存在物。

　　总之，莱布尼茨哲学的观念不是精神关于它自身的有限观念，而是精神关于它自身的无限观念；莱布尼茨哲学的真实性和实在性就在于精神本身的真实性和实在性。可是，无论在任何地方或

---

① 美非斯托菲勒是歌德的《浮士德》中的一个魔鬼。——译者

者任何时候,真实性、永恒本质仅仅为观念所固有,它不属于观念的个别表现,也不属于关于观念的思想,也不属于哲学家用以规定观念的那种方式,也不属于哲学家用以使观念得以实现的那些物质和材料。观念的表现始终同时是提出观念的那个时代的表现,因而包藏于在一定时代处于优势地位的范畴之中。例如,莱布尼茨的时代就是二元论和机械论的时代,因为这两者是不可分的,自然领域内的二元论就是纯粹的唯物主义,在它看来,在肉体和心灵之间除了机械的联系,没有其他任何联系。这种二元论一方面表现为精神与物质的直接对立,这种对立在笛卡尔哲学中已表现出来,并由此渗透到某些广泛流传的观点之中;另一方面,而且是主要的方面,它表现为精神与其自身的内在对立,表现为信仰和理性的对立,这种对立诚然在中世纪一度已经表现出来,可是它在近代初期随着科学的复兴才开创一个新时代。但是,在哲学领域内(因为我们在这里撇开这种对立在艺术、生活和文学领域内的表现),信仰和理性之间的二元论绝不是表现为直接反对教会及其信仰的斗争上,毋宁说,它表现在下述这一点上:精神虽然也承认教会,让教会作为一种权威不受侵犯地存在,可是包含在精神的基本对象和内容之中的,并不是这种承认的原则,而恰恰是某种相反的东西。精神把教会从自己身体内部驱逐出去,把它赶出自己的意识,但是它不去干涉教会,以便给自己腾出地盘,按照自己的根本志趣从事工作,不受任何干扰。彭波那齐看出信仰的学说与理性的学说或亚里士多德的学说相矛盾,因为,在他看来,也如在中世纪那样,理性的历史的、传统的表现就是理性本身。然而,尽管如此,他仍然宣称:从理性的观点被看作虚假的东西,从信仰的观点看来却是确定无疑地真实的。扎巴列拉和克列莫尼尼也意识到亚里士多德哲学和基督教教义之间的分歧。瓦尼尼在他的《永恒天命的剧场》中驳斥哲学家,并以极其虔诚的语言表达他对唯一使人得到幸福的教会的忠顺;可是,在他的全部本质中,甚至在他的这些虔诚誓言中,也可以看出这只不过是誓言而已,甚至是一些逢迎阿谀之词,它们在他的精神中没有任何基础。笛卡尔在他的著作中表达了他对天主教教会的恭顺和敬畏;他甚至到罗累托向圣母朝圣,在多瑙河畔的纽堡又恳求圣母在哲学方面给予他以支援,使他摆脱怀疑的困境。但是,笛卡尔作为哲学家来说绝不是一个天主教徒。诚然,上帝的观念充塞于他的哲学之中,也如充塞于任何真正的哲学之中一样,因为上帝观念是与精神的意识相一致的;可是,上帝观念恰恰是精神的公共财富,它没有被教会独占专有;毋宁说,教会的概念和本质包含在另外一些特殊的学说和法规之中,这一点从历史上说已在下述事实中得到证实:那些具有精神的,即与上帝概念相一致的观念的神学家,在哲学上是颇有修养的。如果我们从本质、从精神出发加以深入探讨,那就不能在笛卡尔哲学中找到一丝半点的天主教教义。他的道德学说是斯多噶主义,他的精神哲学建立在精神对外界而言具有绝对的自主性和独立性之上,他的自然哲学是纯粹的唯物主义;他甚至把目的论排除于物理学之外,而且是在十分空洞的借口之下,莱布尼茨曾为此指责过他。笛卡尔之所以成为天主教徒,不论是由于胆怯畏缩,或者是由于他对冲突怀有一种贵族的恐惧感,或者是由于他认为必须承认业已形成的现状,或者是出于真实的信念或虔诚的心情,这都无关紧要。他的天主教教义没有任何客观的意义;对于他的本质和精神来说,它不具有任何意义；它仅仅反映出他的个人特征，它是他的一桩私事，一个偶然事件，一个历史事实，一个特殊的标记，一个珍贵的纪念，或者诸如此类等等，简言之，它只具有一种与精神、科学不关痛痒的意义。

一般说来，活动是实体的本质；特殊活动是特殊实体的本质。你的活动是你的真理、你的存在、你的精神和本质。你的真正的存在只不过是你对别人而言的存在，只不过是那样一种财富，它既是你自己的财富，同时也是公共的财富。谁要是把他的活动与他的本质分开，谁就是一个精神上的罪犯。科学认识就是笛卡尔的活动。诚然，笛卡尔由于把信仰的对象从思维领域中抽出来，从而在自己周围造成一种神圣的假象；要知道，巴斯噶的信条——"一切属于信仰的对象的事物，都不可能成为理性的对象，尤其不可能隶属于理性"——也是笛卡尔的观点。可是，这种抽出恰恰证明：精神模糊地感觉到或意识到：它的思维是与它的信仰相矛盾的。[39] 培根效仿"把属于国王的东西给予国王"这样一句谚语，提出"把属于信仰的东西给予信仰"。可是，应当把什么东西给予国王呢？这就是那些在实质上与你自身、与你的幸福、你的心灵毫不相干的东西。可是把那些属于上帝的东西给予上帝，也就是把你的珠宝、你的财富、你的灵魂给予上帝。培根和笛卡尔把什么东西给予信仰呢？不论他们把多少东西给予信仰，他们至少没有献出他们的精神、他们的本质、他们的实体兴趣，没有献出他们在历史上赖以成为杰出人物的那种东西。

近代有许多哲学家承认信仰，可是他们好像是一个在内心里已与自己的妻子破裂的丈夫承认他妻子的合法身份那样；这不是对爱情与结合的承认,而只不过是对问题悬而未决的承认;因此,这种承认仅仅是由于精神已与信仰分离,精神已对信仰漠不关心,它没有把信仰作为目的,它不是从自己的本质兴趣出发,不是从思维、认识的兴趣出发去接受信仰。因此,必然会出现这样的情况:信仰和理性的这种内在的分离和分裂,最后将表现为直接的矛盾;大家知道,在思想敏锐和学识渊博的比埃尔·培尔身上就发生过这种情况。可是,培尔认为,人类理智的软弱性表现在:它只能否认信仰,与信仰相抗衡,使信仰陷入困境,因此,当它宣称教义自身的本质就在于与理性相矛盾时,它就温顺地屈从于信仰了①。所以,人自身分裂为二:他借助信仰来肯定——更正确一点说,他自以为能够肯定——他借助理性恰恰应否定的东西! 这是一种分裂和矛盾;无论在过去和现在,只要宗教立足于外在的、奇迹般的、与人格格不入的天启之上,只要宗教没有被看作人自己的、真正的本质,没有被看成为某种与理性本身相一致的东西,那么这种分裂和矛盾便是不可避免的,英国和法国的自由思想者公开对抗信仰便是如此。莱布尼茨说过:的确,当代有一位很有身份的人这样说过:在信仰方面若要看得清楚一些,就应双目失明;德尔图良在某个地方也说过:因为它是不可能的,所以它是真实的,因为它是荒谬的,所以应当相信它②。因此,只要信仰成为一种居于支配地位的约束力量,思维的精神在实质上就始终只能是一种形式的活动,经院哲学时代和基督正教时代的情况充分证明了这一点。那时候

---

① 《历史批判辞典》,II. 关于无神论者的解释,第 630 页;Manichéens 这个条目(D),第 306 页,第 5 版,1740 年。

② 《人类理智新论》第 463 页。

## 第二十节 对莱布尼茨哲学的阐述和评论

没有一种对本源的研究,没有一种自由的、原则性的、追溯本源的和追根问底的活动。因此,只有到了近代,在数学和物理学的宁静领域内,思维的精神才是真正富有成果的,在这些领域里,精神毫不涉及信仰的对象。在这里,精神无论在实质或形式方面都是自由的;在这里,它能够不受任何约束地从事研究;在这里,它成为一种与自身相一致的,从而真正卓有成效的精神。因此,科学的昌盛,创造性精神的诞生,是与信仰的衰落联系着的。德国古典文学诞生于旧信仰死亡之日。只要人不是高度自由的、自在的和独立的,人在艺术和科学方面也就不能达到最高峰。天降之福是没有的。恰恰只有那些在诗歌中寻找宗教的诗人,才是宗教的诗人,只有那些在哲学中寻找宗教的哲学家,才是宗教的哲学家。

莱布尼茨的卓越天才没有碰上好运气,他不是生活在精神处于协调状态的时代里。在他那个时代,精神是分裂的,陷于信仰与理性的二元论之中。培尔是他的同时代人。因此,思维的精神在基督教正统思想的统治下所具有的那种性格,也在他的身上打下了烙印。莱布尼茨哲学的根本缺点在于,它不是一个与自身完全一致的、绝对坚定的、独立的、同质的整体。神学总是与他作对,扰乱他的卓越思想,给他设置种种障碍,使他不能穷根追源地探讨那些最深奥的问题。正当他应当继续探讨哲理的时候,他却突然停顿下来;当他应当提出形而上学定义、找出形而上学思想词汇时,他却渗入一些神学观念;而在他以神学观念为依据的场合下,他又仅仅借助于增添一些形而上学定义来对神学观念进行补充、限制和校正,或者企图借助于一些没有对其意义作过规定和解释的简单形象,来排除他想从神学观念中排除掉的东西。譬如说,他把从虚无中创造出事物的能力移植到单子身上,可是他又把单子称为神的单子的流露和放射;在另一些地方,他又说这不是单子本身,而是单子之中的积极因素;例如,他说:自然界的完美是神性的流露(参看《关于激情一书的一些意见》,译自英文)。他又说:"精神不是神性的一个部分,而是神性的形象",仿佛这样一来就提出了一种积极的区别。然而,倒不如说,头一个定义虽然是对思想的一种笨拙的、不灵巧的表述,但这至少是一种公正的、中肯的表述,而第二个定义却是纯粹的遁词,它恰恰回避它应说明的东西,用一个迷惑人的、毫无内容的形象取代思想。又如,物质是一种仅仅植基于有限单子之中的现象;可是,他又把上帝称为物质的创造者:仿佛上帝直接是物质的创造者,仿佛可以把被动原则的概念与绝对活动的概念连接到一起。要知道,无限单子至多只不过间接地是物质的创造者,仅仅在无限单子是有限单子的原则这个范围内才是物质的创造者(如果在这里可以一般地使用这个术语的话),才可以把一定的思想与它连接到一起。莱布尼茨有一次说上帝不依赖于物质,因为他是纯粹的活动,另一次,他又说这是因为上帝是物质的创造者。头一个定义可以说是个积极的思想,第二个定义却是一个空洞的、不明确的观念。对于派生单子和原初单子的关系,或者个别单子和纯粹单子观念的关系,莱布尼茨不是从哲学的角度加以理解和规定的。不论莱布尼茨怎样力图使自己避开这个绝对的、处于世界之外的、处于事物本性之外的随意性概念,这个概念依然继续在他背后捣鬼。凡是这个概念依然具有权威的地方,那里就不可能有深刻的、彻底的和真正的哲学;因为,按照这个概念，万物毫无差别地都是可能的；然而，如果是这样，荒谬和理性之间的区别就被勾销了，思维的原则从而也被取消了。这种没有差别的、绝对的可能性不是别的，恰恰就是上帝无所不能和恣意专横这样一种观念；而这一观念又不外是人自己的那种客观化了的和作为第一原则独立出来的空想和幻想。因为，正是幻想把那种与主词相矛盾的宾词跟主词连接到一起；对于幻想来说，没有任何事情是不可能的；对于幻想来说，任何真理、任何自然、任何理性的根据、任何特定的本质，都是没有意义的，都是不存在的。在那些把想象力提升为绝对权力、提升为神的人们看来，如果有人像莱布尼茨那样认为，上帝不能够从任何单子那里拿走原初物质，这个宾词是本质地、必然地与这个主词连接在一起的，那么这种看法便是对神灵的亵渎；因为这意味着给无所不能的神灵设置了界限。但是，如果自然界和理性是一种界限，那么，上帝只能是上帝而不能同时也是魔鬼这一点，对上帝来说也是一个界限；如果上帝也能成为魔鬼，那这便是上帝的无所不能的最大胜利了[40]。因为，与恶是善的宾词这样的矛盾相比，全知全能为了挫败理性而提出来的所有其他奇迹和一切矛盾，例如物质在思考着，又算得了什么呢？只要这个界限没有克服，只要从理性的观点看来全知全能的不可能性没有克服，理性就始终掌握着主动权和占据优势地位。

在莱布尼茨那个时代，魔鬼的、非理性的全知全能观念或独断专横观念，仍然具有一种众所公认的威力[41]。甚至洛克也提出下面这个空洞无聊的问题：是否上帝通过自己的全知全能而具有把感觉和思考力给予物质的能力呢？是否上帝确实认为全知全能者能够把那仅仅属于精神的宾词跟物质事物连接到一起这样一种看法没有任何矛盾呢①？在那个时代,人在精神上是如此分崩离析,以致他撕裂最亲切的、最紧密的、牢不可分的同一性,破坏宾词和主词的统一,以致他认为仿佛在主词和宾词之间有一种否定理性的、阴暗的、魔鬼般的全能力量;在这样一个时代里,怎么可能期望有一种真正的哲学哩!怎么可能期望对无限之物和有限之物的联系、对心灵和肉体的联系有一种深刻的见解哩!因此,斯宾诺莎具有一种真正世界历史的意义,相对于这种意义来说,他的全部缺点以及对他的体系的一切细微末节的批评都不值一提。这种意义在于:他用内在的观点、事物本性的观点,取代了那种非理性的、处于世界之外,即处于本质之外的意志力的观念,而这种观念曾被看作是真正的、唯一正确的观点;他把思维赖以成为可能的那种东西,把思维所固有的对象,即思维的原则,看作哲学的原则。因此,他把对象中一切仅仅表示与我们的关系的东西,如美与丑,甚至目的论都排除掉。这是必要的、有益的、合理的;因为,在那个时代,目的概念具有多么主观的、随意的、外在于事物的性质啊!斯宾诺莎才真正是近代哲学的创始人。因为,笛卡尔仍然没有忠实于他自身;他在自己的哲学中求助于一个不属于哲学的、非哲学的,甚至反哲学的原则,求助于 asylum ignorantiae［无知的避难所］,求助于上帝的 bon-plaisir［善良意志］,也就是求助于绝对的主观随意性②。斯宾诺莎是近代理性的拯救者。因此,一切见识卓越的思想家——我们撇开那些就本来意义而言的哲学家不论——如莱

---

① 洛克:《人类理智论》第4卷第3章第6节。
② 关于这一点,还可参看莱布尼茨的《神正论》第185—186节。

## 第二十节 对莱布尼茨哲学的阐述和评论

辛、利希滕贝尔格和歌德,都对他十分了解。他重新提出一个在基督教时代被人遗忘的范畴,即对象与其自身的关系,尽管是以粗糙的、令人望而生畏的形态提出来的;然而,这个范畴是一切真正的艺术和哲学的原理。在他那个时代看来,斯宾诺莎是一个可怕的怪物;因为当时人们还不了解这个范畴。支配那个时代的观念是神人同形论。只有当从对象与其自身的关系方面去观察对象这样一种观点甚至在艺术和科学中重新变成为人们的自然的观点时,斯宾诺莎才被人们所理解,才受到人们的敬重,才被人所占为己有。① 斯宾诺莎的实体像一个呆滞的、一动也不动的蛹,后来的哲学和诗歌这只自由飞翔、五彩缤纷的蝴蝶还潜伏在它里面,没有发育成熟。诚然,莱布尼茨也像一个熟练的击剑师那样向主观随意性这个魔鬼作过斗争。例如,他这样地反驳洛克:派生的力或能,façons d'être, qu'il faut dériver des substances〔应从实体中导出的存在方式〕,就是实体的方式,因此,上帝不能把思维,即心灵的存在方式给予物质;上帝的随意性始终必须顺从于自然界,如果以为上帝赋予事物以一些与它们的本性格格不入、从而一般说来与理性相矛盾的属性,那就意味着求助于神秘的力,求助于像仙女和戏神那样随着魔杖的指挥而出现的精灵和灶神。可是,我们与

---

① 这里引证某些著名诗人的几行诗句以资证明:

诗的道德目的

"诗人应当纠正我们,改造我们!"
难道这样一来刑棍就永远不会鞭打你的脊背?

目的论者

造物主刚刚创造了黄檗树就慈悲地发明了软木塞,
那他理应受到怎样的尊敬呢?

之斗争的那种东西，在精神方面始终是我们的对象，从而始终对我们的精神施加一种至少是消极的、间接的力量。莱布尼茨只不过对随意性这个魔鬼作些限制，而没有把它完全撵走。莱布尼茨哲学的种种缺陷主要就是由此产生的；由此也产生了他的哲学的解释者特别在涉及他的 harmonie préétablie〔先定谐和〕时提出那些不可靠的论据；由此也产生了那个可怜的 Pré〔先定〕，产生了先定谐和在实体相互联系问题上所带有的随意性和表面性的形迹；由此也产生了在有限单子和无限单子的关系方面的不确定性。可是，莱布尼茨在那样一个时代里，在当时居于统治地位的这种观念的支配下，仍然能够表现出如此深刻、如此开朗的思想，这一点我们不能不表示敬佩。我们承认莱布尼茨的历史使命就在于他能够以一种特殊的方式，把斯宾诺莎的范畴提供给他那个时代以及其后的时代，并把这个范畴与当时占据支配地位的观念结合到一起。在这个方面，莱布尼茨在哲学上的地位类似于吉霍·德·勃腊格，后者所处的那个时代的精神与哥白尼的世界观有着尖锐的矛盾，但他通过提出某种处于哥白尼体系和托勒密体系之间的观念，而使托勒密体系遭到破坏。

在莱布尼茨那个时代，精神在自身之内和与它自身都处于对立状态，它不仅与信仰相对立，而且与在它之外的自然界相对立。当时是精神和物质的二元论的时代，从而也是机械论和唯物论的时代。一切事物都是从机械这个范畴的角度加以理解的[42]。莱布尼茨的哲学是唯心主义，然而是以机械论的形态表现出来的唯心主义。他用机械过程的形态来理解心灵的内在生命。他从外在方面去理解内在的东西本身。心灵也像肉体那样是一架自动机；区别仅仅在于心灵是精神的(《神正论》第 66 节)。模糊表象的顺序相同于它们所表现的运动规律的顺序。最终的意志活动和决断产生于在先发生的意志活动,正如机械中的复合运动产生于运动着的物体的各种各样汇合在一起的运动和意向(《神正论》第 22 节)。心灵是自由的,一切都来自心灵自身,心灵是它的全部规定性的根基;可是,表象总是产生于在先出现的表象,如此类推下去,无穷无尽,因此实体的力与活动只不过意味着每个实体都孕育着它以后的各种状态①。这个无限的系列最后结束于 Pré,结束于先定,而这种先定则植基于那样一种存在物之上,这种存在物不是被理解为某种与心灵、单子的概念相一致的东西(单子仍然是原初的基本概念),因此,在这种情况下,它与单子保持外在的关系。尽管莱布尼茨起初把心灵理解为统一和实在,理解为肉体的本质形态,理解为人赖以成为现在这个样子的隐德来希,可是,当他进行阐述和作出更加确切的规定时,他仍然陷入心灵和肉体的机械的分裂之中,仍然把心灵和肉体设想为两个分离的、独立的存在物,它们之间的区别仅仅在于一个是复合的存在物,另一个是单纯的存在物。因此,毫不奇怪,在莱布尼茨那里,心灵的统一性和单纯性起初就其自身而言(就观念而言)所依据的那个唯心主义原则,即 moi[自我],在莱布尼茨—伏尔夫学派那里完全消失不见了,心灵 al pari[等同于]肉体,也被规定为一种外在的对象,区别仅仅在于它被理解为某种单纯的东西。因此,尽管莱布尼茨在他想通过神秘的模糊表象把精神或心灵的混乱的、模糊的、非随意的、被动的方面,简

---

① 1714 年 3 月 22 日写给布克的第 5 封信(《莱布尼茨全集》第 6 卷第 214 页)。

言之,把精神或心灵的异己的、否定的方面纳入心灵之中这一点上是深刻的,尽管他企图在心灵自己的深处找到媒介物,找到心灵统一的原则或者心灵与肉体相联系的原则,可是,在他那里,心灵和肉体最后仍然像两条平行线那样存在着。心灵表象着肉体中发生的一切。两者的内容是相同的;在这种情况下,心灵不外是"现象的再现",在他写给德·博斯的信中,他甚至把心灵称为"外在之物的回声"(那些见识浅薄、神经过敏和幸灾乐祸的批评家可能从这一段话中作出各种各样可恶的结论,然而,幸运的是,这些结论不能加诸莱布尼茨哲学,因为思维的心灵具有它所固有的内容,它是它自身的对象)。可是,肉体和心灵仅仅像两部电报机那样相互对应着;它们是两种东西,是相互分离的;因此,它们按照各自的规律活动着,"肉体按照物理学和数学的规律,心灵则按照逻辑—伦理学的规律"。莱布尼茨的最深刻的思想犹如闪电和火花;当它们刚刚扩展开来,当它们刚刚通过阐述而成为别人的对象时,它们便消失在他那个时代的观念形态之中;心灵这个观念也是如此[43]。诚然,莱布尼茨通过取消物质影响这个概念而使心灵观念受到保护,因为,只有当心灵本身在实质上被想象为物理的存在物时,才会发生物质的影响。当然,如果肉体和心灵被设想为两个特别的存在物,那么,下面这种见解就有它的正确之处:这两个存在物的相互作用必须适应它们双方各自不同的本性,以致在一个存在物中通过另一个存在物的作用而发生的事情,必然总是同时在后者中有它自己的基础,任何异己的东西都不能被纳入这个存在物之中。可是,如果肉体仿佛是在不存在心灵的情况下活动着,仿佛唯物主义学说是有根据的,那么,心灵就失掉起初赋予它的那种意义了。心灵变成一个多余的原则，差不多类似于阿那克萨哥拉的νοῦς［智能］；心灵仅仅是一个普遍的原因；现象的特殊方面仅仅是从力学原因中引导出来的。因此，莱布尼茨指责莫尔、齐默尔曼等人，因为他们企图从精神原则中引出像内聚性那样的现象。莱布尼茨的下述见解也是正确的：每一个特定的物质现象都有它自己的特定的物质基础；因此，如果我们想知道自然界的某种现象，我们必须首先找出它的特殊的物质原因。由于这样地把机械论和唯心论联系到一起（按照这种联系，"一切都是同时以形而上学和力学的方式发生的"），莱布尼茨可以为自己的体系感到自豪，因为它把德谟克利特的体系和柏拉图的体系、亚里士多德的体系和现代哲学的体系这些根本对立的体系联结到一起了。可是，机械论仅仅在原则上与唯心论联结在一起，仅仅在原则上导源于心灵和依赖于心灵，而从具体表现来说，机械论则表现为一种与心灵平行地、独立地活动着的力量[44]。

从刚才阐述的莱布尼茨哲学的原则中可以看出，当莱布尼茨把肉体和心灵说成是两个独立的实体时，甚至当他谈到肉体仿佛是在没有任何心灵的情况下活动时，这些言论仅仅具有表面的意义。因为，只有心灵才是活动与实在的原则；心灵不仅是原则，心灵还是活动与实在本身；肉体仅仅是单子的集合体，关于心灵和肉体的联系问题被归结为单子或实体的相互联系问题。遗憾的是，莱布尼茨也是从机械论的观点来理解这种联系的，把它理解为简单的组合；这首先是因为：不论莱布尼茨如何激烈地与原子概念进行斗争，不论他怎样把单子和原子区别开，原子概念仍然像幽灵那样徘徊在单子之中。单子是"真正的原子"；诚然，单子不是坚硬的原子,它没有广延,简言之,它没有形体,它是"精神的原子",然而,它毕竟是原子。因此,心灵这个内在统一的原则原来只不过是分裂的原则。单子作为富于情感的、有表象能力的原子虽然与其他单子保持着内在的联系(因为,没有这种联系,它就没有内容,从实质上说,它就是反映这种联系的镜子),可是,原子这个幽灵仍然徘徊于这个单子与另一个单子之间,阻碍单子之间建立实在的联系。单子之间仍然相互分离,避免任何直接的接触,以求互不干扰,互不损害;因此,单子相互之间不能直接知道对方自身是什么样子;它们彼此没有直接见过面,也不了解对方的心;它们仅仅把对方作为现象加以感知。单子之中已经出现了康德的自在存在和为他存在之间的分裂,物质的面纱把它们相互遮隔起来。诚然,单子之间的这种机械的分裂植基于一种深刻的唯心主义思想之中,这一思想就在于:从实质上说,事物和存在物的被动状态只不过是活动状态;事物表面上是被动的,其实不是被动的;凡不是从可能性和潜力而言已经处于事物自身之中的东西,都不能从外面进入事物之中;一切规定都不过是扩展;对任何事物都不能加以强制,因为事物之所以发生某种情况,只是因为这种情况的基础已经包含在事物之中,只是因为这种情况是可能发生的;因此,外在的变化只不过是内在的潜能和质的表现①。可是,即使是从精神的意义上理

---

① 在马克·奥理略皇帝的那许多卓越思想中,有一段话在这点上与单子论是一致的。因此把这一段话援引如下:"人不会遭遇到任何不是命中注定的事情,正如动物、植物、石头那里不会发生任何不属于它本性的事情。既然任何存在物只会遭遇到它为之而生存和它的本性所决定的事情,那你有什么要抱怨呢?你要相信,无所不能的自然界不会让你遭遇无法忍受的事情。"(《沉思集》,第 7 册第 47 节,第 5 册第 17 节)

解原子的易脆性和坚硬性,为什么在把关于外界的影响和作用——它们把存在物的实体变成柔软的面团——的粗糙观念排除掉时,必须跳到另一极端而求助于原子的不能弯曲的坚硬性和易脆性呢?弹性是实体的本质①。诚然,知觉产生于物质的作用;诚然,一个实体接受其他实体的作用,并被后者所决定;可是,这一实体自己又恢复过来,而它的自主性和独立性恰恰立足于这种恢复之上。诚然,一个实体有求于其他实体,实体由于相互需求而存在着依赖性,饥饿和口渴就是把我们相互联结起来的纽带;可是,实体在对需求的满足中又把自己的自由和独立性重新恢复过来。因此,实体或单子并非仅仅处于统治和隶属的相互关系之中,它们还被一种更加强烈的、更加紧密的、与心灵概念相一致的关系联系着;需求、血缘、爱好、愿望、爱情就是这样的关系。自然界不仅使它们分歧、区别,而且也使之联系。自然界并非只有个体化;个体只不过是存在,种属才是本质。相对于种属、本质的同一性来说,个体的原子分离性和个体之间的区别就失去了意义,从而单个的个体本身也失去意义。自然界大量地、无限众多地产生着个体,种属愈低,自然界产生的个体愈多[45]。可是,由于这种众多性,存在物便失去它的特殊价值、它的意义以及它的缘由,而变成一种没有差别的存在。这种无差别性恰恰是个体生命的痛苦,是它的不幸的根源,是它的需求;但活动的内在动力恰恰也植基于此。排除我

---

① 诚然,在莱布尼茨看来,弹性是物体的本质特性(《写给别尔努利的信》第74和75封),可是,弹性对它来说只是一种特殊的,而不是普遍的力和特性,只是一种物理的,而不是形而上学的、实体的力和特性。

们的个体存在的这种无差别性，就是我们生活的目的，是我们活动的意向，是我们的美德的源泉，也是我们的错误和缺点的根源。人希望成为，而且应当成为某种有显著特征的东西。人希望表现出而且应当表现出特质的价值和本质的意义，而这种价值和意义仅仅在于它的差别，这差别就是它的种属，就是它的"观念"。人作为单纯的个体就会失去自己，犹如一颗在种属上没有差别的小珠消失于没有差别的众多性的长河之中。人如果失去那种决定着他的个人存在的兴趣，人如果开始意识到他那光秃秃的个性的无差别性，人也就失去了存在和非存在之间的区别；生活对他来说就变成一种使人恶心的东西；他就会以自杀来结束自己的生命，也就是说，他毁掉自己的虚无。那些相互不再有所区别或者不再值得加以区别的个体，在自然界和人类生活中构成为物质，精神从更高的观点着眼认为物质本身是僵死的，它只有作为精神活动的工具才被精神看作是有生命的。正是由于这个缘故，从唯心主义中清除掉那些原子论的、感性的成分（在莱布尼茨的哲学中，唯心主义就掺杂有这种成分），并从更高的、更严格的意义上加以理解，这是一种内在的必然性；心灵应当放弃它那种没有节制的宽容态度和生活乐趣，应当用纯粹理性的批判反省自己，应当割断与精子以及诸如此类的东西的不良联系，应当对生活提出更高的道德要求，——总而言之，要使莱布尼茨单子论的乐天的、充满生气的多神教，转变为"先验唯心主义"的森严的，因而也是更偏于精神方面的、激烈的一神教，这是一种内在的必然性。

# 第二十一节　对莱布尼茨的
# 灵物学的批判(1847年)

在第十八节中这样写道："天赋观念和非天赋观念的问题,绝不是人类学的问题。这里谈的是精神的本质。莱布尼茨就是从这个意义上理解这个问题的。"从莱布尼茨哲学的意义上说,以及一般地从唯心主义先验哲学的意义上说,这是完全正确的。如果精神被看作是与人不同的、独立的、自在地存在着的存在物,那就根本谈不上观念、概念、思想的起源和形成问题,正如谈不上精神本身的形成问题一样。精神、心灵、实体、本质——而且是一张没有写过字的白纸!——当然都是一派胡言。存在物如果没有它的本质的规定性和本质的表现,那它是什么东西呢?活动是实体的本质,被动是创造物的本质,思维是精神的本质(《人类理智新论》第3卷第6章)。然而,思维的存在物的本质规定性和固有的活动如果不是思维、概念、观念,那又是什么呢?因此,如果我承认精神、心灵是观念的泉源,那我所提出的不是综合的命题,而是分析的、同一的命题;我加诸主词的那个宾词原来已经包含在主词概念之中,这一点自然是不言而喻的。可是,如果精神被看作是与人分离的、独立的存在物,那么由此必然可以断定,这种精神就是上帝;因为上帝不外是与人割断任何联系的精神,这种精神不仅是不同于人,而且摆脱了人的一切局限性,也就是说,它是没有形体和没有感性的精神。单子、个别的精神或存在物,与上帝、普遍的精神(即精神的人格化的类概念)、活动、actus puras［纯粹的活动］之间的区别,仅仅在于前者是有形体的精神,后者是没有形体的精神。在刚才所援引的《人类理智新论》的那段话里,莱布尼茨对洛克关于在上帝和精神之间,除了无限性这个宾词属于上帝之外,没有其他任何区别的论断,作了如下的补充:"在我看来,还有另一个区别,即一切被创造出来的精神都是有形体的";因为,归根到底,有限性只能植基于形体性、感性、物质性之中,而无限性只能植基于无形体性、非感性、非物质性之中。因此,观念的先天源泉与事物的先天源泉是同一的。只有在事物本身产生于精神,而且事物的观念就是事物本身被创造出来的根据这样的情况下,观念才先天地产生于精神。"观念自古以来就存在于上帝之中,在我们实际地思考观念之前,观念已存在于我们心中。"(《人类理智新论》第3卷第4章)"我们概念的原素,原始的、没有分解过的概念,就是上帝的属性,就是事物的始因和基原。"(De cognit. verit. et deis.［《论对真理的认识与上帝》］)"由于上帝是可能性的泉源,从而也是观念的泉源,因此马勒伯朗士神父应当受到赞扬,因为他把观念和概念区别开来,认为观念是我们只有通过自己的认识才能参与的神的完美,从而赋予观念以更加崇高的意义。"(《1715年写给蒙莫尔的信》)可见,天赋的、先天的观念仅仅具有神学的意义和起源,而不具有人类学的意义和起源。

历史和人类学十分清楚地向我们表明,无论从文字上或者从实际上来说,观念最初都发源于ἰδεῖν,即发源于视觉;人的头一个启示只能来自上方,来自苍天,但不是来自神学的苍天,而是来自自然的、感性的苍天;感性的光,特别是眼睛可以看见的光是人的智慧的泉源,是清楚明白的表象的泉源①;因此,不仅在我们的大学里,而且在人类生活中,哲学系、逻辑和形而上学系是最后的一个系。当然,从数学和哲学的观点看来,人已经如此无限地远离人的概念和表象的泉源,以致他只有通过把自己的数学抽象和哲学抽象加诸原始人,并认为这些抽象是人的头一批感知的原则和条件,只有这样才能理解人的概念和表象的泉源。莱布尼茨在《人类理智新论》第 2 卷第 4 章里写道:"坚硬性或牢固性概念不依赖于感觉,我们借助于纯粹理性可以洞察它的可能性,尽管感觉也使我们确信坚硬性或牢固性确实存在于自然界之中";换句话说,这个概念是先天的,也就是说,这个概念可以通过纯粹的推断从物体的本质或概念中获得,并不需要越出我们自身之外而求助于经验。我们在这里获得一个清楚明白的事例,它说明莱布尼茨怎样从他的哲学观点出发去理解和解决观念的起源问题;因为,人之所以产

---

① 有趣的是,莱布尼茨和伏尔夫在他们的 *Psychologia empirica* [《经验心理学》]第 76 节中关于视觉曾这样写道:我们在眼睛中仿佛具有一切感觉、感知或感触的镜面或模型,从而具有一切表象的模型(因为感觉也是一种表象或知觉),甚至具有一切概念的模型(因为概念也是表象);因此,我们从眼睛中可以看到一切感觉、表象和概念的本质;清楚的表象和昏暗的表象、明晰的表象和模糊的表象之间的区别,首先证明了这一点。因为,从欧几里得的光学原理中可以看出,人们老早就把清楚的视觉和昏暗的视觉、明晰的视觉和模糊的视觉区别开来。而且,我们在这里还看到一个例子,它说明人们如何到处把神当成属,把特定的本质当成绝对的本质,把现实的杂多性归结为抽象的统一性。可是,把唯心主义的眼睛看作一切感知或感觉的模型,这是完全错误的。正是由于莱布尼茨的单子只有眼睛,至多还有耳朵,但没有手和脚,没有胃,没有牙齿,没有胆汁,没有生殖器官,因此它只不过是幻影,就像雅·波墨的天使和原始人那样。

生牢固性或坚硬性——在这里,这两者的区别是无所谓的——的观念,显然首先归因于感觉,特别是触觉,洛克早已指出这一点,继他之后兰贝特也指出这一点,甚至莱布尼茨自己从前也这样讲过。当然啦,在人看来是后天的东西,在哲学家看来就是先天的;因为,人既然收集了经验材料,并把它们总结在一般概念中,他就自然能够提出"先天综合判断"。因此,在较早时期是经验的事,在较晚时期便成为理性的事了。例如,在笛卡尔看来,坚硬性或牢固性是某种仅仅依存于感觉、经验的东西,因为他把广延看作物体的本质;而在莱布尼茨看来,坚硬性或牢固性则是某种通过纯粹理性可以认识的东西,因为他认为笛卡尔的物体概念具有局限性,而且与现实的、感性的物体,即经验①相矛盾,他把物体概念加以扩大,以致从物体概念中得出牢固性,并把牢固性看作物体的一个极其重要的宾词。例如电和磁性以前只不过是经验的东西,就是说,它们是偶然的、在个别物体中观察到的特性。而现在,由于多次的观察,它们成了一切物体的特性,成了一切物体的本质的特性。真理也是如此:在莱布尼茨那个时代,真理只不过是 vérités de fait[事实的真理],随意的或偶然的真理,正是由于这个缘故,这些真理甚至使他成为奇迹信仰的辩护士;而对我们来说,真理早已成为 vérités de raison[理性的真理],因此,在我们看来,要取消物理规律是不可思议的,正如在莱布尼茨看来,要取消逻辑的同一律同样不可思议。因此,只有从人类历史的观点出发,才能对观念起源的

------

① 莱布尼茨说:"为了形成物体概念,我们还应当给广延概念增加点什么呢? 如果不是感觉向我们证明的那种东西,那又是别的什么呢?"(《论真正的方法》,埃德曼出版,第26条)

第二十一节　对莱布尼茨的灵物学的批判(1847年)　209

问题作出肯定的回答。

不过,无论在其他问题或者在这个问题上,莱布尼茨都表述得极不肯定,含糊不清。特别是与那个不恰当的或至少是被误解的白板形象相对立,他是从下述意义上理解天赋观念的,即:天赋观念仅仅一般地表现观念或表象的本性,因而观念当然不可能来自外界,否则它们就不是表象,而是物质的事物了。"难道心灵有窗户吗?它像一块白板吗?它像一块蜡吗?"不!心灵不是蜡块,不是白板,不是安装有窗户的房间,对象的表象并非丝毫不差地就是全部对象。要创造表象就必须加进某种和对象不同的东西,这种不同的东西是论证表象的本质的,如果我想从对象中引出它来,那就是真正的愚蠢。然而,这个不同的东西究竟是什么呢?是普遍性的形式;因为,正如莱布尼茨所指出的,甚至连一个单个的观念或表象都本来就是某种一般的东西(至少和现实的单个对象相比较时是如此),也就是说,在这种情况下是某种没有规定的、消除、消灭差别的东西。感性是庞杂的、非批判的、丰硕的;而观念、表象则限于一般的和必然的东西。莱布尼茨说:"我们不能认识个别之物,也不能找到借以精确地确定任何事物的个性的手段;因为一切个别的事物都可能再次出现。最细微的区别是觉察不出来的,空间和时间是完全不能自己确定的,必须通过它们所包含的事物加以确定。"因此,"一切名词,甚至专有名词,原来都是种属的名称"(《人类理智新论》第3卷第3章)。可是,表象的这种性质特别表现在普遍的表象或概念之中;因此,《人类理智新论》的基本思想,和《纯粹理性批判》的基本思想一样,就是:普遍性以及和它不可分割的必然性表达理性所固有的本性,或表达具有表象能力的本质

193

所固有的本性,因此,它们的泉源不可能是感觉器官或经验,也就是说,它们不可能来自外界,因为,"绝不可能通过归纳法而获得真正普遍的命题,我们永远不能确信是否把一切个别情况都作过检验",笛卡尔的追随者早已十分明确地表述过这样的见解。例如,克劳贝格在他的《捍卫笛卡尔主义》(阿姆斯特丹,1652年,第422页)中说过:"如果你想根据这个或那个整体大于部分这样的感知来证明一切整体都大于部分,那么这个结论并不具有普遍的证明力量,因为你没有看过和摸过世界上所有的整体或所有的部分,因此,感觉不能使你确信世界上无论在任何地方都不会出现相反的情况,无论在任何地方都不会出现整体小于部分或整体等于部分的情况。你会问我:那么这个公理从哪里获得它的可靠性呢?我回答说:这得自于理智,理智知道他所生而具有的关于整体和部分的观念或概念;因为,既然整体不外是由若干部分组合而成的那种东西,部分不外是总合起来构成整体的那种东西,那就显而易见,整体必然大于部分。"

毫无疑问,这个公理之所以确实可靠,并不是由于归纳,而是由于理智,因为理智的目的和使命根本不是别的,而是概括感觉材料,以便使我们摆脱讨厌的重复之劳,以便预示、代替、保存感性经验和感性直观。但是,难道理智是不以感觉为基础而完全独立地进行这种活动吗?难道我所感觉到的这个或那个个别事件在抽象中也是个别的吗?难道它不是具有质的规定性的事件吗?难道在这种质里面没有可以感觉得到的、个别事件的同一性吗?难道印象的同一性或同样性不就是感觉本身之所以对同一事件无限地反复重现感到厌倦的充分根据吗?难道归纳的那种持续的、单调的

### 第二十一节　对莱布尼茨的灵物学的批判(1847年)　211

旋律不是甚至使眼睛和耳朵也感到厌倦和疲惫吗？难道感官只让我看见树叶而不看见树木吗？只看见树木而不见森林吗？只见石块而不见岩石吗？只见岩石而不见石山吗？难道视觉是"盲目的"，感觉是迟钝的和痴呆的吗？难道我的胃没有告诉我一整块面包比其中一小块面包大吗？难道我的胃仅仅告诉我这种或那种食品是如此，而没有告诉我其他任何东西也是如此吗？当我吃一个酸苹果的时候，难道为了体验它是酸的，我就必须一口一口地把整个苹果吃完吗？还是说，当我咬了头一口然后把它吐出之时，我的上腭就已经对这个苹果的品质作出断然的判断了吗？难道没有同一性、相同性和差别的感觉吗？难道我的感觉器官不能区别黑和白、昼和夜、木和铁吗？难道"黑不是白"这个命题仅仅对我的理智而言才是真理，对于我的感觉而言就不是真理吗？我必须把黑色看作黑色；难道我可以把黑色的平面看作是白色的吗？难道感性知觉不是存在物的必然肯定吗？因此，难道高级的思维规律、同一律不同时就是感性的规律吗？难道这个思维规律归根到底不依靠感性直观的真理性吗？难道不是只有当理性与感觉相分裂，而听凭思辨的随意性或神学的幻觉任意摆布时，这条规律才会被抛弃吗？

"借助感觉仅仅把握个体，把握单一之物；借助理智、理性才能理解种属，理解普遍之物。"可是，什么是普遍性呢？让我们听听莱布尼茨是怎样讲的。在他写给德·博斯的第5封信中这样写道："普遍性是众多之物的单一性，或者是众多之物的相似性。"同样地，在《人类理智新论》第3篇第3章第11节中也这样说："普遍性就是单一事物之间的相似，而这种相似就是实在。"但是，难道这种相似不是感性的真理吗？难道被理性列入一门、一类的生物不是也以相同的、同样的方式刺激我的感觉器官吗？难道不管我的手摸到的是猴还是人，是鳄鱼还是鸟，对于我的手来说都没有任何差别的吗？难道人与人的同一性以及人与动物的区别仅仅是理性的事情，而不也是感性的事情，甚至也不是被人虚伪地称之为普遍感性的事情？难道对我的性感觉来说（性感觉也具有重要的理论意义，虽然通常在关于感觉器官的学说中不注意它），女子和雌性动物之间没有任何区别吗？在这里，理性和感觉或感觉能力之间的差别究竟是什么呢？感性知觉提供对象，理性则为对象提供名称。凡是存在于理性中的，没有不是先已存在于感性知觉中的，但是，实际上存在于感性知觉中的东西，只是在名义上、名称上存在于理性之中。理性是最高的存在物，是世界的统治者，但这只是在名称上，而不是在实际上。那么名称是什么呢？名称是用来区别的符号，是某种十分明显的标志，我把它当做对象的特征和代表，以便从对象的整体性来设想对象。我们之所以如此需要文字或其他起同样作用的符号，是因为它们在我们的精神中所占的地位，可以说相同于对象在外界所占的地位。没有事物的质集合于其中的那些对象，事物的质就不能存在于我们之外；同样地，没有事物的观念以同样方式集合于其中的那些符号，事物的观念就不能存在于我们的精神之中（孔狄亚克:《试论人类知识的起源》第4篇第1章第7节）。例如，哞哞声是母牛的特征（参看瓦赫特尔：*Glors. germ.*"母牛"这个条目）。感官感知哞哞声，可是这叫声立刻又从感官那里消失；感觉仅仅存在于此时此刻，也就是只存在于转瞬之间。理性却聪明一些，它用符号把感性印象标志下来，给它一个名称。因此,一旦我听到哞哞声,我就不由自主地想到这个名称,并且知道①发出哞哞声的是母牛。感觉也能使我相信哞哞声是母牛发出的,要想做到这一点,我除了耳朵之外,还需要眼睛和两腿。只要有一个名称,我就可以不考虑这一切情况,就没有这些需要,没有这种依赖性,不用耗费时间与精力了。感觉是与空间和时间联系在一起的:我只是此时此地听见狗叫;可是,名称却是永恒的和无处不在的。因此,感觉在此时此地、其后又在彼时彼地等等告诉我的事情,理性用一个单词就一劳永逸地告诉我了。

感觉正和理性一样告诉我:整体大于部分。但是,它不是用词,而是用实例告诉我这一点的,例如,手指比手小,一洛特②比一磅轻,这不是指形式而言,而是指实质而言。在感觉中,整体始终是某一主体、存在物、对象的宾词,例如,整只手,整整一磅。相反,理性却把这个宾词变成某种独立的东西,变成主词。不过,这是一个没有内容的、空洞的主词,正是由于这个缘故,它是一个普遍适用的主词。这个主词如果不是名称,不是词,那它又是什么呢?因此,相信整体大于部分,这的确不是依赖于感性经验的。那么究竟

---

① 起初,人类的认识只不过在于把对象归结为名称;现在,大多数人和大多数学者的学识和判断也仍然在于把对象归结为名称,他们为了完成一项任务,除了念念和听听诸如无神论、感性、物质这样一些词之外,再也不需要干什么了。占星术的兴起应归因于人们给天上的星辰取了若干名称;现在,虽然占星术的名称已经不再决定人类的命运,可是另一些名称又支配着世界。只要人抛弃感觉的观点,只要人忘记只有感觉才给他提供事物、存在物、现实对象,他就要被空洞的词所统治。因此,近代哲学家说得很对:他们要研究的不是词,像在经院哲学家那里那样,而是对象或事物(res);因为,近代哲学家至少在物理学的范围内重新恢复了被基督教唯心主义排挤的感觉的权利。

② 洛特,俄罗斯的重量单位,等于12.8克。——译者

依赖什么呢？依赖整体这个词。在整体大于部分这一命题中,除了整体这个词本身所表明的之外,什么也没有讲,正如数学家巴罗早已指出的那样,它的可靠性是一种先天的可靠性,也就是说,这种可靠性已经包含在那个词之中,或者与词一道被提出,正如只要我知道"英尺"这个词意味着一个由十二个英寸组成的整体,那我就能先天地知道英尺大于英寸①。笛卡尔和他的信徒为了证明理性和想象或感性表象能力之间的区别,曾经采用千角形这个例子。例如,阿诺德在他的《逻辑学》第一篇第一章中说过,如果我打算思考一个千角形,我就能像理解由三条边组成的图形那样清楚明白地理解这个由一千条边组成的图形,因为我能够表示出它的全部特征;可是,我不能想象这个图形的一千条边,因为我在自己的想象中构造的关于这个图形的形象,只是一个具有很多条边和很多个角的图形,但绝不是一个千角形。这一点完全正确;可是,理性的优越之处是什么呢？这就在于理性用"千"这个名称取代了这种不能感性地想象的量或值,也就是用数取代了图形;因为,数是量的特征。巴罗说过:"数无非是量的名称或感性形象。"(《数学讲义》第 3 册)重复说一遍:精神或理性与感性表象或直观之间的区别是什么呢？这就是词与事实或事例之间的区别,也就是名称和事物、符号和形象、数和图形之间的区别。凡是存在于理性之中的

---

① 因此,所有这一切普遍的公理、命题、概念本身具有与单纯的词同样大小的价值;它们对于精神的价值,类似于金钱在生活中所具有的价值;金钱虽然变成自在的目的,但这与它的使命是完全矛盾的。因此,每当我们谈到"整体大于部分"或"A 就是 A"这样的命题时,我们便不由自主地想到这些命题应用于其上的某个特定的感性对象,以便证明这些命题本身不过是虚无。

### 第二十一节　对莱布尼茨的灵物学的批判(1847年)

东西,没有不存在于感觉之中①,但它在理性中的表现不同于它在感觉中的表现。在千角形这个概念或名称中,一千条边消失了,被取消了,被否定了。我不能感性地想象一千条边,而只能思考它。理性不是某种感性的东西;可是,对感性的这种否定不是主旨,不是目的,不是本质,而仅仅是用以把握对象的手段;一千条边被概念所取代,概念是一千条边的表象。

相反地,莱布尼茨作为一个唯心主义者或唯灵论者,把手段变为目的,把对感性的否定变为精神的本质。和笛卡尔一样,他也把精神、心灵、力看作概念的事例或证明,认为概念不依赖于感觉和想象,因而表现出对感性的纯粹否定;因为,只有复合的东西才是感性的,而心灵、精神、单子却是某种单纯的、非物质的东西,因而是纯粹理性的对象。然而,即使在莱布尼茨那里,难道心灵不是复合之物的表象吗?难道感觉本身不是由一定数量的表象复合而成的吗②?所以说,难道我们没有在唯心主义内部发现唯物主义的特征吗?难道心灵自身中没有包含无限地多种多样的变体吗?难道这种与心灵的单纯性相矛盾的杂多性不是心灵对物质的明显剽

---

① 尽管伏尔夫作为莱布尼茨学说的信徒曾借助于先定和谐从心灵中引出万物,可是他在《理性心理学》第429节中也说过,普遍的概念不包含我们或者借助于外在的概念,或者借助于内在的感觉或自我意识,而没有在我们自身中感觉到的那种东西。可是,普遍概念是理性所固有的。因此,如果从上述这种意义上来理解凡是存在于理性中的东西没有不先存在于感觉之中这个命题,那我们就能理解这个命题的真理性了。

② "不论心灵如何单纯,它始终是由许多知觉在同一时刻组合而成的感觉,它为我们的目的服务,就好像它是像机器那样由许多零件所组成。"(《写给巴纳日的信》)兰贝特在他的 *Dianoiologie* [《辩证学》]第174节中提出普遍概念具有广延,并把它想象为线。这种广延仅仅具有"形而上学的意义"。是否这些复合之物也是如此呢?如果我们要求理性在单纯之物中思考复合之物,难道这不意味着折磨理性吗?

窃吗?如果没有感性,难道我们能够想象众多、杂多和差异吗?"心灵就本源来说是有区别的。"可是,如果不同时把那个发源于感性直观的关于现实的人的观念与人的心灵联系起来,我们是否能够思考——譬如说——与动物的心灵或植物的心灵相区别的人的心灵呢?因此,既然人们甚至在抽掉感觉的情况下也仍然必须间接地承认感性的真理性,可是有人竟想否认感性的本质,这种想法是何等愚蠢!

最后,还有一点需要指出。在莱布尼茨看来,表象是心灵、精神的本质。由此必然得出这样一个结论:肉体不外是表象的客体,或者如唯心主义者所说的那样,不外是表象的对象;因此,心灵和肉体之间的联系,就不外是表象与其对象之间的联系。甚至在斯宾诺莎那里,肉体也不外是构成精神或心灵的本质的那种观念或表象的客体,它与其他客体的区别仅仅在于,它是观念或心灵的直接客体。这是那样一种观点,人通过它使自己从肉体中解脱出来,把自己的肉体置于外界的感性客体之列,从而找到一种借以把自己的肉体看作是自己的,使自己的肉体不要与别人的肉体相混淆的特殊标准。在伏尔夫的下面这段话中,我们可以看到这种观点的典型表达:"我们通常把那些被我们想象为处于我们之外的东西……称为物体。在这些物体当中,我们把一种物体看作自己的肉体,因为我们对其他物体的想法,总是以这种物体为标准,因此,当其他物体发生变化时,这种物体始终呈现在我们面前。"(《关于上帝、世界和心灵的合乎理性的思想》第 217—218 节)这个观点对于批判和认识灵物学、唯心主义以及整个哲学来说,都是最重要的观点之一。可是,人如何才能达到这个观点呢?通过把肉体看作外部感觉的对象。伏尔夫说:"我们能够看见和感觉到我们自己的肉体,也能够听见它的声音。"因此,我们把它归入感性客体之列,把它与我们自己区别开,犹如它是外界里另一个与我们不同的对象。不过,在这里,我们没有注意到我们只有通过我们的肉体本身才能感知自己的肉体,它不仅是被观察到和被感觉到的东西,而且也是观察者和感觉者,因此,它不仅是观察和感觉的对象,而且是观察和感觉的原因,用唯心主义的语言来说,它不仅是客体,而且是主体-客体,正是由于肉体是它自己的对象,因此它是一种有生命的、与我们同一的肉体。

在灵物学中,我们恰恰也如在神学中那样论证。我们把世界或自然界的本质(像它对我们来说存在着的那样,像它对我们呈现出来的那样),从而把世界或自然界的想象的本质,变成它的自在的本质;另外,由此我们必然反过来又把世界的那种与这个想象的本质不同的本质,变成与世界本身不同的存在物,变成另一种本身也是主观的、与人类似的存在物,我们把这种存在物称为上帝。同样地,我们也把肉体(像它仅仅作为我们的感觉和我们的意识的对象那样)、把那个通常的、公开的、表面的肉体,变成自在的肉体,变成肉体的完整的、绝对的本质;从而我们必然把肉体的对立方面变成一种与肉体的本质不同的本质,并把这种本质称为精神、心灵。莱布尼茨赞同笛卡尔的下述见解:心灵或精神比肉体更加确实,更为人所熟悉。伏尔夫在他的《经验心理学》中,也如笛卡尔在他的《沉思》第2篇中那样,表述了同样的观点。他是从意识出发的。我们意识到我们自身和我们之外的事物,也就是说,我们把自己和它们区别开,同时把它们相互区别开。自己意识到自己的东西,是存在着的,它叫作灵魂。因此,我们确信,我们的灵魂先于我们的肉体而存在。毫无疑问,意识是第一性的;但是,意识仅仅对我来说是第一性的,而不是就其本身来说是第一性的。对我的意识来说,我之所以存在,就是因为我意识到自己;但是从肉体的角度来说,我之所以意识到自己,就是因为我存在。它们之中到底哪一个正确呢?是肉体、自然界还是意识、自我呢?当然是自我;因为我能承认自己不正确吗?然而,我真的能把意识和自己的肉体分开并独自思维吗?难道我在每一个活动中、在每一个时刻没有意识到我是有形体的存在物吗?我意识到我感觉着,我思维着;可是,难道我是作为没有形体的存在物感觉着和思维着吗?因此,我的意识和我的肉体之间没有区别或者至少不可分离,难道这不是我必须以之作为出发点的基础和原则吗?首先把肉体和心灵分裂开,然后又想使这种分裂协调起来,这种作法是何等荒谬!

# 第二十二节　对莱布尼茨的神学和神正论的评论（1847 年）

在上面第十七节中从世界的偶然性出发对上帝存在所作的证明，是唯一的一个后天的，即根据经验作出的证明，莱布尼茨及其追随者认为这个证明是有根据的。至于其他那些通常提到的证明，伏尔夫则以令人惊讶的敏锐眼光和自由思想指出它们具有如下的缺点：在从世界秩序到秩序的制定者这样一个推论中，他们认为一切秩序都是偶然的，因而一切秩序都要有一个秩序的制定者为前提；可是，这种看法是错误的，因为，正如数学所证明的，存在着绝对必然的秩序，这就驳倒了这样一个命题："凡是存在着秩序的地方，都必然存在着秩序的制定者。"在关于世界的人工结构的推论中，他们预先假定：凡是适用于艺术作品的论点，即艺术作品以艺术家的存在为前提，也适用于天然的作品；而这一点恰恰需要加以证明。在关于人类或宇宙的开端这个推论中，他们立足于一个理性完全不能或者极其难于证明的前提之上；因为，从地球的目前状态具有它的开端这一点中，并不是必然能得出地球的任何状态都具有自己的开端，尤其不能从宇宙的一个部分——如地球——的开端中必然得出整个宇宙的开端。在目的论的证明中，他们则是循环论证，因为，关于自然界存在着目的和意图的假定，是以自然界里存在着理性的存在物或自然缔造者这一假定为前提的。对于根据良知作出的证明，也有充分理由加以批驳：这种论证是非常骗人的(Ratio Praelect. De. Lect. Metaph., 第 41—48 节)。对于这一证明，伏尔夫学派中著名哲学家之一格·弗·迈埃尔在他的《自然神学》(《形而上学》第 4 篇，1759 年)中这样写道："如果某人从错误的宗教转而归依真正的宗教，他也很难摆脱自己良心的责备；也许不会有这样的智者，尽管他否认幽灵，但他并不因此而不害怕幽灵。"对于根据各民族持有共同见解所作出的证明，迈埃尔说："全人类也可能持有共同的错误见解：例如，从前人类曾经普遍地相信地球是不动的，而太阳是活动的；而且，还看见整个整个的民族对上帝一无所知。"对于"根据人具有无限的欲望"所作出的证明(即："一切人都生而具有无限的欲望；这些欲望不可能是空洞的，因此必然存在着欲望的对象；可是，对于无限的善，即上帝也存在着这样的欲望，因此上帝是存在着的")迈埃尔指出，"对无限之物的欲望也可能是对不死的欲望，因此根本不能证明上帝的实在性"。

由此可见，按照莱布尼茨哲学及其学派的观点，"根据经验对上帝的实在性所作的那个唯一无可辩驳的证明"，就是根据世界的偶然性所作的证明。这一证明如下："这个世界存在着；但它是这样地存在着，以致它也可能不存在，因此它是偶然的；因为，凡是可能出现相反情况的事物，都是偶然的。因此，世界之所以存在着，而且像它现在这样存在着，其原因不在于世界本身之中，而在于世界之外，而且在于那样一个存在物之中，这个存在物在其自身中包含有自己存在的原因，因而它必然地存在着，或者是一个必然的存

## 第二十二节 对莱布尼茨的神学和神正论的评论(1847年)

在物。"然而,上帝——也就是那个与世界不同的存在物或世界的创造者——的存在所依据的世界的这种偶然性的真正意义和根据究竟是什么呢？这就是人的思维和表象的偶然性,或者毋宁说随意性。世界是偶然的,因为我在思想中、在想象中、在表象中可以把这个世界,即我从这个观点所想象的世界设想为不存在,或者是另一种样子。"正如在一间书房里(这对于有神论观点来说是很中肯的,也就是很能说明问题的;对于这种观点,赫尔巴特曾这样指出：'近代哲学原理是用来赞美上帝的。'参看卢多维西的《关于伏尔夫哲学的争论文集》第2册第148页),什物的布置可以有多种多样的方式,没有一件什物必然要占据这个或那个位置。同样也可以清楚地看出,当前的,即现存的世界可以千变万化,完全不同于它现在实际上表现出的这个样子……毋庸争议,最有力的证明在于：必然存在着一个与这种偶然联系不同的存在物,它把世界安排成这个样子,而不是另一种样子,正如我在参观图书馆时可以立刻断定,必然有某一个人认为这样排列书籍适宜一些,而不作别样的排列,因为按另一种方式排列书籍并不是不可能的呀！"完全正确！如果我仅仅从我的书房的观点去观察世界,如果我把自己的书房当作世界的原型,那我必然要假定有某一个人,他对于世界的关系恰恰有如我对于自己书房的关系。这样一来,上帝永远只不过是从一个自身是主观随意的前提中得出的必然结果！[①] 这种主

---

[①] 如果我把世界当作某种有限的东西,如果我把世界归结为一个有局限性的概念、一个逻辑范畴或抽象观念,例如在这里归结为偶然性范畴,那我就必然要越出它的范围,就必然要把世界,即整个现实的无限性想象为一个与世界不同的、不属于世界的、超越于世界的存在物。莱布尼茨卓越地指出："我们希望自然界不要再扩展了,希

观随意性的根据是什么呢？这就在于世界是感觉的对象,也是思维的对象。

205　　在感性对象中,人把两种存在物区别开来,一种是存在于现实界中的,并且是感性知觉的对象,另一种是从感性中抽象出来的思想的存在物。人把前者叫作存在,或者又叫作个体,把后者叫作本质或类。人把存在规定为某种偶然的和暂时的东西,而把本质规定为某种必然的和永恒的东西,因为尽管这个或那个感性对象从感性世界里消失了,它还仍然是思维或表象的对象。斯宾诺莎说:"人的本质不具有必然的存在,也就是说,按照自然的秩序,这个或那个人存在着或不存在,都同样是可能的。"按照莱布尼茨神学的观点,对于世界也可以这么说:世界的本质不具有必然的存在;这个或那个世界存在着或不存在,都同样是可能的。世界是感性的,也就是说,它对于我那无限的思维能力和想象能力来说是个别的;除了这个现实的世界之外,我还能设想和想象其他无数个可能的世界。例如,数学家巴罗完全遵循莱布尼茨和一般有神论的精神这样写道:"上帝赋予我们以一种能力,使我们能够用思想的某种创造力描绘出其他无限众多的世界,如果上帝愿意的话,他可以把这些世界变成现实。因为由于理性的力量远远超出自然界的范围,所以精神的世界比感觉的世界更加丰富,更加辽阔;我们精神的眼睛能够理解的东西,比我们肉体的眼睛所看到的东西要多得

---

它是有限的,就像我们的精神一样。"(《写给克拉克的第4封信附笔》)可是,他仅仅把这个论点加诸原子论,而不加诸他自己的机械的世界观,不加诸有神论的观点;他毕竟只是依据于把他的无知的界限当作自然界的界限,把一个有限的、抽象的概念当作自然界的本质。

## 第二十二节　对莱布尼茨的神学和神正论的评论(1847年)　223

多"(《数学讲义》,伦敦,1683年,第7讲,第124页)。由此必然得出这样的结论:相对于另一些可能的世界而言,这个现实的世界是偶然的,可能存在着另一个世界来代替它[①]。

可是,人也同样需要排除存在和虚无、现实性和可能性、存在和本质、个体和类,或者诸如此类之间的这个令人厌烦的矛盾;为此,人把他自己的那种越出自然界的范围、超越现实世界的、主观随意的思维能力和想象能力加以客体化,使它变成为一种处于世界之外和世界之上的对象或存在物。这个能够把人所能想象的事物变成现实的存在物,就是上帝,或者叫作上帝。上帝就是一切可想象之物或可能之物的基础、存在、场所、总和;因为,无论说这是可能的,或者说这是可以想象的,那都是一回事。正如比尔芬格尔在给无限性下定义时所说的,上帝是 omnitudo compossibilium[一切可能之物的总和],是可能性的最高级,是最可能的事物或存在物,因此,"如果上帝不存在,一切都是不可能的。"上帝是那样一种存在物,在他那里,可能性跟现实性没有区别,现实性也跟可能性没有区别;这种存在物存在着,因为它是可能的,它的存在的根据仅仅在于它是可以想象的。"只要是可能的,就足以成为现实的。"(《单子论》第44节)"存在物之所以必然存在着,就是因为它是可能的"(P.拉米的《关于上帝存在的证明》)。鲍迈斯特在他的

---

[①] 从上面引证的《神正论》的那段话,即"这个现存的世界是偶然的,另外无数个世界也同样是可能的",可以看出世界的偶然性只不过是另一些可能的世界这一观念的产物。因此,格·弗·迈埃尔在他的《宇宙起源学》第331节中说得很对:"总之,如果我们愈是肯定世界的偶然性,肯定这个异常重要的真理,我们就必然愈是肯定无限众多世界的众多性和多样性。"

《形而上学基本原理》第54节(1749年)中说:"最完美的存在物的可能性,就是它的现实性和存在的充分根据,因此,如果你证明了最完美的存在物的可能性,你也就已经以此证明了它的现实性。可见,古代人关于不能从可能性推断出现实性的论题,只能适用于偶然的存在物,而不能适用于必然的存在物,不能适用于上帝。""假定上帝是可能的,那就意味着他存在着;这是独一无二的神灵的特权。"(《人类理智新论》第4篇第10章第7节)因此,在上帝那里,在可想象性和现实性之间是没有界限的,在思维和存在之间是没有区别的,也就是说,上帝是纯粹思想上的存在物。

因此,在莱布尼茨那里,关于这个存在物存在的证明,只具有在笛卡尔和斯宾诺莎所发挥的那种意义;也就是说,这里所涉及的归根到底不是关于那个与思维、理性不同的存在物的实在性,而仅仅是关于理性或精神的实在性和神性。莱布尼茨甚至明确地赞扬所谓本体论的证明;他对这种证明的指责仅仅在于这种证明是以最完美的存在物的可能性为前提。因此,为了使这一证明完善起来,问题仅仅在于使这种可能性得到证明。那么,什么是对这种可能性的证明呢?这就在于这个最完美的存在物与最高的思维规律,即同一律——这是可能性或真理性的原则(《写给克拉克的第5封信》,第10节)——是不矛盾的,这个存在物是可以想象的。"一切不包含矛盾的事物都是可能的"(《神正论》第2篇第224节)。"对于那个不包含任何限制、任何否定,从而不包含任何矛盾的存在物,没有任何东西能妨碍它的可能性得到实现。"这一段话清楚地表明,伏尔夫的下述定义——即:上帝是全部实在性的总和;由于上帝中的所有这一切实在性都是没有界限的,而仅仅表示

第二十二节　对莱布尼茨的神学和神正论的评论(1847年)

一种肯定,因此全部实在性或完美性集中在一个存在物身上,这并不包含任何矛盾——的确是莱布尼茨的观点,因为后者也说过:"仅仅这一点已足以先天地认识上帝的存在"(《单子论》第45节)。然而,可以想象的东西和可能的东西是一回事,可能的东西就是"那种可能存在的东西"(伏尔夫:《关于人类理性的力量》第3节)。因此,根据上帝的概念或可能性对上帝存在所作的证明,已经预先要求思维是某种prius［原初的东西］,或者是存在的根据,因为存在的可能性先于存在;换句话说,这个证明只不过证明思维或思维的存在物是最初的、最实在的存在物,是存在物的存在物。这一点从下述情况中已经可以看出来:这里一般说来是以本质,即可能性、可想象性、存在概念①为前提的。因此,这种观点是这样的:"本质可以脱离存在,而存在却不能脱离本质";存在只不过是

---

① 因此,在本体论的证明中,存在只具有作为实在的一种特性,即逻辑宾词的意义。笛卡尔说,存在是上帝的一种特性,正如全能是上帝的一种特性一样。这个概念是安瑟伦的思想的基础。他说:"我们不能设想上帝不存在,这一点是上帝的特性。"可见,本体论的证明只是一种同语反复:它在结论中所说的就是它在前提所说的,它关于存在所说的话相同于它关于本质所说的话。那么,本质是什么呢?本质不外是种种特性的compendium metaphysicum［形而上学中心］,也就是那样一些抽象观念的形而上学中心,其中任何一个抽象观念都可以看作是存在物;要知道,无论我说全能或全能的存在物,这都是一回事。达耶斯说得完全正确:"每当我们想到无限性,我们就想到上帝,反之也是如此。"可是,我如何能够把存在归诸抽象观念呢?只有通过把与任何抽象观念相对立的东西,即存在本身变成抽象观念。然而,这种作为抽象观念的存在是什么呢?这绝不是存在,而是纯粹的虚构。凡是把抽象的东西当作具体的东西,也就是把非现实的东西当作现实的东西的地方,必然把具体的东西当作抽象的东西,正如在黑格尔那里,"存在是概念的一种规定性;存在只不过是一个关于与自身的关系的抽象观念。"托马斯·阿奎那在给迪奥尼西·阿利奥帕基塔关于上帝的名称的著作作注释时说:"上帝被称为不存在,这不是因为他达不到存在,而是因为他高出于一切存在之物。"可是,这个"高出于一切之上"仅仅是幻想的产物,而这个"不"则是属于现实本身。

complementum possibilitatis［可能性的补充］,只不过是"本质的附加物";其次,这一点从下述情况中也可看出:只有在能够从虚无中创造出事物,只有在事物的观念或思想先于现实的事物,只有在思维是存在物的基础和泉源,只有在这样的情况下,才能从上帝的概念中引出存在。"最高的理性是事物的泉源。"(《人类理智新论》第2篇第12章第3节)

虽然这种理性被规定为上帝的理性,而不同于人的理性,可是,既然一般的理性是"一切事物的本质的泉源",那么理性也是上帝的本质的泉源。区别仅仅在于:在前一种场合下,理性不同于事物的本质;在后一种场合下,理性与事物的本质是同一的;因为上帝是纯粹理性的存在物。后面这种情况之所以可能出现,是因为本质是被理性想象出来的,它是某种可以想象的东西,而不是与自身相矛盾的东西:它的根据、它的可能性就位于理性之中。可是,理性的根据不在它自身之外,而在它自身之中,因为理性只能被它自己所想象,它是一种通过自己而存在的存在物:ens a se. 本体论的缔造者说:上帝是可能想象的至高无上者,是最高的思想,是最高的存在物,也就是说,对于抽象的思维能力来说,上帝是至高无上的。在思想上,我能够超越有限的存在物,但不能超越无限的存在物。因此,除了"这个"现实世界,除了这个"有限的、偶然的事物",我能想象其他无数个可能的世界;因此,在我的思想中所想到的事物,多于在现实里存在着的事物;一般世界这个类概念中包含着无数的世界,这个类概念在这个世界中没有得到完全实现,没有被这个世界所穷尽。

但是,这个包含有无限众多的可能世界的类概念,不是别的,

第二十二节 对莱布尼茨的神学和神正论的评论（1847年） 227

正就是思维能力。只有在抹杀了存在着之物和可能想象之物之间的区别、抹杀了个体和类之间的区别的场合下，这种思维能力才能得到实现。已经援引过多次的格·弗·迈埃尔在他的《宇宙起源学》第299节中说："上帝概念不是种种可能事物的类概念，这个类概念可以通过一种普遍的规定性，即现实性而发生各种不同的变化，以致可能出现另一个上帝来代替我们的这个上帝。可是，世界是那样一个事物，这个事物是一个类，它可以在不同的个别事物中得到体现。这就是说，这个世界从内在方面来说是可以变化的和偶然的。"可是，这也意味着：上帝是一种得到实现的思维能力，因为在上帝那里思维和存在是一致的。安瑟伦说："一切事物都可以被设想为不存在①，只有最高的存在不能设想为不存在。不能设想上帝是不存在的，这是上帝的一种特性。"可是，可能被设想为不存在，这就意味着可能是不存在的；而不能被设想为不存在，则意味着必然是存在着的。上帝是一种其中不包含有限制和否定的存在物，也就是说，在上帝那里，我撇开了那些使我的思想与有限的、即感性的事物对立起来的限制和条件，这些感性事物的现实性不

---

① 这个思想对于正确认识本体论证明非常重要。因为，从这里可以看出，不可能想象上帝不存在这一点，是以可以想象其他一切事物不存在为前提的，正如安瑟伦在 cont. Gaulinum[《对高利诺的反驳》]第4章中所说的，其他一切事物具有开端、终结或组成部分，因而不是上帝，而是世界。或者，从这个思想中也可看出，关于那些可以被想象为不存在的事物的思想，与关于那些不可能被想象为不存在的事物的思想，是完全一致的。因此，安瑟伦关于万物都可以被想象为不存在的论点，与笛卡尔关于我自己的肉体不存在，因而任何世界也不存在的臆想是一致的；一般说来，它与基督教的下述唯心主义观念也是一致的："即使没有空间，没有物质，只要和上帝在一起，我们就能存在，因为我们自身之中不包含关于外界事物存在着的观念。"莱布尼茨：《对金先生的著作的一些意见》第6节。

是与它们的可能性或设想性一道被给予的；在上帝那里，没有任何东西是不能归诸思维的，没有任何东西是仅仅借助于感觉就能感知的，没有任何东西是否定思维的。托马斯·安格鲁斯在《维蒂希对上帝的注释》第 367 页上说，上帝是完全的、纯粹的思想上的存在物；在莱布尼茨看来，上帝是纯粹的、单纯的活动。可是，这种纯粹的活动仅仅是思维的活动，是清楚明白的表象的活动，不能把这种活动与被动的、模糊的感性混淆起来。的确，按照莱布尼茨的观点，除了表象之外，归根到底没有其他任何活动。可见，本体论的证明不外是对那种抽象的、先天的、与经验、感觉的条件和限制没有联系的思维、表象、想象所作的认可和颂扬。由此必然得出的结果是，凡是采用这种证明的地方，变体说①的可能性，奇迹的可能性，魔鬼和精灵的可能性，简言之，一切只要能够想象之物的可能性，也都立刻得到证实。在本体论的证明中，妨碍它们的可能性得到实现的障碍已被排除了；在从可能性到现实性的推论中，一切可能之物都获得了存在的权利。

对于本体论论据的这种说明的正确性所作的历史论证就在于：这个存在物——它的概念或可能性中包含着存在——是无所不能的，它能够实现人所能想象的一切事情。因此，这个存在物不外是对人的思维能力、表象能力、想象能力所作的一种无限制的肯定和实现。"上帝……能够实现一切可能的事情。"(《神正论》第 2 篇第 165 节)"普遍的可能性或本质性在它们得到实现之前必然仅仅是幻想的或虚构的，……我回答说，无论这些本质性或者那些适

---

① 变体说是指圣餐上的葡萄酒和面包由耶稣的血和肉变成。——译者

用于它们的所谓永恒真理，都不是虚构的，而是存在于某个可说是最完美的领域之中，即存在于上帝那里。永恒真理必须以某个从绝对的和形而上学的意义上说是必然的主体为依据，即以上帝为依据，并通过上帝而使自己得到实现，否则，它仅仅是幻想的。"（《论事物的根源》，埃德曼，第48条）"当我说有无限地众多的可能的世界时，我指的是这些世界不包含任何矛盾，正如人们能够撰写那样的小说，其中的情节并不真实，然而是可能的。凡是可以理解的事物，都是可能的。"（《写给布克的第1封信》。关于这一点，还可参看上面第16节末尾所引的那一段）但是，上帝不外是那样一个存在物，它能借助于自己的无所不能的力量，使理性所想象的无限地众多的世界或可能性得到实现（《神正论》第225节和第42节）。诚然，这种无所不能的力量受到善心和智慧的限制，上帝仅仅使最美好、最合乎理性的世界得到实现，可是尽管如此，除了这个由于自己的优点而获得化为现实的资格的世界之外，在可能之物的领域内还存在着许多想象的世界，它们经常提出得到实现的要求。当然，它们不能达到自己的这些要求：于是，它们采用下述办法进行报复，即至少也要经常利用本体论论据的特权，而上升到普通的、主观的逻辑规律之上，超出这种逻辑的界限之外，并借助于奇迹来破坏自然规律，给这个最美好的世界带来骚扰和混乱。

可是，关于本体论，我们已经谈得够多了！让我们转来谈谈比较令人舒畅的人类学的神学吧！莱布尼茨的神学是对下述见解的一个相当通俗的证明："神学的秘密就是人类学。"莱布尼茨说："上帝观念包含在人的观念之中，因为我们排除了对我们的完美性的限制，正如绝对空间包含在地球观念之中一样。"（《对金先生的著作的一些意见》第4节)这就是说,上帝是那不受限制的人的本质,是那被想象为没有界限、没有缺陷和错误的人的本质,因而是人的典范、人的理想。例如,莱布尼茨说,上帝始终是十分快乐的和满足的(à son aise,《神正论》第114节);可是,难道人不也希望如此吗？"真正的上帝始终是永恒不变的"(第117节);可是,难道人没有把semper idem［永恒不变］当作自己的格言吗？"上帝一举一动是为了行善,而不是为了获得善"(第217节);可是,莱布尼茨在这一段中所引用的格言"施予胜于接受",难道不适用于人吗？"上帝绝不可能是迟疑不决的;他了解一切;他不可能产生怀疑,他不可能不作出自己的判断,他的意志始终是明确的"(第337节);可是,难道迟疑不决、没有把握、难于确定的状态对人自己来说不也是一种极其讨厌、甚至无法忍受的状态吗？"上帝的统治、贤人的统治都是理性的统治。不过,只有上帝始终是由理性支配的"(第327、318、319节);可是,难道上帝和贤人之间的区别仅仅在于上帝永远是如此,而贤人仅仅有时是如此吗？"上帝一举一动是有目的的"(《对金先生的著作的一些意见》第21节);可是,难道这种活动方式绝对不是人的活动方式？"上帝把一切高度地包摄于自身之中"(同上);可是,难道人的心灵没有用观念的形态把一切包摄于自身之中吗？可是,为什么这个显然是人的存在物竟表现为一种与人不同的存在物呢？这是因为上帝不仅被表现为道德的存在物,而且同时被表现为物质的存在物,表现为自然界的本质和原因。莱布尼茨在给普拉克齐乌斯的信中这样写道:"我们可以按物质的和道德的这两种方式来想象上帝。从物质上说,他仿佛是事物的最后根据……,从道德上说,他又仿佛是君主……"使上帝与自然界区别开来的那些特性,是从人那里抽来的,而使上帝与人区别开来的那些特性,是从自然界那里抽来的。莱布尼茨说:"上帝是关怀人的;他爱人类,他希望人幸福,这是再真实不过的了"(《神正论》第122节);可是,人并不是上帝的唯一对象;"上帝的对象是某种无限之物,他关怀整个宇宙。"(第134节)"喋喋不休的祷告并不能使我们从上帝那里获得任何东西;上帝比我们更清楚地了解我们需要什么,他只给予我们按照整体应当给予的东西。"(第120节)"如果人的幸福是上帝的唯一的对象或目标,那就当然——可是莱布尼茨仅仅说:peut-être［也许］——没有任何罪孽、任何邪恶了;上帝就会挑选一种把一切邪恶都排除掉的事物秩序了;可是,那样一来,他就不是对宇宙负责,即不是对他自己负责了。"(同上)因此,罪孽以及邪恶——在莱布尼茨看来,邪恶是罪孽的后果,是对罪孽的惩罚——之所以存在,仅仅是由于人不是唯一的存在物,除人之外还存在着其他的存在物;因此,人不是绝对的存在物,而是有局限性的存在物,人不是整体,而是整体的一个部分;换句话说,上帝不仅代表人,而且代表非人的存在物,他不仅是人的上帝或人的本质,而且是自然界的上帝或自然界的本质。"上帝没有忽视那些没有生命的事物;它们没有感觉,可是上帝代替它们具有感觉。上帝没有忽视动物,动物没有理性,可是上帝代替它们具有理性。"(第246节)"上帝的智慧要求世界充满着物体,要求世界充满着能够表象、可是没有理性的实体;简言之,上帝的智慧必定选择那种总和起来能够产生最好效果的东西。这就是罪孽借以进入世界之中的那个孔隙。"(第124节)"难道由于雨水会给洼地造成损害,上帝就不下雨吗?强烈的阳光是整个世界所必需的,难道由于某些地方会因此出现干旱,于是太阳就不应当如此强烈地照射吗?"(第134节)"可以肯定,上帝对人的关怀胜过于对狮子的关怀;可是,很难由此断定,上帝在各个方面对个别人的关怀胜过于对狮子这整个种属的关怀。"(第118节)"与不可计量的宇宙相比,我们的地球以及它的全体居民又算得了什么?那只不过是比一个物理的点还要无可比拟地小得多的东西而已!"(第19节)

莱布尼茨指责培尔,说他把上帝想象得过于像人了;可是,莱布尼茨借以超越于培尔的神人同形论之上、借以排除或者至少限制神人同形论的那种东西,只不过是自然界这个观念,只不过是宇宙这个观念。然而,仅仅作为自然界的代表,仅仅表现人格化了的、具有人性的和被奉为神灵的宇宙的那个上帝,并不是本来意义的、真正的基督教的上帝。毋宁说,后面这个上帝才是人的代表;这就是那样一个上帝,他为了人而创造世界,他为了人而变成人本身,他为了人而制造奇迹;这就清楚地证明,他更多地关注人的幸福,而较少地关注世界或自然界的联系。培尔信奉的就是这个上帝,他把邪恶与这个上帝对立起来,他有充分理由断定邪恶是不能用上帝的本质来解释的,是与上帝的本质不相容的。培尔是一个地道的基督教徒,地道的有神论者,当然,这仅仅是从否定的意义上,也就是不从他自己的人格方面而言;可是,莱布尼茨是半个基督教徒,他既是有神论者或基督教徒,又是自然论者。他用智慧、理性来限制上帝的恩惠和万能。但这种理性无非是自然科学的研究室,无非是关于自然界各个部分的联系、整个世界的联系的观念。因此,他用自然论来限制自己的有神论;他通过对有神论的否定来肯定、维护有神论。莱布尼茨觉得生活在这个世界上非常自

### 第二十二节 对莱布尼茨的神学和神正论的评论(1847年)

在安适,而基督教的有神论者却认为天国是自己的故乡。莱布尼茨认为祷告不会得到应验,因为这是与整体、与自然秩序相矛盾的;基督教徒虽也认为祷告不会得到应验,但认为这是由于人如果沉醉于尘世的幸福,就会忘记他对天国的使命。例如,奥古斯丁说:"上帝不会完全满足祈祷者的愿望,为的是不让祈祷者仅仅为了这一点而信奉宗教。毋宁说,应当使他们为了彼岸的生活而信奉宗教,在那里是不再有任何灾祸的。"(《论神的世界》第22册第22章)莱布尼茨认为这个世界上的邪恶只不过是对秩序的一种不显著的、局部的骚扰,只不过是规则的一些例外;而莱布尼茨毕竟在为之辩护的那种基督教的有神论,却认为这个世界的邪恶植基于这个世界的秩序、规则之中,因而相信在另一个更美好的世界里会把邪恶消除掉。例如,白天和黑夜、苏醒和睡眠、痛苦和欢乐的更迭,是这个世界的秩序;可是,基督教徒却希望那样一个世界,在那里,永远是白天,永远是苏醒状态,永远是欢乐。例如,基督教哲学家尼·陶勒努斯说:"现世的生活不同于来世的生活;因为,在这个世界上,我们服从于自然规律,以便使一定数量的人通过自然途径被生出来。因此,精神活动受到其他许多事务的妨碍,特别是受到睡眠的妨碍。可是,在另一种生活中,不再需要睡眠,也没有必要从事其他那些妨碍我们精神活动的事务"(Alpes caesae,第2册第6个问题第1条)。这位哲学家在《哲学的凯旋》(第367页)中说:"为了他物而存在的东西,不是永恒的。这个世界的目标处于它自身之外,也就是处于另一个世界的幸福之中,因而这个世界是有限的。"从基督教有神论的观点看来,只有邪恶在另一种生活中被实际消除,才是邪恶在理论上获得解决。神正论在这里仅仅是彼岸之物；因为，上帝观念只有在那里才能得到实现。例如，在伽桑狄的著作《对第欧根尼·拉尔修十书的考察》(第3版第1卷第296页)中，赫里佐斯托姆说过：如果死后什么也没有，那也就没有上帝了。相反，莱布尼茨在他的《神正论》中仅仅 en passant［附带地］谈到来世生活，尽管他认为不死具有巨大的意义，例如他说："如果把灵魂不死的学说推翻掉，那么关于天命的学说也就没有什么裨益了；因为，在现实生活中，上帝没有充分显示出他的神威。"(《答比尔林的第2封信》)

培尔反驳说，如果上帝之所以容许世界上存在着罪孽和邪恶，只是为了不要违反运动规律，那么，上帝创造世界，也只是为了把自己作为熟练的建筑师和机械师显示出来，而不是作为美德和人类的友人显示出来。对于培尔的这个卓越的反驳，莱布尼茨作了如下的评论：如果培尔了解先定谐和的体系，他就不会提出那样的反驳；按照这个体系，作用因的领域和目的因的领域仿佛是并列地存在着的，上帝既是英明的君王，又是高超的建筑师，因而物质具有那样的结构，以致运动规律符合于最完善的精神统治，并且是为后者服务的(第247节)。可是，这种先定的谐和其实只不过是莱布尼茨的唯心主义和唯物主义、有神论和自然论之间的不协调、矛盾。在那种和自己一致的、真正的基督教的有神论那里，上帝并非同时既是君王，又是建筑师(这两种特性本身不能毫无矛盾地并存于一个存在物之中)，而仅仅是君王，仅仅是作为君王的建筑师，因而他不是建筑师，而是造物主。多神教的、自然论的上帝是建筑师，基督教的上帝则不是建筑师；因为艺术家沉溺于材料之中，被物质所束缚，他只有通过物质才能战胜物质。"人只有服从于自然才能战胜自然",就是指这个意思。相反,基督教的上帝仅仅用自己的话语或命令,仅仅用自己的意志,就能创造出世界;这里谈不上有什么仿佛上帝在创造和安排事物时应当遵循的运动规律;在这里,太阳停止不动,就是根据上帝的命令和人的愿望;在这里,上帝的意志就是唯一的规律,就是事物的唯一本性;在这里,唯一真实的存在物就是超自然的存在物。例如,奥古斯丁说:"按照上帝的意志产生的事物怎么可能与本性相矛盾呢?要知道,恰恰是造物主的意志构成一切创造物的本性。还有什么东西能像天和地这样被自然界的缔造者安排得如此有条不紊呢?还有什么能像星辰的运行那样合乎规律呢?可是,我们在圣经上看到这样的话:太阳将按照上帝的命令改变它那按规律运行的轨道。"(《论神的世界》第 21 册第 8 章)

莱布尼茨说:"古代人把邪恶产生的原因归诸物质,认为物质是永恒的和不依赖于上帝的;可是,我们既然到上帝那里追溯万物的起源,因而也必须到上帝那里寻找邪恶的起源,而且我们也只能在上帝的理性中找到邪恶的起源。因此,必须以理性取代物质。"(《神正论》第 20 节)可是,按照莱布尼茨的观点,物质其实也是邪恶或灾祸的根源:要知道,与创造物的本质不可分割的局限性,就是创造物之所以陷入迷途和犯错误的原因;然而,这种局限性也就是创造物的物质性①。事物是怎样的,理性也就怎样表象

---

① 莱布尼茨之所以把形式,而不是把物质说成是邪恶的原因,这只是由于他把物质假定为没有区别的,因而他把那种使物质具有差异性、规定性和形式的东西,变成为某种非物质的东西。可是,归根到底,究竟通过什么使形式变成特定的东西,而不是 actus purus[纯粹的活动]呢?只有通过物质。

事物；创造物是有局限性的，即物质的存在物，因此，理性也就把创造物表象为这个样子。不论莱布尼茨提出什么样的反驳，物质毕竟也是一个永恒的和必然的真理；因为，正如创造物这个概念中永远地和必然地包含着有限性、局限性一样，同样也永远地和必然地包含着物质。没有植物的机体，也就不可能想象植物的本质；没有动物的机体，也就不可能想象动物的本质。莱布尼茨说，上帝是物质的创造者、缔造者；可是，一般说来，由于上帝只是存在的创造者，而不是本质的创造者，不是理性真理的创造者，因此，上帝也只是物质的存在的创造者，而不是物质的本质的创造者。物质具有三个向度，这一点的根据不在于上帝，而在于本质，在于理性或物质概念之中(《神正论》第351节)。上帝被理性所规定，而不是理性被上帝所规定。理性是最初的本质、最初的原因①；因为理性表象着本质。什么东西先于本质呢？——上帝；上帝是第二个原因，因为上帝只有借助于自己意志的威力才能使理性得到实现。上帝只是执行官，理性却是立法者。因此，无论在莱布尼茨那里，无论在古代人那里，物质都是永恒的，都不依赖于上帝。区别仅仅在

---

① 莱布尼茨把威力看作意志和理性的前提。"威力……甚至先于理性和意志。"(《神正论》第149节)因此，他其实是把自然界看作精神的前提；因为，这种没有理性和意志的威力，如果不是没有理性、没有意志的自然力，那又是什么呢？可是，从唯心论和有神论的观点看来，这种表象着自然界的威力只不过是理性借以使自己思想和表象得到实现的威力；因为，一切被理性想象为可能的东西，都是威力的对象(《神正论》第171节)。因此，虽然威力所涉及的范围大于意志(要知道，意志被最优秀、最有智慧之物的规则所规定)，可是不会大于不受限制的思维力和想象力。"理性的对象不可能超出可能之物的范围；从某种意义上说，可能之物就是唯一可理解的东西。"(《神正论》第225节)可是，威力也不能超出可能之物、可想象之物的范围。

于,莱布尼茨按照他的基督教的代议制,用主观的物质取代了客观的物质,用实在的存在物之想象的本质取代了实在的存在物。这个区别仅仅是表面的、虚构的,这一点在下述情况中已经表现出来:莱布尼茨的上帝尽管有其观念的本质,但受到这种内在的或观念的物质的限制,正如多神教的上帝受到处于他之外的物质的限制一样。"创造物的那种生而具有的不完善性,限制了向往于善的造物主的活动。"(《神正论》第380、388节)上帝从他那原始的意志,即他自身来说,只希望善,而不希望邪恶,不希望罪孽。可是,善良的意志在理性的那个不幸的必然性上碰了壁,创造物从本质上说就是有局限性的,在本质上就是物质的,因此没有产生出完全的善,而是产生一种在局限性、物质性的条件下可能产生的最好之物。正如古代人把邪恶的产生归咎于物质,莱布尼茨也非常不人道地把它归咎于创造物。创造物本身就是它的种种邪恶的原因。从上帝那里只能得出积极的,即完美的、善良的东西;而消极的、有缺陷的东西却来自创造物本身,这一点在创造物的原初的、观念的局限性中有它自己的根源。"上帝是创造物的本性和活动中的完善性的原因,而创造物在接受能力上的局限性则是创造物的活动中出现缺陷的原因。"(《神正论》第30节,还可参看1703年在特雷乌发表的《对第六封哲学书简的评论》)

然而,如果创造物是它的邪恶和缺陷的原因,那么创造物也是它自身的原因;要知道,创造物的邪恶的原因,它的局限性,也是它的本质的原因。创造物是有局限性的存在物,这就是创造物的定义,就是它的特征。可是,这种局限性不是来自上帝,而是来自它自身,因此,上帝不仅对创造物的邪恶而言是无辜的,而且对创造物的本质而言也是无辜的。创造物之所以成为现在这个样子,只能归功于它自己;就像前面说的它是它自身的原因。如果表述得清楚一些,那就是说:创造物、物质、世界不是来自上帝,不能从上帝那里得到解释。从上帝那里推演出世界,从上帝出发来解释世界,这一切只不过是一种幻想的游戏,只不过是自我欺骗,只不过是痴心妄想。——这一点在莱布尼茨那里已得到证实。那么,世界究竟来自何处或者来自何人呢?来自上帝。好吧!那么世界在上帝那里是怎样形成的呢?它在上帝那里又是从哪里产生的呢?产生于观念。可是,这个观念又是从哪里产生的呢?与这个观念相区别的现实是从哪里产生的呢?世界的物质存在是从哪里产生的呢?这些就是有神论没有回答、也无法回答的问题;它之所以无法回答,原因很简单,这就是"世界来自何处?"这头一个问题本身,就是一个愚蠢的问题;因为,这个问题和下述问题一样是愚蠢的:"为什么宁愿有某些东西而不愿什么也没有呢?要知道,虚无比某些东西更加单纯,更加容易!"(《自然界和神赐的原则》第 7 节)

# 引 文 汇 编

## 第 3 节

人们通常都不关心给术语下定义,对实体的含义说得模糊不清,可是,理解实体却是理解哲学的隐秘方面的关键(《莱布尼茨全集》,迪唐编辑,日内瓦,1768 年,第 6 卷第 215 页)。这一切多么重要,特别可以从我所提出的实体概念中清楚地看出来,这个概念是如此有助于说明问题,甚至可以从其中得出关于上帝、心灵以及物体的本性的基本真理。为了把这一点阐释清楚,我认为力或威力(virium seu virtutis)这个概念是有助于……理解真正的实体概念。德国称之为 Kraft［力］,法国人称之为 la force［力］。其实,活动力(vis activa)不同于学院中通常所说的那种单纯的潜能(potentia nuda)。因为经院哲学家所说的活动的潜能(potentia octiva)或能力,不外是一种与活动临近的可能性,而这种可能性变成活动(in actum),还需要来自外面的激发(aliena excitatione),它仿佛需要刺激(stimulo)。活动力自身中却包含着某种能动性或隐德来希,它是活动的能力与活动本身之间的中介物,它包含着意向(conatum)。因此,它不需要什么帮助就能达到活动本身(《论第一哲学的修订》,第 2 卷第 19 页)。隐德来希……不仅包含着单纯的活动能力，而且包含着那种可以称之为力(force)、努力(effort)、意向(conatus)的东西，如果没有障碍物，就能从这种东西中得出活动本身(《神正论》第1篇第87节)。真正的威力绝不是单纯的可能性。这里始终存在着意向与能动性(《已故的莱布尼茨先生的哲学著作》，拉斯普出版，《人类理智新论》，1765年，第68页)。活动无非是力的应用(《莱布尼茨书信选集》，费德尔出版，汉诺威，1805年，第32封)。可见，存在着某种本身不是实体、尽管被看作像实体那样独立的东西。因此，概念的这种独立性绝不是实体的特征，因为还必须增添某种对实体来说是本质的东西(《对马勒伯朗士的原理的考察》，《全集》第2卷第1篇第203页)。我解释说，事物的实体本身就是活动力与被动力。由此就可断定，如果不通过上帝的威力把力置于牢固的事物之中，使力在其中停留一段时间，那么牢固的事物就不可能被创造出来。由此也可断定，……一切事物只不过那个唯一的、常存的神的实体的一些瞬息的或短暂的变态或征兆；换句话说，一切事物的本性或实体本身，就是上帝(《论自然本身》，同上书，第2篇第49页)。一般说来，活动构成实体的本质(《人类理智新论》，前言，第20页)。活动是实体的本质属性(《全集》第3卷第315页)。从实体中抽去活动，就不可能解释实体的存在([1]第6卷第1、215页)。不活动的东西，就不配称为实体(《神正论》，第3篇第393页)。这话说得很好：……如果从事物那里拿掉活动力，那就不能把事物和神的实体区别开来，而陷入斯宾诺莎主义(第2卷第1篇第260页)。那种不活动、没有活动力、

---

[1] 不注明书名者都指的是迪唐所编的《莱布尼茨全集》。——德文版编者

没有区别,最后,没有任何存在的根据和基础的东西,绝不可能是实体(《论自然本身》第 15 节第 439 页)。……我认为活动属于主体这个众所公认的哲学原理是如此千真万确,甚至可以把它颠倒过来表述如下:不仅一切活动着的东西是单独的实体,而且任何单独的实体都是不停顿地活动着(同上书,第 9 节;第 2 卷第 147 页)。除了时间和地点的差别之外,必定还有一个内在的区别原则。在个体那里,个体化的原则就是区别的原则(《人类理智新论》,第 188—189 页)。在自然界里,没有两个绝对没有区别的实在物(第 2 卷第 1 篇第 146 页。《人类理智新论》,第 6 卷第 1 篇第 229、233 页)。个体化原则相同于绝对的独特化原则,事物通过这个原则而被规定,从而可以把这一事物与其他一切事物区别开来(第 5 卷第 563 页;*De ipsa nat.* 第 13 节;《人类理智新论》,第 247、190 页)。在心灵之间存在着一些根本的、个体的区别(《神正论》第 1 篇第 105 页)。斯宾诺莎主义正是被这些单子推翻的。要知道,有多少个真正的实体,有多少个可说是永远存在着的、活生生的宇宙镜子或凝缩了的宇宙,也就有多少个单子;然而,在斯宾诺莎看来,只存在着一个实体。如果根本没有单子,斯宾诺莎是正确的;在那种情况下,除了上帝之外,一切都是短暂的,都被归结为简单的偶性或变态,因为事物中没有那种包含在单子的存在之中的实体的基础(第 2 卷第 1、327 页)。如果只有一种统一,即上帝,那么自然界里就不会有众多,一切都被归结为上帝。至于宇宙的灵魂,或者,毋宁这样说,至于作为事物的泉源的普遍精神,那么,既然在你看来它是一种统一,那为什么你不能设想有许多局部的统一呢?要知道,普遍的存在物和局部的存在物并不会破坏统一,毋宁说,在局部的存在物中更加容易实现统一(第 5 卷第 15 页)。

## 第 4 节

当我追溯力学和运动规律本身的最终根据时,我十分惊异地看出,在数学中不能找到它们,必须转向形而上学。这就把我引向隐德来希,从物质的东西引向形式的东西(第 5 卷第 9 页;第 2 卷第 49 页)……除了纯粹的几何学概念之外,还需要引入一个更高的概念,即力这个概念,借助于力,物体才能发生作用和反作用等等(《定居汉诺威时期的莱布尼茨》,约·费勒出版,1718 年,第 325、353 页)。他们(笛卡尔主义者)认为,物体中的一切特殊现象是通过机械的力量发生的,这种看法当然是正确的;可是他们没有充分估计到,机械的泉源本身发端于一个更加深刻的原因(第 3 卷第 353 页;第 2 卷第 29、321 页)。我们指出,在有形体的什物中,除了广延之外,还有某种比广延更加原始的东西……这应当就是力,它构成物体的内在本性(第 3 卷第 315 页)。

## 第 5 节

如果存在着复合的实体,那就必然存在着单纯的实体;要知道,复合的实体只不过是单纯实体所构成的组合物(第 2 卷第 21 页,《哲学原理》)。如果没有非物质的实体,也就是说,如果没有单一,那么物质就不能存在(《人类理智新论》第 344 页)。我赞同你的下述观点:被动的东西永远不可能被显示出来或自在地存在着(第 2 卷第 1、260 页)。不承认隐德来希,就绝不能说明作为图形的原因的运动本身(同上书,第 272 页)。灵魂是活动的原则(《神正论》第 3 卷第 400 节)。凡是存在着多或众多的地方,必然也存在着单一,因为众多或数是由单一组合而成(第 5 卷第 14 页)。如果物体中没有活动的力,现象中也就不可能有杂多,这也就等于说什么东西都没有(《对培尔先生的反思的答复》,第 2 卷第 89 页)。如果物体中只有被动的东西,那么物体之间的区别就无法识别出来(《神正论》前言;《论自然本身》第 13 节;第 6 卷第 1、175 页)。有机体以及其他物体仅仅在表面上是固定不变的……如果与灵魂没有任何联系,那就没有生命本身,也没有生命的统一。只有通过保存同一个灵魂,才能保持同一个个别实体的同一性。没有被我称为单子的那种生命的原则,结构或形状还不足以使个体在数量上保持不变,或者使个体本身保持不变(《人类理智新论》第 2 卷第 27 章第 4、6 节)。借助于灵魂或形式,而形成真正的统一,即所谓我们之中的自我……[可是],如果没有真正的、实体的单一,那在总和中就没有任何实体的东西,也没有任何实在的东西,等等(第 2 卷第 53 页)。在单独的物质中,或者在那仅仅是被动的东西中,不可能找到真正统一的原则,因为这里的一切只不过是由无限众多的部分所组成的总和或组合物(第 2 卷第 1 页;《自然界的新体系》第 50 页)。物质的原子是与理性对立的。只有实体的原子,即那绝对不可分的、实在的单一,才构成活动的泉源,构成事物的组合所遵循的头一批绝对的原则,它也仿佛是实体分析的最终因素(第 2 卷第 1、53 页)。复合物或物体是众多,而单纯的实体、生命、灵魂、精神则是单一。必然到处都存在着单纯的实体,因为,没有单纯的实体,就没有复合的实体,因此整个自然界都充满着生命(同上书,第 32 页)。按照我的见解,可以说一切事物中都充满着灵魂或与此类似的本质(《定居汉诺威时期的莱布尼茨》第 189

页）。单一是一切存在物、一切力以及它们的一切感觉的真正泉源和安身之所,而所有这一切也就是灵魂(同上书,第227—228页)。事实上,如果我们承认我们的精神固有一种产生内在活动的力量,或者也可以说,一种内在地活动的力量,那么,各种不同的灵魂、形式或实体本质也具有一种与此相同的力量,这一点就不会引起疑虑,相反,这是理所当然的;要知道,绝不能认为在我们所面临的事物的本性中,只有我们的精神是活动的,或者,也不能认为任何内在的、也可以说有生命的活动力量是与精神联系着的(《论自然本身》第10、12节)。

## 第 6 节

225　　自然界里只存在着单子,其余的东西只不过是单子所产生的现象(第3卷第499页)。万物都只是由于单子的富饶而被创造出来(第2卷第1、311页)。灵魂自身中包含有完全的自生性,因此灵魂在其活动中仅仅依赖于上帝和它自己(《神正论》第291节)。每个实体是它的全部活动的唯一原因(同上书,第300节)。只要某种东西的原则是活动的,那么这种东西便是自生的(同上书,第301节)。单子没有任何东西借以进出的窗户。正是由于这个缘故,无论实体或者偶性都不可能从外面进入单子之中。凡是没有部分的地方,也就没有广延,没有形状,没有可除性。对于这样的东西,不用担心它们会遭到破坏。除了通过创造之外,单子不可能获得开端;除了通过变为虚无之外,单子不可能获得终结;与此相反,复合物是通过部分而获得开端和终结的。但是,单子必须具有某些质,否则,单子就不是存在着的。必须使单子和其他东西区别开来……要知道,如果单纯的实体不通过质而相互区别,那就绝不能在事物中观察到任何变化。事实上,在复合物中显现出来的东西,只能从单纯的组成部分中产生出来(第 2 卷第 1、20、21 页;《论自然本身》第 13 节)。单子……不可能具有形状,否则它们就具有部分了。因此,单子本身只有根据内在的质和活动才能与其他单子区别开来……因为,实体的单纯性不会妨碍变体的多样性,而且这些变体的多样性必然共同存在于同一实体之中,正如在一个中心或一个点中,不论它们如何单纯,仍然包含着无数个由在那里会合的线条所组成的角(第 2 卷第 1、32 页)。从上所述可以断定,单子所固有的变化是从内在的原则中产生出来的……一般说来,可以断定力不是别的,就是变化的原则(同上书,第 21 页,第 11 条)。可以把一切单纯的实体称为隐德来希……因为,它们都包含有某种完善性、某种自我满足(自足性),由于这个缘故,它们是自己的内部活动的泉源(第 18 条)。内在的质和内在的活动不可能是别的什么东西,只能是它们的知觉(即复合之物或外在之物在单纯之物之中的表象)和它们的意向(即从一种知觉到另一种知觉的趋向),这些知觉和意向构成变化的原则(第 2 卷第 1 编第 32 页)。灵魂具有知觉和意向;心灵的本性就在于知觉和意向(第 5 卷第 374 页)。把众多性包括到单一实体或单纯实体之中并加以表象的那种短暂状态,不外是我们称之为知觉的那种东西,我们应当以适当的方式把它与统觉区别开来(第 2 卷第 21、327 页)。只要统一中存在着杂多,就足以使知觉产生出来(同上书,第 331 页)。可以把内在原则的作用称为意向,通过这种作用产生变化,或者完成从一种知觉向另一种知觉的转化(《神正论》第 403 节)。在单纯的实体中,除了这种东西之外,绝不可能发现其他任何东西,也就是说,除了知觉及其变化之外,单纯实体中不会有其他任何东西。单纯实体的内在活动仅仅在于这一点(同上)。没有任何对我们来说完全无所好恶的知觉(《人类理智新论》第 2 卷第 20 章第 1 节)。灵魂的状态就是变化、趋向的状态(第 2 卷第 86、21 页)。实体的本性必然要求发展或变化,而且从实质上说就包含着发展和变化;没有发展和变化,实体就没有活动的力量。

## 第 7 节

显而易见,在知觉中,从而在生物中有无限众多的等级(第 2 卷第 1 编第 66 页)。如果概念不足以使它所代表的事物被识别出来,那么这个概念便是模糊的。如果通过概念能够识别它所代表的事物,那么这个概念便是清楚的。概念或者是模糊的,或者是清楚的。当不能逐个地列举那些足以使这个事物区别于其他事物的特征时,这个概念便是模糊的,尽管这个事物拥有从它的概念中可以分解出来的种种特征和必要条件……。钱币专家根据黄金的那些足以使黄金与其他类似物体区别开来的特征和试验,对黄金作出的概念,便是清楚的(《对真实的和观念的认识之思考》第 2 卷第 1 编第 15 页)。人们把知觉理解得如此广泛,以致知觉甚至可能是十分模糊的……如果把蓝色的和黄色的两种粉末搅拌在一起,就会从其中得出一种绿色的粉末,心灵感知两种粉末的微粒,即蓝色粉末和黄色粉末的微粒,因为,如果混合物的部分不作用于心灵,那也就没有来自整体的作用;我把心灵在蓝色粉末和黄色粉末的微粒的作用下所产生的这种被动状态,也称之为心灵的知觉。

可是,这是一种隐藏在绿色感觉之中的模糊知觉;我们完全没有觉察出蓝色和黄色,这两种颜色仅仅以隐蔽的形态存在于绿色之中(第2卷第2编第146、151页;《人类理智新论》第216、219页;前言第9页)。我指出,……并非任何知觉都是感觉,也有一些知觉是感觉不出的。例如,如果我没有感知到绿色由以组成的蓝色和黄色,那我也就不能感觉到绿色。可是,只要不采用精密的显微镜,我就感觉不出蓝色和黄色(第2卷第1编第227页)。当我们感知颜色和气味时,我们其实只有关于形状和运动的知觉,可是形状和运动是如此多种多样和如此微弱,以致我们的精神在其目前状态下不能分别地考察单一之物,因而觉察不出它的知觉只是由一些最细微的关于形状和运动的知觉所组成(同上书,第18页)。有人认为,模糊的思想在实质上不同于清楚的思想,可是,它们就其众多性的原因来说,只不过较不确定,较不发展(同上书,第87页)。心灵的一切清楚的知觉中都包含有无限众多的模糊的知觉(第37页)。知觉任何时候也不与那些仿佛不具有任何差别或杂多的对象发生关系(第22、273页)。我只是把自生性扩大应用于模糊的和不自觉的思想之上(第88页)。我们心中的一切(甚至知觉和被动状态)都是从我们自身的那些具有完满的自生性的泉源中产生出来。心灵在它自身中包含有它的全部活动的原则,甚至它的一切被动状态的原则(《神正论》第65、296节)。笛卡尔主义者的错误就在于此,他们认为不能被我们意识到的知觉是虚无。因此,他们确信,只有精神才是单子,动物没有精神和其他隐德来希,他们像大多数人那样把漫长的无感觉状态跟就原意而言的死混为一谈(《哲学原理》第2卷第1编第14、20、23节)。看起来,快乐有时只不过是许多小知觉的总和,而每个小知觉发展到相当大时就变成痛苦(第 2 卷第 1 编第 87 页)。音乐是心灵所进行的一种隐蔽的算术演算,虽然心灵并不知道它在进行演算。事实上,借助于模糊的或感觉不出的知觉,音乐创造了许多不能由清楚的统觉觉察出来的东西。总之,心灵虽然没有感觉出它在进行演算,但它感觉出这种感觉不到的演算所产生的结果,它在听到谐音时感到快乐,而在听到噪音时感到不快。要知道,快乐是从许多感觉不到的知觉的和谐中产生出来的(《写给各种人的信》,克里斯蒂安·科特霍尔德编辑,莱比锡,1734 年,第 154 封)。感性的快乐可以归结为知性的、模糊地意识到的快乐(第 2 卷第 1 编第 38 页)。

## 第 8 节

作为灵魂的单子仿佛是一个特殊的世界,这个世界除了依附于上帝之外,没有其他任何依附关系(第 2 卷第 1 编第 295 页)。一切[单子]都仿佛是某种独立的世界(同上书,第 207 页)。这两种东西(知觉和意向)存在于一切单子之中,因为,如果不是这样,单子就与其余一切事物失去任何联系(第 327 页)。如果没有非理性的事物,理性的存在物有什么事情好干呢?如果既没有运动,也没有物质,也没有感觉,那么,理性的存在物能思考什么呢?如果理性的存在物只有清楚明白的思想,那他就是上帝。只要有模糊思想的混和物,那立刻就有感觉,就有物质。要知道,模糊思想产生于万物之间的联系,产生于时间和空间的联系(《神正论》第 124 节)。没有任何东西能够限制单子的表象性,使它仅仅表象事物的一个部分……单子不受对象的限制,而受认识对象的方式的限制。一切单子都模糊地力求达到无限之物,可是,由于它们是有局限性的,它们相互之间由于知觉的清楚程度不同而区别开来(第2卷第1编第27页)。每个灵魂都认识无限之物,认识一切,不过是以模糊的形态加以认识(同上书,第37页)。感觉给我们提供模糊的思想……(《神正论》第289节)。模糊的思想……始终包罗着无限之物(或整个宇宙)(第2卷第1编第37、87页)。我们的模糊知觉是整个宇宙在我们心中引起的印象所产生的结果。就每个单子来说,也同样是如此。只有上帝对一切事物具有清楚明白的认识,因为上帝是一切事物的泉源(第37页)。上帝能够一下子清楚地、完全地表现一切(第2卷第2篇第157页)。……我们的模糊思想表象着物体或肉体,决定了我们的不完善性(第88页)。因为,除了原初的单子之外,一切单子都具有被动性,它们不可能被称为纯粹的力量;它们不仅是活动的基础,而且是阻力或被动状态的基础,模糊知觉就是它们的被动状态的泉源。物质或数量上的无限之物,也被模糊知觉所包罗(第5卷第20页)。只有上帝超越于一切物质之上,因为上帝是物质的创造者。可是,自由的或与物质脱离的创造物,同时也就与普遍联系脱离开来,它们仿佛是普遍秩序的遗弃物(第2卷第1篇第45页)。绝没有一种被创造出来的精神是与物质完全分离的(《神正论》第124节)。

## 第 9 节

我还借助这些觉察不出的知觉,解释灵魂和肉体以及一切单子或单纯实体之间的这种令人赞赏的先定谐和(《人类理智新论》

前言第 10 页)。只有上帝才是真正与物质分离的实体,因为上帝是纯粹的活动,在他那里没有接受外来影响的任何可能性。在任何地方,这种可能性创造了物质(第 2 卷第 1 篇第 228 页;《写给瓦格纳的信》)。生命是知觉的本原(同上书,第 3 节)。

## 第 10 节

物质本身不是实体,而仅仅依据于实体,是一种有充分根据的现象。物质是某种现实的东西,它只能从单子中产生出来(第 3 卷第 500、446 页)。物质从实质上说是一种组合物……从起源上说,物质无非就是杂多(第 2 卷第 1 编第 96 页)。绝不能把物质理解为某种在数量上单一的东西,或者……理解为真正的或完全的单子或统一,因为它只不过是一堆在数量上无限的存在物(《人类理智新论》,第 407 页)。存在物的汇集不是一个统一的存在物(第 5 卷第 14 页)。在运动中有活动的形象,同样地在质量中有实体的形象(《人类理智新论》第 170 页)。物质就是我们周围的无限之物的作用所构成的混合物(《人类理智新论》前言第 12 页)。物质像江河那样变动无常。如果把物质理解为第一种物质……,即理解为原初的、被动的潜能,或理解为阻力的原则,那是错误的。阻力的原则不在于广延,而在于广延的必要性,它补充着隐德来希或活动的潜能,以便获得完全的实体或单子,在单子中潜在地包含着变态(第 2 卷第 1 页)。原初的被动力或阻力,恰恰构成用学园的语言称之为第一种物质的那种东西;由于有了这第一种物质,物体对于另一物体而言便成为不能渗透的(第 3 卷第 317 页)。第一种物质是一切隐德来希的本质方面,它永远不会与隐德来希分离开;它补充着隐德来希,它是一切完满的实体的被动潜能。因此,尽管上帝借助于他的绝对潜能,能够使实体脱离第二种物质,可是他不能使实体失去第一种物质,因为,在那种情况下,他就使实体成为纯粹的完整性,然而只有上帝自己才是这样的完整性。第二种物质构成有机体,它是无数的完满实体的结果;在这些完满的实体中,每个实体都是自己的隐德来希和自己的第一种物质,可是其中没有一个实体永远固着在我们的实体之上(第2卷第1编第276、267、268页)。质量是单独的,即现实的众多,或者是通过复合而得出的存在之物(同上书,第287、285、284页)。我认为任何隐德来希都不是固定在物质的特定部分之上(第268、275页)。

广延只不过是一个抽象观念,它要求有某种具有广延的东西……广延以那个延伸着、扩展着和绵延着的主体中有某种特质、某种属性、某种特性为前提。广延是这种特质或特性的扩散(第2卷第1编第205页)。物体的广延不是别的,就是原型的重复或扩散(《莱布尼茨和别尔努利关于数学和哲学的书简》,洛桑和日内瓦,1745年,第2卷第194封)。实体作为单纯的实体来说,虽然不具有广延,可是具有位置,而位置是广延的基础,因为广延就是位置的经常的和不断的重复(《全集》第2卷第280、295、317页)。一切事物都具有它自己特有的时间,可是不具有它自己特有的空间(第151页第46节;第121页第4、5节)。和时间一样,空间自身也是一种观念的东西(第148、133页)。

我曾证明,如果在物体中只注意数学概念,……而完全不注意形而上学方面的根据,……那么,由于在这样的物质概念中完全没有包含对物质运动的阻力,而毋宁包含了[对运动的]漠视,于是必然可以由此推出这样的情况:从一个十分细小的相遇物中发出的推动,甚至可以传递给一个非常庞大的物体,同时,一个处于静止状态的庞大物体,也会在其他哪怕是非常细小的物体的推动下运动起来,而且对后者不发出任何阻力(第3卷,《动力学的试验》第326页)。活动力也有两种,即:或者是本原的活动力,它自身是为一切有形实体所固有……,或者是派生的活动力,它仿佛由于对原初的活动力加以限制而表现出不同形态,它是物体相互冲撞所产生的结果(同上书,第316页)。从我们的论断中也可以看出,被创造的实体所接受的不是活动着的力,而仅仅是对原来已经存在着的意向或活动力的限制和规定(第2卷第1编20页)。我把派生的质、力或所谓偶然形式理解为原初的隐德来希的变体,犹如形状是物质的变体一样。正是由于这个缘故,这些变体处于不断的变化之中,而单纯的实体却是固定不变的(《神正论》第396、394节;第2卷第2编第154页)。力始终与活动,甚至与相应的空间运动相伴出现(《书信选集》,费德尔编辑,第128页;第2卷第1编第231页第5条)。除了空间的运动之外,没有其他运动,虽然变化也可能是非空间的。运动的原因不是某种有形体的东西,而运动的主体则是物体(第2卷第2编第158—159页)。唯一能使物质分开和多样化的,就是运动,或者,更恰当一点说,就是运动力……(第3卷第232页;第2卷第2篇第147、291页)。运动是循序渐进地发展着,从而永远不会突然产生;与此相反,我断定,力或应力每时每刻都是突然产生的,它必然是某种真实的和实在的东西。可是,由于自然界更为重视真实的东西,而不重视仅仅存在于我们精神之中的东西,因此,可以确定,自然界里保持着同样数量的力,而不是同样数量的运动(《定居汉诺威时期的莱布尼茨》第325页)。在活动力与运动量之间存在着巨大差别,以致前者不能通过后者加以测定(第3卷第180、181、195、197页;第6卷第216页)。力也有两种:一种是构成的力,我也称之为僵死的力,因为其中还没有运动,只有运动的准备;当球处于管筒中,石块处于投石器中或处于环扣之中时,我们便看到这样的力。另一种是通常的力,它和现实的运动联系着,我称之为有生命的力(第3卷第318页;《定居汉诺威时期的莱布尼茨》第20页)。如果认为一切物质都具有引力,甚至对其他任何物质也具有引力,那是一种奇怪的幻想(第2卷第1篇第149、330页;《写给各种人的信》,第152封)。完全空虚的空间是没有的(第2卷第1篇第134页)。

## 第 11 节

广延和运动中的实在之物,构成了现象和知觉的序列和连贯性的基础。至于运动,那么其中的实在之物就是力或威力,也就是说,存在于现状之中的东西决定着未来的变化(第2卷第1编第79页)。虽然数学判断是观念的,但这并不影响它的效用,因为现实的事物是根据数学判断的规则进行调节的;还可以率直地说,这也构成现象的那种使它区别于梦幻的现实性(同上书,第91页)。梦幻与生活的区别在于,生活中的现象是井然有序的,因而也是普遍的(《定居汉诺威时期的莱布尼茨》第171页)。我认为,根据单子的某些不以有形实体为转移地相互协调的知觉来解释一切现象,这对于认真地研究事物是有益的(第2卷第1篇第298—297页)。事物的联系和顺序形成……一种隶属关系,使得一个物体、一个实体服务于另一物体、另一实体,因此它们的完善程度是不一样的(《神正论》第300节)。每个单纯的实体或单子是复合实体的中心,也是复合实体的统一原则;每个单纯的实体或单子被一个由无限众多的其他单子组成的群体包围着,这群单子构成这个中心单子的肉体(第2卷第1篇第32页)。我们从这里可以看出,任何生物都有一个居于支配地位的隐德来希,它是生物的灵魂;可是,这个生物的各个个别部分又充满着其他的生物、植物、动物,其中每个生物又有它自己的居于支配地位的隐德来希或灵魂(同上书,第29、268页)。……我在任何地方都没有说过,单子在始终毫无变化的情况下,时而组成马,时而又不组成马;要知道,单子经常在自身之中表现出它与其余一切单子的关系,因此,它在马之中的感知完全不同于它在狗之中的感知(第300页)。我认为,除了有机的或有生命的、具有居于统治地位的单子的物体之外,不应当承认在现实中有任何有形体的实体。所有其余的一切只不过是简单的组合或偶然的统一。除了居于统治地位的单子,任何单子都不具有[与其他单子的]自然的、实体的联系,因为,其余的单子都处在不断的流动之中(第306页)。单子的统治和服从,从它们本身来看,仅仅在于知觉程度的不同(第299、304和294页)。如果在单子之间没有这种实体的联系,那么一切物体以及它们的全部特质,只不过是一些像虹或镜中影像那样有充分根据的现象,简言之,是一些连续的、相互之间完全协调一致的梦境(第295、320、319页)。发生于灵魂之中的东西应当与发生在灵魂之外的东西协调一致,这一点是正确的;可是,要做到这一点,只需要使灵魂之中发生的东西在其自身之中是协调一致的,同时与任何其他灵魂中发生的东西协调一致,而不需要以一切灵魂或单子之外的其他任何东西的存在为前提。按照这个假设,当我们说苏格拉底坐着,那这不外乎意味着有某种现象展现在我们和其他有关的人面前,由于这种现象,我们想象着苏格拉底坐的姿态(第 299、311 页)。

## 第 12 节

任何被创造出来的单子都具有某种机体,单子根据这种机体而感知和拥有意向(第 5 卷第 575 页)。这些机体与它们所隶属的灵魂一样,在完善程度上也是有区别的(《神正论》第 124 节)。正如同一个城市从不同地点看来显出不同的面貌,仿佛从视觉上看来扩大了似的,同样地,由于单纯的实体无限地众多,因而仿佛有许多个各不相同的世界,但是,这些世界其实只不过是在远处从同一个单子的术同观点去看某个统一的世界时这个世界所呈现的情景(第 2 卷第 1 编第 27 页)。因此,尽管一切被创造出来的单子都表象着整个世界,可是,对于那个与它本身特别适应的肉体,单子毕竟表象得清楚得多,它构成这个物体的隐德来希(第 28 页)。每个物体都接受宇宙中发生的一切事情的影响,以致那些洞察一切的人能够在任何一个物体中看出在整个[世界]中发生的事情,甚至看出已经发生过的和尚未发生的事物,他能从现存的事物中看到在时间和空间方面都很遥远的事情(第 27 页)。现在的事物中孕育着未来的事物;可以从过去的事物中了解未来的事物;遥远的事物表现在邻近的事物之中(第 37 页)。正如任何现存的物体由于整个说来一切物质都互有联系而反映出整个世界,同样地,灵魂在表象那个与它保持某种特殊关系的肉体时,也表象着宇宙(第

28页)。如果能够把所有的皱褶展开(这些皱褶只有随着时间的推移才会明显地展开来),那就能够在每个灵魂中看出宇宙的美(第37页)。一切隐德来希……永远是宇宙的影像。这是一些按照自己的方式缩小了的世界,是一种富于生殖力的单纯性,是一些实体的单一(可是,这些单一由于具有多种多样的变体,因而它们在实际上是无限的),是一些作为无限多的圆周的表现的中心。没有一种个别的事物不表现所有其他的事物(第86页)。个别之中包含着无限(《人类理智新论》第247页)。

生命的原则仅仅属于机体(第2卷第1编第39页)。有生命的或有灵性的存在物的肉体,永远是机体(第28页)。自然的机器,即有生命的物体,它的最细微的部分也是机器,如此直至无限(同上)。由此可以看出,在物质的最细微的部分中,都有一个充满有生命的创造物——生物、隐德来希、灵魂——的世界。可以把物质的任何一个部分想象为长满植物的花园或养满鱼儿的水池;可是,植物的每一棵枝芽,生物的身体的每一部分以及它的每一滴液汁,又是一个这样的花园或水池。虽然花园里的植物之间的土地和空气,或者水池里的鱼儿之间的水,并不是植物或鱼,可是它们自身中包含有植物和鱼,尽管后者在大多数场合下是如此细微,以致不能被我们所感知。总之,宇宙是没有任何不毛之地,没有任何无益之物,没有任何僵死之物,没有混乱,一切都是井然有秩的(第28页)。不仅到处都存在着与肢体和器官相联系的生命,而且存在着无限众多的单子等级;其中,一些等级的单子或多或少地统治着其他等级的单子。可是,既然单子具有一些如此适合的器官,以致借助于这些器官可以在所获得的印象中,从而也在产生这些印象的知觉中达到高度的明显性和明确性(例如,由于眼睛里包含的液汁以某种方式配置在一起,光线就被集中起来而发挥更大的作用),那就可能导致感觉的产生,也就是说,导致那种与记忆相伴出现的知觉的产生,这种知觉的回声能长时间地保存下来,在一定场合下能被重新听到(第33页)。由此可以看出,如果我们在自己的知觉中不具有任何清楚的、也可以说显著的东西,不具有任何比较独特的东西,那我们就处于经常没有感觉的状态。简单的单子就处于这样的状态(第23页)。

相反,任何人只要理解物质的一个部分,那么,由于我所谈到的这种循环运动,他也就能理解整个宇宙。我的原则就是绝不能把物质的各个部分相互割裂开来。谁清楚地了解一个,谁就了解一切(第291页)。最遥远和最隐蔽的事物,完全可以根据与明显的和邻近的事物相类比而得到说明(第45页)。如果不能在万物中看出无限之物,如果不能在最细微之物中看出最宏伟之物的精确表现,……那就很难确定可除性和精确性的界限,同样也很难确定自然界的丰富和美的界限(第79页)。就词的本义而言,既无所谓生,也无所谓死。其实,仅仅存在着展开(我们称之为生)和某种凝结和紧缩(我们称之为死)(第29、35、51、34页)。自然界始终是井然有序的,它的运动不是通过飞跃,它不能违背渐进律……正如点是一条无限细小的或逐渐消失的线(第3卷第408页;《神正论》第348页)。没有任何东西比[这种]从一个极端到另一个极端的飞跃更加违背渐进律了(《莱布尼茨和别尔努利关于数学和哲学的书简》第61封)。

## 第 13 节

我不相信可能有单子相互作用于其中的体系,因为看不出这样的体系中有可能得到解释的方式。我还要补充一句,单子的这种作用还是多余的;因为,一个单子为什么要给予另一个单子以后者已经有了的东西呢?要知道,实体的本性就在于:现在的事物中孕育着未来的事物;从一个事物中可以看到一切事物。单子是从它自己的储备中产生出一切;单子并不是像经院哲学家认为的那样是通过自然的热能发生作用,而是通过一种特殊的机械,这种机械可以说是有形体的机械的基础和浓缩物,从而可以说明事物是怎样相继发生的(《全集》,第 2 卷第 1 编第 322 页)。单子不是外在活动的原则(同上书,第 320、319 页)。因此,除了在外界现象之中,实体内是没有强制的(同上书,第 83、56 页;第 4 卷第 214 页)。

在我看来,被创造出来的实体按照一定的顺序不断地变化着,这也是这种实体的本性;这种顺序通过自发的方式引导实体经历在它之中发生的各种状态……这种顺序的规律构成每个个别实体的个体性,它严格地符合于在其他一切实体和整个宇宙中发生的事情(第 2 卷第 1 编第 75 页)。在单纯的实体中,一个单子对另一个单子的作用仅仅是观念的,它只有在上帝的干预下才会发生,因为,在上帝的观念中,一个单子有充分根据作这样的要求:上帝在调整其他单子时,从事物开始存在之时起,就对它加以注意(第 26 页)。一切[单子]都仿佛是一个独立的世界,单子之间通过自己的现象协调一致,而没有其他任何相互的联系和关系(第 297、299、56 页;《神正论》第 66 节)。

在灵魂和肉体之间没有任何物理的联系,尽管经常存在着形而上学的联系,由于这种联系,灵魂和肉体构成一个统一的基质,或者构成所谓人格的那种东西(《神正论》第59—63节)。因此,如果灵魂希望完成某项工作,肉体的机械由于它所固有的运动,便乐意于和倾向于实现这个意愿(第2卷第2编第133页)。如果灵魂能够不顾肉体的本性而在肉体之中产生某种东西,那就是某种奇迹了(同上书,第159、153、142、150页;第2卷第1编第268页)。灵魂遵循自己的规律,肉体同样地也遵循它自己的规律;它们之间由于和谐而一致起来,因为一切表象都属于同一个宇宙(同上书,第30页;《人类理智新论》第73页)。必须到上帝之中去寻找和谐的原因(第2卷第2篇第133页;《神正论》第62、66、63节)。

## 第 14 节

每个实体在其存在之前已经在观念上适合于对一切事物的存在所作的决断(《神正论》第9节;《全集》,第2卷第1编第26页)。没有理性的意志是伊壁鸠鲁主义者的偶然性(第2卷第1编第130页)。必然的(真理)……植基于上帝的理智之中,它不以意志为转移……。其实,偶然的真理并非简单地产生于上帝的意志,而是产生于受理智指导的意志,产生于受最好的或最适当的考虑所指导的意志(第6卷第1编第207页;第2卷第1编第25、371页)。必须指出,[事物的]根据在上帝的理性之中,比上帝更加原始的东西是没有的,只有上帝的思维就其本性而言才先于上帝的意志(第5卷第386页)。

上帝借以使灵魂感到肉体中发生的事情的那个真正的手段,

植基于灵魂的本性之中,灵魂就是肉体的表象。表象自然是与被表象者联系着的(《神正论》第354—357节)。肉体中展现出来的那些机械的原因,集合于,也可以说集中于灵魂之中或隐德来希之中;那里就是它们的泉源(第2卷第1编第86页)。人的灵魂是某种精神的自动机(《神正论》第52节)。由于自然界的那种奇妙的节约精神,我们只能有一些对感性之物毫无需求的抽象思想(《人类理智新论》第1册第1章第5节)。

这些存在物从一个普遍的、最高的原因那里获得它们的能动的和被动的性质(这就是说,这些存在物既有非物质的性质,也有物质的性质),因为,如果不是这样,……它们就互不依赖,就绝对不能产生我们在自然界中所看到的那种秩序、那种和谐、那种美等等(《人类理智新论》,第4册第10章第407页;第2卷第1编第56页)。

# 第 15 节

只有上帝才是原初的统一或原始的、单纯的实体;一切被创造出来的或派生的单子,都是那个原始的、单纯的实体的创造物,可以说都是从上帝的不断放射中产生出来的;这种放射受到了创造物的接受能力的限制,因为创造物从本质上说就是有局限性的(第2卷第1编第26页;第5卷第45页)。创造物的活动是实体的变体,这种变体自然是产生于实体,它不仅包含有上帝置于创造物之中的程度不同的完善性,而且包含有创造物为了成为现在这个样子而随身带来的程度不同的局限性(《神正论》第32节)。当我们把局限性和缺陷理解为某种实在的东西时,我们就可以断定某些次要原因促成有限之物的产生。没有这一点,上帝就是罪孽的原因,甚至是它的唯一原因(同上书,第392节;《神学著作》第1卷第504—506页)。

## 第 17 节

上帝是事物的第一个原因……。应当……找出世界——它是偶然之物的总和——存在的原因,应当在那个自身中包含着自己存在的原因,从而是必然的和永恒的实体中,寻找这个原因。这个原因还应当是理性的,因为,这个现存的世界是偶然的,其他无限众多的世界同样是可能的,可以说同这个世界一样要求有存在的权利;世界的原因必须注意或考虑这一切可能的世界,以便确定其中哪一个世界能够存在。现存的实体和这些单纯的可能性之间的这种关系或联系,不外就是那个拥有相应观念的理性。……上帝的理性是本质的泉源,而意志则是存在的泉源(第7节)。

创造物在其堕落之前就有一种生而具有的不完善性,因为创造物从本质上说就是有局限性的……柏拉图在《蒂迈欧篇》中说过,世界起源于与必然性相结合的理性。另一些人把上帝和自然界结合到一起。这里有一些正确的见解。上帝将是理性,而必然性,即事物的本质特性,将是理性的对象,因为它包含在永恒真理之中。可是,这个对象是内在的,它处于上帝的理性之中。存在于外部的,不仅有善的原初形式,而且有恶的本源。这是永恒真理的领域;要寻找事物的泉源,就应当用这个领域取代物质。这个领域可以说就是恶和善的观念原因(第20节)。

的确存在着两个原则,可是这两个原则都处于上帝之中;它们就是上帝的理性和上帝的意志。理性提供恶的原则,可是它自己并不因此失去其光辉,并不因此成为恶的(第149页)。

现在这个样子的人本身就是他的灾难的泉源;人处于这些观念之中(第151节)。

## 第 19 节

……精神在它转向自身时,既是某种进行认识的东西,又是某种被认识的东西,因此是某种认识着和被认识的东西(第1卷,《对维索瓦特的反驳的答复》,第13页)。心灵自然要进行反省的活动,也就是观察它自身,就像感知它之外的其他东西一样;相反,它认识外在之物,只有通过认识存在于它自身之中的东西(第2卷第2篇第145页)。对必然的和永恒的真理的认识,使我们与其他动物区别开来(或参看第1卷第2篇第33、34、37页),使我们拥有理性和科学,使我们上升到认识我们自身和认识上帝。这也就是被称为我们之中的理性灵魂或精神的那种东西。我们能够上升到反省的活动,借助于这种活动,我们认识到被称为自我的那种东西,同时也观察到我们心中发生的这件或那件事情;这种认识也应归入对必然真理及其抽象观念的认识之列。由此也可以断定,我们在思考我们自身时,也就思考着存在之物,思考着单纯的和复合的实体,思考着非物质之物,思考着上帝自身,理解到那种在我们这里是有限的,而在上帝那里是无限的东西。这些反省活动给我们进行推理提供了主要对象。我们的推理遵循两个基本原则。一个是矛盾律……另一个是充足理由律(第2卷第1篇第24页;《神正论》第44节)。理性是真理的联结(《论信仰和理性的一致》第1、

63节)。

有一些原则和观念不是感觉给我们提供的……虽然感觉给我们提供了促使我们去注意它们的机缘。如果我们不思考某种其他的东西,即感觉所提供的某种个别的东西,我们就不能思考思想本身。他(洛克)没有充分地把下述两种泉源区别开……一种是必然真理的泉源,它处于理性之中,另一种是事实真理的泉源,它得自感觉的经验,甚至得自我们心中的模糊知觉。必然真理的原始证明只能来自理性(《人类理智新论》第30、31、36、171页)。绝不能期望从归纳中获得充分的可靠性(第4卷第62页;第2卷第1篇第233页)。

……算术和几何学的全部知识都是我们生而具有的,它们潜在地存在于我们心中(《人类理智新论》第32—37页)。我不能承认下述命题:仿佛我们所认识的一切都不是天赋的。关于数的真理存在于我们心中,而这并不妨碍我们去认识它们(同上书,第42页)。是否可以说最困难、最深奥的科学是天赋的?对这些科学的实际认识则不是天赋的;可是,那种可称为潜在认识的东西则是天赋的,例如大理石的纹脉所构成的图像,在通过开琢而被发现之前,已经存在于大理石之中(同上书,第43页,前言第7页;《对真实的和观念的认识之思考》第2卷第18页)。作为必然真理的泉源的理性观念,绝不是来自感觉(《人类理智新论》第30、37页)。感觉绝没有给予我们以我们早已具有的东西。既然如此,怎能否认有许多东西对我们精神来说是天赋的,因为我们对我们自身来说也可以说是天赋的?谁能否认存在、统一、实体、延续性、变化、活动、表象、快乐以及我们理智观念的其他许多对象都处于我们心中? 既然这些对象是直接地和经常地存在于我们的理性之中……因此,当我们说这些观念以及一切依附于它们的观念对我们来说是天赋的,那又有什么值得惊奇呢(前言第 7 页)? 我很想知道,如果我们自己不存在,从而在我们之中找不到存在,那么我们如何能够具有存在的观念呢(《人类理智新论》第 42 页)。对事物本性的认识往往不外是对我们精神的本性的认识,以及对那些不需要到外界去寻找的天赋观念的认识(第 41 页)。对存在的认识包含在我们对我们自身的认识之中(第 58 页)。只有上帝才是外在的和直接的对象(第 2 卷第 1 篇第 217 页)。我们看见存在于我们自身之中和我们心灵之中的一切事物(《对马勒布朗士的考察》)。除了理智之外,凡是存在于理智之中的东西,没有不存在于感觉之中(《人类理智新论》第 67 页;第 5 卷第 458、371 页)。

愿望是一种旨在趋善避恶的努力或意向(conatus),因此,这种意向直接产生于它的统觉(《人类理智新论》第 131、154 页)。自由的实体是通过它自身被规定的,它遵循理性所发现的善的动机,而且理性倾向于这种动机并非由于受到强制(《神正论》第 288 节;《人类理智新论》第 145 页)。至于理性和真理的关系与意志和善的关系这两种关系之间的一致性,那就必须知道,关于真理的清楚明白的知觉自身中包含有对这个真理的实际肯定,因此理性受到真理的制约。可是,尽管我们感知到善,那也应当把按照判断进行行动的努力和善区别开来,在我看来,这种努力构成意志的本质……这也决定了我们的心灵具有这么多抵抗它所认识的真理的手段,决定了从精神到心之间具有这么大的距离(《神正论》第 311 页)。自由……就在于理性,后者包含有对所考虑的对象的清楚认识,也在于偶然性,即对逻辑的或形而上学的必然性的排除。理性仿佛是自由的灵魂,其余的仿佛是它的身体和基质(同上书,第288、34节)。但是,不应当以为我们的自由就在于没有确定性,或者在于保持不偏不倚的平衡状态,仿佛应当对"是"或"否"持同样的态度,或者对不同的部分——当必须从其中选择某些部分时——采取一视同仁的态度(第35节;第2卷第1篇第292页)。希望决断来自于一种纯粹的、绝对不确定的不偏不倚态度,这实质上就意味着希望决断由虚无来规定(《神正论》第320节)。借助理性来确定最美好的方向,这是自由的最高阶段……。诋毁理性也就是诋毁真理,因为理性是真理的联结(《人类理智新论》第158页)。只有上帝是完全自由的(同上书,第131页)。只有上帝的意志始终遵循理性的判断。这种甚至迫使上帝服从的、虚假的命运,无非是上帝自己的本性,无非是他自己的理性,理性为上帝的智慧和上帝的仁慈提供规范;这是一种幸福的必然性,没有这种必然性,就既没有善,也没有智慧(《神正论》第291、301节)。当心灵具有清楚明白的思想,当心灵表现出理性时,心灵就摆脱随意的活动;可是,心灵的那些受肉体调节的模糊知觉,则产生于以前的模糊知觉,并不需要心灵对这些模糊知觉有所期望和有所预见(第2卷第1篇第98页)。在心灵中发生的一切都依赖于心灵;但不是一切都始终依赖于它的意志,这样就太过分了(《神正论》第64节)。有一些自发的活动是没有选择余地的,因而并不是自愿的(第2卷第1篇第76页)。当我们倾向于某种愿望时,我们也并非始终遵循实践理性的最后判断;可是,当我们希望着某种东西的时候,我们始终遵循一切意向的结果;意向或者来自理性方面,或者来自激情方面,后者往往是在没有理性的明确判断的情况下发生的(《神正论》第51节)。在人那里,也如在其他一切场合,一切都是确定的和预先决定的,人的心灵就是某种精神的自动机,纵然一般说来偶然的活动以及具体说来自由的活动,并不是与一种确实与偶然性不能并存的绝对的必然性联系着(第52节)。其实,我们不能感觉到自己的独立性,我们也不能经常看出我们的决断所凭据的、往往难于觉察的原因。这好像磁针乐意于指向北方,因为它认为自己这样指向北方是不依赖于任何别的原因,它没有看出磁性物质的那种感觉不出的运动(第50节)。

这些感觉不出的知觉在灵物学中的作用,等同于微分子在物理学中的作用……显著的知觉是从那些过分细微而不能被觉察的知觉中逐渐地产生出来的。如果不是这样想,那就意味着很不理解事物的无限的纤细性,事物无论在什么地方都始终包含着现实的无限之物(《人类理智新论》前言第11页)。可是,这些细微的知觉所起的作用比我们所想象的大得多。正是它们构成那些不能加以解说的气味,构成那些感性的质的形象,这些形象总起来看是清楚的,分开来看就模糊了;它们也构成周围的物体……在我们身上产生的种种印象,这些印象包含着无限之物;它们也构成每个存在物和宇宙中其余一切存在物之间的联系(同上书,第9—10页)。如果你们把自己的"uneasiness"或不安看作真正的不愉快,那我就不能同意这是唯一的刺激因素。如果疼痛这个概念不包含痛觉,那么这些细微的、不能感知的知觉(可以称之为觉察不出的疼痛)往往就是这样的刺激因素。这些细小的刺激因素促使我们不断地、不知不觉地排除那些为我们的本性所关怀的障碍。这也恰恰就是那种被我们感觉到、但没有被意识到的不安心情;当我们在感情激动的时候,以及在我们的心情仿佛十分平静的时候,我们都是在这种不安心情的影响下活动的(《人类理智新论》第 147 页)……可是,为了回到不安心情的问题,也就是说,回到那些使我们经常处于紧张状态的那些细微的、觉察不出的刺激因素的问题,那就可以说,这是一些模糊的决断,以致我们往往不知道我们缺少什么,而当我们有某种意向和情欲时,我们至少知道自己需要什么……正是由于这个缘故,我们任何时候也不是漠不关心的,甚至当我们譬如在林荫道上散步向右拐或向左拐仿佛都无所谓时,也是如此。因为,我们所作出的决断来自于这些感觉不出的动因……在德文里把时钟的钟摆称为 Unruhe[不安]。可以说,在我们的身体里也有某种类似的东西,它永远不会处于完全平静安宁的状态……甚至欢乐中也有不安的情绪,因为它使人变得精神勃勃,活泼轻快,对未来充满希望(同上书,第 123—125 页)。对于人的幸福来说,不安是十分重要的(第 148 页)。

可是,只要人善于利用自己的权力,意向的这种优势并不妨碍人成为他自身的主人。人的王国是理性的王国。心灵对意向的控制只能以间接的方式表现出来(《神正论》第 326—327 节;第 64 节)。我们比自己所想象的更为自由。我们的原初的决断绝不是来自外界(第 6 卷第 1 篇第 229 页)。不能像某些才智之士所认为的那样,说我们仅仅在表面上是自由的,因为从实践的意义上说这已经足够了;毋宁应当这样说:我们仅仅在表面上是受制约的,而在形而上学的严格意义上来说,我们完全不受其他一切创造物的影响。任何精神都像一个独立的世界,它是自给自足的,不依赖于其他一切存在物,它包含着无限之物,表现着宇宙,它像创造物的宇宙本身那样持久,那样绝对(第 2 卷第 1 篇第 56 页)。它(精神)不仅是创造物的宇宙的镜子,而且是上帝的形象……我们的心灵在自己的随意活动中也是一位建筑师,它发现了上帝依据以调节事物的科学概念(重量、度量和数量)。它在自己的那个领域、在它那个可以自由活动的小世界里,模仿着上帝在大世界中的所作所为(同上书,第 37 页)。

#  注　　释[①]

（[　]的页码均系原著页码）

〔1〕［第7页注］莱布尼茨认为，经院哲学在德国的衰落，比在英国和法国为晚，其原因在于哲学家没有用德语来著书立说。我认为，这种情况之所以出现，也许是由于下述原因：在英国和法国，经院哲学逐渐衰落是因为这些民族老早已经开始用本民族的语言阐述哲学，以致普通人，甚至妇女也或多或少懂得哲学的论断。毫无疑问，如果意大利的经院哲学神学家不求助于一些与他们接近的哲学家，那么在意大利人那里也会出现类似的情况。在德国，经院哲学之所以比较根深蒂固，除了其他原因之外，还由于这里用德语著述哲学开始较晚，甚至直到现在还没有充分做到这一点（《论哲学的风格》第12节；《全集》第4卷）。可是在同上书第13节中，莱布尼茨认为其原因还在于德语之中，由于德语和拉丁语有本质上的区别，而拉丁语与意大利语、法语比较接近，因此从拉丁语过渡到意大利语和法语比较容易。他认为，如果像近代某

---

[①] 以下注释含有许多学术资料，它们进一步阐述和论证了正文中的思想。因此，这些注释保留原来的结构，并且保留迪唐于1768年在日内瓦出版的莱布尼茨著作版本的页码，莱布尼茨使用过这个版本，费尔巴哈在这里作为全集加以引用。——德文版编者

些哲学家为了使经院哲学家受骗上当所作的那样,把经院哲学的术语是否可以用活语言翻译出来着作这一术语的实在性的尺度,那么,德语正是由于这个缘故而成为最好的试金石,因为它只表达实在的概念,而不表达不切实际的幻想。那些饱学的学究对德国哲学家提出苛求,要他们用拉丁语表述自己的思想!莱布尼茨的这一见解与这种颠倒的苛求相比,是多么深刻!黑格尔在这点上完全同意——虽然是不自觉地——莱布尼茨的观点,他用德语去表述任何一个领域的积极的、实在的概念,而用其他语言去表述纯粹反省的概念,虽然对语言的这种使用是没有任何根据的,我在1847年已指出这一点,因为这些语言形成的时候还不是用德语表述哲学的。这样一来,对于同一个概念,我们就有两个词;可是,由于我们发现了两个词,因而在我们的头脑里自然也发现两个概念,于是把偶然的、语言的双重性或众多性变成思维或事物的——这二者是一致的——必然区别。可是,由于在德国人听来(我们在思维时甚至说出和听见自己的思想),外来词始终包含有某种异样的和特殊的东西,因此 philosophus Teutonicus［条顿族的哲学家］自然宁愿采用德语,并认为从婴孩时领悟的"Sein"["存在"]一词具有直接的、原初的、原始的意义,而在中学时代才接受的"Existenz"["存在"]一词具有间接的、派生的意义。这样一来,我们古代的逻辑学和形而上学的秘密竟在我们听觉器官的锤击下得到了解决!不过,我们还是回过头来谈莱布尼茨吧。至于他对待德国语言的态度,那么,大家知道,这个问题也和其他许多问题一样,首先由古劳埃尔作了正确的说明。因此,我建议参阅他所出版的《莱布尼茨的德语著作》一书的"前言",1838年,第1卷第52—78页和他的《莱布尼茨传记》(1846年)第2册第131—143页。

〔2〕[第10页注] 至于德国神秘主义与莱布尼茨的关系,那就显然可见,它对他的哲学没有发生直接影响。它与莱布尼茨的普遍的、世界历史的意义是格格不入的。只有局限的意义,只有内涵收敛的心情,才能接受神秘主义,甚至是它的基础。但是,莱布尼茨没有把神秘主义者排除于自己的研究范围之外;正如从他那里可以意料到的那样,他对这些神秘主义者十分了解,甚至赞扬他们。例如,他在自己的《论信仰和理性的一致》一书的第9节中,以及在他的《写给汉施的信》中,他以赞扬的口吻提到瓦伦丁·韦格尔和安吉尔·赛勒西伊,不过,他在这些著作中指出,与上帝的统一虽然是人的灵魂的目的,可是这不是这些神秘主义者所理解的那种统一,即不是那种把个别的实体吞没掉,把实体的独特性和独立性排除掉的统一。他在自己的《神正论》第96—98节中赞扬过P. 斯皮。可是,雅科布·波墨在他那里却没有得到好评。他把波墨的思想称为 spectra imaginationis [幻想的幽灵],他说,波墨可以作为这样一个例证,它说明如果一个一知半解的人从事于思辨,让他的幻想自由驰骋,那会出现多么稀奇古怪的观点。"我们在雅科布·波墨的身上找到这样的例证,他借助于本国语言念过一些关于形而上学、神秘主义和化学的著作之后,杜撰出一些令人惊异的胡言乱语,而在许多肤浅的思想家看来,这些胡言乱语却含有极大的秘密。"(《全集》第6卷第1册第207页)一般说来,他并不认为神秘主义具有客观的、科学的意义,而只是因为其语言的缘故而具有主观的意义。他在上述那本书第211页上又说:"我并没有轻视神秘主义者;他们的思想往往是模糊不清的,可是,由于他们通

常采用巧妙的比喻或令人感动的形象,因此,如果正确地理解这些模糊的思想,那么这些比喻或形象有助于使真理易于理解。"因此,莱布尼茨在他的《人类理智新论》中甚至赞同波墨的下述见解,即认为德语最充分地保存着原始语言或亚当语言的声调。不仅如此,莱布尼茨还把神秘主义的外壳和内核区别开,把真正的神秘主义和虚假的神秘主义区别开。他自己甚至写了一篇短文《论真正的神秘主义神学》,这篇论文有赖于古劳埃尔才得以知名于世。至于意大利人和法国人和莱布尼茨的关系,那么,显而易见,这是一种积极促进的,发生影响的关系,即使人们常常大谈特谈德国人具有一种值得赞扬的普遍性,可是德国人至少不具有开基创业的特性。德国人虽然有做一切事情的能力,可是他只是经院哲学家们说的 potentia[潜能],需要外力的推动。如果对于涉及世界历史使命的事情也能谈论功绩,那么法国人即使没有作为开创者的功绩,但毕竟拥有把某种东西提升为世界问题的功绩。法国人虽然不是头一个发现那个时代的世界精神的思想中所含有的秘密,但他们头一个谈到这些秘密。他们是世界精神的传播者。因此,毫无疑问,莱布尼茨也是从他在早年时期就看到的笛卡尔的著作中,获得一种以新哲学的精神从事哲学研究的推动力(卢多维西:《莱布尼茨哲学史》第 2 章第 18 节)。诚然,莱布尼茨在《定居汉诺威时期的莱布尼茨》一书的某个地方说过,他感到高兴的是,当他阅读笛卡尔著作的时候,他的脑子里已经充满了自己的见解,因此他在研究笛卡尔时不致失去自己的自由和独立性,不像笛卡尔主义者那样,他们由于奴隶般地依附于笛卡尔而被莱布尼茨称作没有成就的注释者。可是,尽管莱布尼茨远远没有成为笛卡尔的正式门徒,但是,他采纳了笛卡尔哲学的原则;一般说来,自由精神对待现有哲学的态度就是如此。这一点从莱布尼茨的早期著作中得到了证明,在那些著作里,他仅仅把力学概念作为自然哲学的基础。在他的《人类理智新论》第 27 页上,他借杰奥菲洛之口谈论自己,说"我不再是笛卡尔主义者了",这就承认他曾经是笛卡尔的信徒。莱布尼茨对意大利人的态度,从本质上说是比较模糊的。但是,尤其是他与布鲁诺(但他对布鲁诺的评论很奇怪,他说布鲁诺虽然很有才智,然而并不十分深刻)和康帕内拉(他对后者评价特别高)的相识,根据他的思想状况不可能对他的哲学思想的方式不发生影响。至少,不能否认他的思想和这些思想家的思想是接近的。早在 1670 年,他还出版了经院哲学的激烈反对者马里乌斯·尼佐利乌斯的著作,加了注释,在这些注释中,他对尼佐利乌斯的倾向性颇为赞赏,甚至在某些问题——例如,普遍概念以及他对亚里士多德的攻击——上表示赞同。在自己的德国先驱者中间,莱布尼茨以极其敬佩的口吻提到约阿希姆·荣格(生于 1587 年,死于 1657 年),说他是 vir vere philosophus [真正的哲学家]。他把荣格和康帕内拉、笛卡尔、伽利略、帕斯卡尔置于并列地位。"我认为荣格与他们相比毫不逊色。"(《全集》第 6 卷第 69 页)在另一个地方(第 3 卷第 245 页),他把荣格称为"我们这个时代杰出的哲学家和数学家,他在笛卡尔之前已发表了某些改进科学的卓越思想"。荣格在植物学史方面也享有盛名。莱布尼茨在第 4 卷第 47 页(《论哲学的风格》)上称他为昆虫学家。他在这里还说:"在我们这个时代,德国人博得了著名的亚里士多德的极大荣誉。"他在提到其他一些在某种程度上证明这一论点的思想家时,也提到了荣格。在另一个地方,他把荣格称为经验几何学的创始人。据我所知,莱布尼茨从来没有把他当作形而上学者来加以引证。看起来,他[荣格]还没有创立独立的哲学。遗憾的是,我没有找到任何他的著作,正如对于莱布尼茨著作中提到的其他许多罕见的人名也找不到他们的著作一样。荣格的《植物学和物理学著作》1647年出版于科堡。在莱布尼茨的德国前辈们中间,还可举出尼古拉·陶勒努斯(生于1547年,死于1606年)。如果我没有搞错的话,莱布尼茨曾在某个地方把他恰当地称为德国的斯卡利格尔。不过,斯卡利格尔是唯实论者("普遍的存在处于理性之外"),而陶勒努斯是唯名论者(《看不见的阿尔卑斯山》第120页)"一切存在着的东西都是个别的和局部的"。不过,这个区别至少在这里无关紧要。陶勒努斯是亚里士多德学派的信徒,可是他不是一个字面上的亚里士多德学派的信徒,而是一个有才华的、批判的、独立思想的亚里士多德学派的信徒。1597年,他给自己的《看不见的阿尔卑斯山》一书写的前言中说:"我不属于任何学派,无论是阿威罗伊、亚历山大或亚里士多德的威望,都不能使我接受与真理相矛盾的命题。""我赞赏自由地进行哲学研究的方式。"例如,与莱布尼茨一样,他也批驳亚里士多德关于 Tabula rasa[白板]的学说。他说:精神是一切科学的泉源;绝不能把精神比拟为白板,因为精神不是某种有形体的或纯粹被动的东西,因此事物的表象能够印刻在精神之上,就像印章印在蜡上那样(巴希勒:《哲学的凯旋》第61、69页)。一般说来,他对待亚里士多德学派的态度,特别是对待切萨尔皮诺的态度,恰恰有如莱布尼茨对待斯宾诺莎那样。正如莱布尼茨把斯宾诺莎的实体的统一性和实体的众多性对立起来一样,陶勒努斯也把切萨尔皮诺的类的灵魂、形式或理性的统一性跟灵魂或形式的众多性对立起来,"因为现实中有多少种个体,就有多少种形式"(《看不见的阿尔卑斯山》第155页)。他说,毫无疑问,有多少个灵魂,就有多少个人的精神;而有多少个人,就有多少个灵魂(第159页)。灵魂、精神之间的区别不是偶然的,而是本质的(第328页)。与斯宾诺莎相反,莱布尼茨主张人的精神具有独立性,否认精神是神的一个部分,同样地,陶勒努斯也批驳了切萨尔皮诺。他说,我把那些认为人的精神是神的实体的一个部分的人,称为异教徒。人具有他自己的精神,因此他为什么还需要参加到别人的精神之中呢(同上书,第323—324页)?正如莱布尼茨反驳泛神论或神秘主义关于灵魂在人死后溶解于上帝之中的说法一样,陶勒努斯也反驳下述说法,即认为在人死后,随着物质的消失,一切灵魂都变成为一个灵魂、一个实体、一个上帝,而按照切萨尔皮诺的观点,物质是众多性和差异性的原因(同上书,第327、377页)。莱布尼茨用超世界的、主观的、人的上帝去反对世界的灵魂或自然的上帝,用偶然性反对必然性,用意向、目的去反对"盲目的"自然作用,用创造去反对流出或逻辑的连续性,或者,一般说来,用基督教去反对泛神论或斯宾诺莎学说,同样地,陶勒努斯也是用基督教的哲学去反对亚里士多德学派的,特别是切萨尔皮诺的异教哲学。"我们宣扬基督教哲学。"(同上书,前言第29页)

〔3〕[第11页注]"我在年幼的时候就参加讨论深奥的哲学问题,一点也不感到害臊。我在年轻的时候就发表关于个别性原则的学位论文,并参加答辩。我在获得硕士学位时,的确还是一个青年。我阐述有关法学的哲学问题。我还没有提到那些我当时虽

已写出但没有发表的比较深奥的论著。"参看《写给科特霍尔特的信》,第176、174、199封,载于《致各种人的信》,克利斯蒂安·科特霍尔特,莱比锡,1734年,以及卢多维西的《莱布尼茨哲学史》第2章第26、30节;特别可参看古劳埃尔写的《莱布尼茨传记》第二册中那个非常有趣的部分《莱布尼茨的生平(他本人写的提纲)》。

〔4〕[第16页注] 不过,莱布尼茨竭力在他那种状况下保持自己的自由。费勒在他的《定居汉诺威时期的莱布尼茨》中说:"他过着独身的生活,按照自己的志趣把闲暇时间用于从事著述的活动,同时在枢密法律顾问和不伦瑞克编史官这些职位以及与此相关的种种好处中寻求快乐,而不赞成自己受正规的、勤勉的生活的要求所约束。当时,他被邀请参加大臣会议,仅仅是为了在有关历史和公法的问题上便于向他咨询。"但是,莱布尼茨不可避免地也要忍受某些牺牲,他为了被迫从事的工作不得不放弃自己所喜爱的某些想法和爱好。例如,他在给培尔的信中写道:"我从事于德国史的研究太久了……,可是,如果我能够有所选择,我宁愿研究自然史,而不愿研究国家史。"(L.费德尔:《书信集》第131页)关于莱布尼茨所受的限制,关于他的志趣和他的地位之间的矛盾,关于他作为哲学家和作为宫廷侍臣之间的矛盾,可参看古劳埃尔编写的《莱布尼茨传》第1卷第216页;第2卷第28、188—191页。

〔5〕[第17页注] 关于他的这种避免触犯教会学说的谨慎态度,可参看他写给汉施的第16封信,他在那里写道:"要知道,在我看来,这本书(《神正论》)里的确没有任何东西不符合于我们的教义。"在另一地方(第6卷第244页,1695年),他又写道:他已经发表了自己对于动力学的某些见解,而对于神学的见解却必须收敛

一些,因为基本思想早已众所周知,而隐秘深奥的思想只有出类拔萃之士才能理解。"不要猪前投珠或对牛弹琴。"在他的《神正论》中是否含有这样的珍珠,还是说他在这里也把珍珠留给自己呢?莱辛把埃贝哈德等人关于莱布尼茨使自己的体系适应于当时占据统治地位的学说这种说法颠倒过来,他说:"莱布尼茨力图使当时占据统治地位的各派学说适应自己的体系。莱布尼茨在探讨真理时,从来没有考虑到当时流行的见解;可是,由于他确信任何一种见解如果不在某个方面,不在某种意义上是真实的,那它就不可能得到流传,因此他喜欢对这种见解反复琢磨钻研,直至他弄清楚这个方面、了解这种意义为止。他从燧石中击石取火,而不是把自己的火隐藏在燧石里。"(《莱辛全集》第 7 册)莱布尼茨虽然使一切见解适应自己的观点,可是在这种适应过程中,他必须考虑被适应之物。

〔6〕[第 19 页注] 汉施在他的《莱布尼茨的哲学原理,用几何学方法加以说明》中说:"我记得莱布尼茨是怎样讨论这个论点的。我们在莱比锡遇见他,一块喝他所非常喜欢喝的咖啡加牛奶;他顺便谈到,他不能确定在他用以喝热饮料的这个容器中是否包含有一些同时也是人的灵魂的单子。"

〔7〕[第 20 页注] 布吕克尔指责莱布尼茨,说他仅仅对普芬多夫不公正。为此,他从《对比尔林第 11 封信的回信》中引证下面这段话:"他(普芬多夫)曾经负责处理我在瑞典的某些事务,但我从朋友那里知道,他把一切事情都搞糟了。"然后布吕克尔又补充说:"因此,他不认为普芬多夫是一个友好的、善良的人。"同时又感叹地说:"可见,即使伟大人物也是人啊!"可是,莱布尼茨的那段话

仅仅意味着不能把普芬多夫和德·杜相提并论,因为后者的学识极为渊博,而前者在常识上只是一个平庸的人。莱布尼茨还补充说:"他不是一个对人友好的人(我自己确信是如此),然而,大家知道,德·杜是一个非常好的人。"

〔8〕[第21页注]莱布尼茨在他的《国际法典》中已经提出这个定义,或者,说得更确切一些,正如古劳埃尔所指出的,莱布尼茨在他的《政治证明的典范》(1669年)中已经提出这个定义。可是,后来他又经常以稍微有所不同的形式援引这个定义,例如在第2卷第224页上就是如此。在莱布尼茨的这个定义中含有一个伦理学原理。任何人都必然希望自己是幸福的。"因为,按事物的本性来说,不可能有任何人不追求自己的幸福。"(《致汉施的信》第6节)他在写给别尔努利的第8封信中写道:"我完全赞同马勒伯朗士和西塞罗的观点,即人不是为自己,而是为别人诞生的。在我看来,这是一个明确的定理:我们愈是追求普遍的善,便愈能促进自己的幸福。"他在分析沙夫茨伯里伯爵的著作时写道:"我们的自然情感使我们感到满足,而我们与自然的联系愈密切,我们愈更倾向于在别人的幸福中体会自己的快乐。"他在自己给《神正论》所写的序言中又说:"个人最关心的是普遍的福利;当人给予别人以真正好处时,他对自己也会感到满意。"这话说得妙极了!可是,反过来我同样也可以说:人诞生出来是为了自己,而不是为了别人,因为人如果不对别人友好,他就不能真正对自己好,人如果不使别人获得幸福,他就不能使自己获得幸福。没有任何事情比把自我否定当作头一个原则更加荒谬、更加有害了。自我肯定才是头一个原则,我应当从它出发,否则我就没有标准和基础;自我否定只具有

批判的意义,它应当隶属于自我肯定。莱布尼茨在写给阿尔诺先生的信中这样写道:"智慧是幸福的科学。对我们自己最有利的东西,对上帝来说就是最合乎心意的东西。"(埃德曼:《莱布尼茨哲学著作集》第 8 条第 87 页)"上帝的最高目的或心愿就是自己的快乐或对自己的爱。"(同上书,第 LXXVII 条)在莱布尼茨看来,上帝本人不外是作为一种本质的幸福。

〔9〕[第 26 页注]弗·施勒格尔这个对哲学问题采取肤浅草率态度的代表人物,在他的《古代和近代文学史》第 2 册第 243 页上曾这样地议论莱布尼茨:"莱布尼茨没有提到那些与他的观点一致而没有他那样名望的哲学家,没有说明他所引用的材料的来源",尽管莱布尼茨自己就说过:"我不赞同某些学者,他们引用别人的著作而不说出作者的姓名。"(《写给别尔努利的第 66 封信》)也许,施勒格尔是以这种观点去解释费勒的著作:"他不让任何人随便进入他的书房,为的是不让别人查出他所引用的著作,因为他自己教过我如何根据学者们的目录和书籍去了解他们研究什么。"可是,我认为莱布尼茨坦率地和相当详细地举出了自己的材料来源,他把亚里士多德和近代哲学家、柏拉图和德谟克利特,埃利亚学派和怀疑论者,毕达哥拉斯学派和卡巴尼斯学派称为聚合在他的哲学之中的成分,这样他就没有必要再提出其他哲学家,因为他把这些学派称为思维精神的中心。至于莱布尼茨的某些个别观点,那么,卢多维齐、布吕克尔、迪唐已经从古代和近代的哲学家那里引证了一些与他的观点相近似的段落。例如,迪唐从塞克斯都·恩披里柯的著作中引证许多毕达哥拉斯的论点:"其实,凡是呈现出来的东西都应当由那种在本质上并非现象的东西所组成;因为,

正如单个的字母不是词一样，物体的要素也不是物体。"这一段落与莱布尼茨的下述论断是一致的：没有非物质的东西，物质的东西便不能存在；没有单纯的东西，就不能组成众多的、复合的东西。里特尔(《我们对阿拉伯哲学的了解》，1844年)在阿拉伯正统思想家的著作中也发现莱布尼茨的单子，这些思想家说："因为，这个世界，即其中的物体是由某些非常细小的微粒所组成，这些微粒——它们名为原子——由于体积极小而不能分割，它们是没有广延的。"至于不可分割性的原理，卢多维齐在他的《莱布尼茨哲学史》第2册第357页上引证了西塞罗的著作《学术问题》第11册中的下面这段话："你说没有任何可能成为他物的东西。斯多噶派哲学家的论点就是如此，这个论点是确凿可靠的，正如说世界上没有一根毛发或一粒种子与其他毛发或种子完全相同一样。"我们在卢克莱修那里也发现同样的思想，见伽桑狄的《对第欧根尼·拉尔修的十书的评论》第2册。其中对原子的形状作了如下的注释，我们在这个注释中甚至看到莱布尼茨关于树叶的那个著名例子。他说："没有两粒种子完全一样，这听起来似乎有些令人惊奇。可是，谁不承认这一点，谁就永远不能对它进行深入的理解。有多少人曾经想过或打算过检查一下同一棵树上的树叶，以便找出在这许多树叶中间是否有两张完全相同，也许，就种子而言，由于它们的体积很小和我们的视力有限，因此不能做到这一点；可是，既然在人类的个体之间存在着区别，因此林克在单个的麦粒之间也确实发现同样的区别。"卢多维齐还说根据雅各布·托马齐乌斯的逻辑学，说明后者也知道这个论点，因为他在自己的逻辑学中这样写道："凡是由下述局部特性组成的事物都是个别的，这些特性的总和在其他任何事物中永远不可能是同一的。"(参见他的《初学者的逻辑问题》,莱比锡,1692年,第4章第4节第10页)至于充足理由律,卢多维修还顺便提到西塞罗知道这一规律,因为西塞罗说(《论神性》第2卷):"没有原因,任何事情也不可能发生;任何不可能发生的事情,都是不会发生的。"可是,卢多维齐很有道理地指出:尽管如此,还是可以把莱布尼茨算作这一法则的创始人,因为他头一个清楚地理解和证明这一法则。布吕克尔提到了法国人卡尔·博维鲁斯和布鲁诺。博维鲁斯已经有这样的思想:每个单纯实体都反映出其他一切实体。莱布尼茨也知道这位博维鲁斯,可是他仅仅在第5卷第347页上这样写道:"博维鲁斯和蒙京头一个解决了假方圆的问题。"布吕克尔从布鲁诺的著作《论最小值》中引证了一段话,在那里布鲁诺把万物归结为"没有质量,只有特性"的原子,并提出这个世界是最美好的世界这样的观念。不过,如果有人愿意作这种无意义的考察,那还能够从布鲁诺的著作中引证一系列与莱布尼茨的思想相一致的段落。例如,与莱布尼茨一样,布鲁诺在他的著作《关于三个最小值和度》中明确地说,只有复合的东西才能分解,死亡仅仅是集中,而诞生则是扩散。"因此,诞生是中心的扩散……而死亡是向中心聚集。"我们也不需要到博维鲁斯那里去寻找莱布尼茨关于每个事物都表现出一切事物这样的思想。我们同样也能在布鲁诺那里发现这个思想,因为布鲁诺说过:"每一事物都包含在另一事物之中。"(《论宇宙和世界的无限性》,威尼斯,1584年;《对话集》第5卷第163页)因为,如果每个事物都包含在其他每个事物之中,那么每个事物就是其他一切事物的镜子,从而任何事物都不可能以其直接的、感性的形态处于另一事物之中。可是，布鲁诺在他的著作《论原因、本原和太一》（威尼斯，1584年，《对话集》第2卷）中已经正确地从阿那克萨哥拉斯那里引证了这个思想，因为后者说过："一切事物都掺和到一切事物之中。"（《亚里士多德的物理学》第1、4节）尽管阿那克萨哥拉斯是在一种比布鲁诺更加实在、更加粗糙的意义上思考和表述这一思想的。有些人还想到格利森那里寻找莱布尼茨的思想泉源。诚然，在莱布尼茨和格利森之间，不仅在一般原理方面，而且在个别观点方面，都有一致之处。例如，格利森说过："实体……只有通过创造才获得开端，只是由于变成虚无才停止存在；一般说来，实体不是从其他任何创造物那里因袭自己的本质，而仅仅是通过自己并依靠自己的力量存在着。"（《论实体的力能特性》第16章第4节）这种实体是与单子相似的。可是，在这两人之间存在着重大差别：格利森把活动概念和物质联系到一起，而莱布尼茨认为只有灵魂才是活动的泉源，物质只是某些被动的东西。据我所知，莱布尼茨从来没有提到过格利森。可是，格利森的思想来源于康帕内拉；莱布尼茨不仅了解康帕内拉，而且，正如我已经谈到，他还对康帕内拉十分尊重。在那些作为莱布尼茨的思想泉源的作家中，还可举出帕拉塞尔苏斯，因为他在某个地方说过这样的话："对人的学习不是（真正意义上的）学习。一切早已预先蕴藏在人的心中。"可是，在理性和思维对象相一致的情况下，打算给不同哲学家的某些相同的或相似的思想找到某种外在的、历史的起源，这种作法何等荒谬可笑！而且，同一种思想的变化和更新，这要看人们如何利用这种思想，赋予它以怎样的意义，它起什么样的作用和对它如何评价而定。本质区别恰恰在于赋予思想以何种意义：是把它看作从属的原理还是看作基本的原理。为了弄清楚思想家的某一观念是他自己创造的还是从别人那里因袭得来的,只需要了解这一观念是否植基于这个哲学家的精神之中,是否必然为他所固有,就能做到这一点。可是,莱布尼茨的一切观念都是他的精神和他的个性的相符表现;一般说来,在伟大人物那里精神和个性总是一致的。他在给布克的信中这样写道:"要以那样一种方式去研究别人的发明,这种方式给我们揭示出发明的泉源,并在某种程度上使这些发明成为我们自己的财富。"在莱布尼茨那里,经验在理论和实践上都不具有泉源和原因的意义,而只具有诱因和机缘的意义。对他的某些哲学观念来说,情况就是如此,这些观念与他的同时代人勒汶胡克和斯瓦麦尔达姆借助于显微镜所作出的发现是一致的。例如,莱布尼茨关于一切有机体都是从预先形成的有机物质中形成这一观念,关于万物一般说来只不过是一种进化的观念,与斯瓦麦尔达姆关于蝴蝶及其各个部分早已蕴藏在毛虫之中的发现是相一致的。莱布尼茨在给自己的《神正论》所写的序言中说道:他的体系对这种预成和进化作了最好的说明,因为,按照他的体系,一切物体都是从自己原初的成分中产生出来的。为了证明自己的思想,他经常引证斯瓦麦尔达姆和勒汶胡克的言论,特别是有关下述论断的言论:最细微的、仿佛僵死的物质也是一个充满生物的世界。可是,这些思想如此紧密地与他的形而上学原则连接在一起,以致我们不必到外面什么地方去汲取这些思想。例如,他关于在动物和植物之间存在着一些中介的生物——"也许在它们之间还有某些生物"——的假设或预言,就是如此。(可是,现代的自然科学家以充分可信的根据否认动物和植物之间中介物的存在,甚至否认这种存在的可能性。参看古托尔加:《纤毛虫的自然史》,1841年,第30—38页。)可是,就是这个思想也是他自己提出的一个独创的思想,尽管他已经知道斯瓦麦尔达姆关于昆虫在其呼吸器官方面与植物相似的观察,同时他也怀着极大的兴趣采纳了由卡默拉里开始、由布尔卡德继续进行的对于动物和植物在性器官上有类似结构的观察。即使我们假定他那个时代借助于显微镜所作出的发现促使他得出这样的见解,可是这些见解早已预先蕴藏在他的本质之中。要知道,一般说来,一个人怎么形成自己的观念,是以先天的方式还是以后天的方式,这都无所谓;因为,后天的东西毕竟在精神的本质中有它的先天根据。在任何地方,精神都证明着它自身。每个事实、每种经验都只有通过把握这一事实或经验的精神,才能变成它自身是的那个样子。对于愚蠢的人来说,事实或者根本不存在,或者具有一种没有意义和理性的存在。此外,值得注意的是,莱布尼茨在他的《具体运动的理论》第43节中——在那里,他还根据笛卡尔哲学的原则把物体的本质看作一种单纯的、迟钝的团块——早已提出关于物质有无限组织的思想,并把它当作一种假设。这一段是这样写的:"事实上,应当承认,正如著名的唯物论者基赫尔和霍基对这一点所观察的那样,我们在较大的物体中所看到的许多东西,林克也在较小的物体中看到;如果无限地依此类推下去——这是完全可能的,因为有广延的东西可以无限地加以分割。——那么任何原子都仿佛是某个由无限众多的、各种各样的存在物组成的世界,而这些世界又包含在无限众多的世界之中。"可是,阿尔诺也有同样的思想,并在他的《逻辑,或思维的技巧》(巴黎,1664年,第2版第4册第1章)中对它作了出色的表述；一般说来，凡是承认数学的物质，即量具有无限可分性的地方，都能找到这种思想。莱布尼茨以及笛卡尔等人只不过把这个原理推广应用于物理的物质。莱布尼茨在与德·博斯的通信中，直接从数学连续性的可能性，即数学连续性的概念中引出数学连续性的无限性，同时从充足理由律中引出物理连续性的无限性，因为任何停顿或终止都是没有理由的。可是，这个论据反过来又是从量的概念中引出来的。

〔10〕［第 28 页注］莱布尼茨常常谈到亚里士多德对"隐德来希"这个词的解释。十五世纪著名的人文主义者赫尔谟劳·巴尔巴鲁曾把这个词翻译为"完满形态的占有"；根据一个值得怀疑的传说，巴尔巴鲁在翻译这个词时曾不得不求教于魔鬼。这里只引下面这段话来说明这个词："看起来，在亚里士多德那里，隐德来希一般地意味着一种积极的实在性或现实性，以与纯粹的可能性或能力相对立。由于这个缘故，他认为活动（如运动和沉思）、特质或偶性形式（如科学、德行）、有形实体的形式，特别是心灵（所谓心灵，他指的是那种作为手段的实体的形式），都具有隐德来希。"（《定居汉诺威时期的莱布尼茨》，第 352 页）在莱布尼茨本人那里，隐德来希的意义与 principium activum［能动的原则］、activitas［能动性］、活动性、活动力的意义是一致的。

〔11〕［第 40 页注］在莱布尼茨于 1671 年写成和交付出版的著作 *Theoria motus abstracti*［《抽象运动论》］中，已经可以看出他后来的思想的萌芽；在这一著作中，他还没有超出广延的物质概念而达到形而上学的力的概念。在这一著作的某一段里（布吕克尔和汤姆生已经注意到这一段，见《对莱布尼茨体系的说明等

等》),莱布尼茨写道:"如果把灵魂除外,那么任何没有运动的力都不能延续更多的时刻,因为在瞬息间是力的那种东西,在时间中就是物体的运动;如果考虑到这一点,那就能很好地把肉体和灵魂区别开,直到目前为止,还没有任何人解释清楚这一点。事实上,任何物体都是一种生活于瞬息间或没有任何记忆的灵魂,因为物体无论对于自己的力,或者对于异己的、对立的力,都不能保持更多时刻(要知道,对于感觉来说,以及对于快乐和悲伤来说——没有快乐和悲伤,也就没有感觉——自己的力和异己的力、作用和反作用都是必要的,换句话说,对比与和谐都是必要的)。因此,物体没有记忆,没有关于自己的作用和自己的被动状态的感觉,没有思维。"(第 2 卷第 2 册第 39 页及以下数页)。1847 年,我们已经在莱布尼茨于 1669 年写给雅·托马齐乌斯的信中,看到他的哲学的某些因素。在这封信里,莱布尼茨十分明确地表示他绝不是笛卡尔的信徒;他仅仅赞同近代一切哲学家共同持有的一个观点,即物体中所发生的一切,都只应通过大小、形状和运动来加以说明。他后来整个一生都始终保持这个观点;他只不过没有把数学的或力学的原则看作物质世界的原始的或最终的根据。但是,在这封信里,他就已经这样说道:"物质本身中没有运动,一切运动原则都属于精神,像亚里士多德早已认为的那样。"接着他又说:"运动的头一个原则就是那个原初的、非物质的,同时又是活动的形式,即精神。因此,只有精神才具有自由和自发性。因此,如果说,在实体的各种形式中间,只有精神才是运动的头一个原则,其余的形式都是从精神那里获得运动,那么这种说法并不荒谬。"诚然,莱布尼茨在这里还是从最严格的、因而是偏执的意义上理解"精神"这个词;

在这个意义上,除了上帝之外,只有人具有精神,自然界是一个没有精神、没有灵魂的机器;他把精神仅仅定义为思维的存在物,定义为 ens cogitans,因此,在这个限度内,他仍然站在笛卡尔主义的观点上。但是,即使在这里,在这个 ens cogitans 中,pensées confuses〔模糊的思想〕已经出现在脑海里。笛卡尔认为,只有那种成为抽象思维的对象的东西,即非物质的、几何学的物体,才属于物体的本质;相反,莱布尼茨除了广延之外,还把物理的、感性的质纳入物体概念之中。对某种感性的质,还应当作些研究。毫无疑问,这种质就是密度,或者是与广延结合在一起的阻力。可见,在笛卡尔看来,只有清楚明白的东西,即抽象的概念或思维,才具有真理和本质,只有没有任何感性的物体才是真正的、本质的物体,只有精神才是 ens cogitans〔思维的本质〕;相反,莱布尼茨在这里已经间接地赋予模糊的,即感性的表象以一种形而上学的或本质的意义,因为他把感性的质看作物体的本质,从而——至少间接地——赋予精神以一种感性存在物的意义;动植物与这种存在物的距离,已经不像与笛卡尔的精神离得那么遥远了。

〔12〕〔第 44 页注〕按照拉比们的看法,小骨头 Lus 或 átrvad rákaf 位于脊椎骨里;它是如此坚硬,以致可以把它当作铁锤用来击碎岩石,它是不能烧化的和不会腐败的;因此它是人复活时形成新肉体的材料(艾森门格尔:《启示的犹太教》第 2 册第 16 章第 930 页)。遗憾的是,被拉比们看作无可怀疑的事实的这块小骨头,在我们这里并没有获得那样的评价! 我们今天有许多哲学家对这块小骨头作过多么深刻的议论啊! 莱布尼茨就希望证明 possibilitatem Eucharistiae〔圣餐的可能性〕,像在 concilio Tridentino［特伦托会议］上 salva philosophia emendata［借助于纯洁健康的哲学］对这种可能性所作的解释那样，而它在许多人看来是难以置信的。

〔13〕［第49页注］莱布尼茨是在差别很大而且很不确定的意义上，时而在本义上，时而在转义上使用"表象"这个词的。例如，他在写给德·博斯的信（第2卷第2册第271页）中这样说："知觉不外是众多在单一之中的表现"。他在批评施塔尔医生的观点时，给知觉下了这样的定义："可以说，知觉是复合之物在单纯之物中的形象或表象，是众多在知性（？）中的形象或表象，正如角是在中心或者借助于发出的线的倾斜而被表象出来。"（第2卷第2编第154页）在他给瓦格纳的信中这样写道："内在之物和外在之物的符合（？）（一致？），或者外在之物在内在之物中的表象等，确实构成知觉。"克斯特纳在其给《人类理智新论》写的序言中，利用莱布尼茨在他的《人类理智新论》第2册第8章第37页上所作的数学比喻，对什么是表象作了如下说明："圆锥体的圆底这样地表现它的切面，以致我们知道一个，就知道另一个。同样地，力学中也用直线来表现速度和时间，用温度计表现空气的温度，用气压计表现空气的压力。"可是，在高级单子中出现的那种表象，仍然是最好的原形；与它相类比，就应当抛掉意识以及清楚明白的特征，把表象理解为一切单子的规定性；应当从最一般的、转义的意义上去理解"表象"，像莱布尼茨不止一次地谈到的那样（例如在第2卷第1编第331页上）。下面这段话（L.费德尔：《书信集》第391页）也可以用来说明这一点。这段话与基希尔的思想有联系，后者［按照卡巴尼斯的观点］断定说，可见的、物质的世界里所具有的一切，也

以精神的、不可见的方式出现于精神的、理智的、天使的世界之中。在基希尔的著作中这样说:"麦尔库里伊(黑尔蒙特)说得很好,万物都存在于万物之中:种子是以压缩形态表现出来的树,树是以张开的、扩展的状态表现出来的种子,数是展开的一,天使是汇集在一起的星辰,星辰是敞开的天使;由于世界存在于上帝之中,犹如存在于原形之中,因此可以说上帝是展开的上帝。"对于这一段话,莱布尼茨指出:"这段话里有一些说得很中肯的地方。因为,万物在更高的意义上确实存在于上帝之中,犹如存在于自己的泉源之中……可是,一般地可以这么说:物体是在精神中被表现出来,广延是在不可分割之物中被表现出来。……实质上,确实是这样:较低的事物以一种比它们自身所处的地位更高贵的方式处于较高的事物之中。从无限众多的对象发出的光线,通过一个小孔时并不会相互混淆,像我们在昏暗的房间里所看到的那样;这个情况使我们对精神事物的纤细程度获得一种预感。这些光线实质上仍然是物质的,因为它们可以被反射出来。"可是,毫无疑问,这一点也适用于单子,适用于单子之中包含着众多的、各种各样的物质这种情况;只要我们记着,正如莱布尼茨明确地强调指出的,单子 *éminemment*［在更高的意义上］包含着众多;他在另一个地方又认为单子与上帝的区别在于:事物 *éminemment*［在更高的意义上］包含在上帝之中,但 *virtuellement*［潜在地］包含在单子之中(同上书,第 125 页)。

〔14〕［第 53 页注］与莱布尼茨在这里所作的一样,凯特伏尔特也援引同样的论据。"甚至人的灵魂本身也往往没有意识到它所包含的和把握的事物。……其次,也找不到那样的人,他不能从

经验中知道,我们几乎无意识地往往在灵魂的参与下进行许多活动,对于这些活动,我们只是到后来才觉察出来,才加以评价。"在提到笛卡尔的这个反对者时,我们也应附带提醒一下亚里士多德学派也反对笛卡尔关于精神和物质的二元论,《游览笛卡尔的世界》一书的作者在他的著作《亚里士多德学派提出的新困难等等》(阿姆斯特丹,1694 年)中这样写道:"笛卡尔主义者企图断定,一切存在物或者是精神的,或者是物质的;他们的这个基本原理是完全错误的。亚里士多德学派正确地指出,在精神和物质之间存在着某种中介的东西,这就是灵魂,即动物的灵魂。"(第 62 页)在前面几页上,他写道:"笛卡尔主义者问:动物的灵魂是精神,抑或是物质?亚里士多德主义者回答:既非精神,也非物质,而是某种特殊的存在物,虽然它被称为物质,但并不是因为它是物质,而是因为它不是精神。这就是说,在精神和物质之间有某种中介物,它虽然不具有思考和推理的能力,可是具有感觉和表象的能力。这就是动物的灵魂,它是一种有感觉能力的实体。"亚里士多德主义者通常把感觉(sensus)定义为一种同时既是物质的,又是非物质的活动。他们说,精神或思维仅仅是灵魂的活动,因为精神是与肉体分离的,没有肉体的工具,精神的活动也能表现出来;可是,没有肉体的器官,也就没有感觉。感觉能力不仅是与灵魂有关,而且也与肉体有关,因为灵魂通过肉体进行感觉(例如,可参看约·路·哈芬罗伊特《对亚里士多德物理学著作的译注》,1600 年,第 529、584 页)。话说回来,经院哲学家,一般说来,基督教的哲学家和神学家,在动物灵魂具有物质性或非物质性的问题上,处境极为狼狈,见解极为分歧:一些人认为动物灵魂是有广延的,是会消逝的;

另一些人认为它是没有广延的、永存不灭的；还有一些人认为它虽然是非物质的，可是仍然是要死的。

〔15〕〔第55页注〕虽然从莱布尼茨的实体概念，即个体化和独特化的原则中必然得出实体的众多性，可是莱布尼茨并没有直接地推出这种众多性。他在自己写给德·博斯的信（第2卷第1编第369页）中，提出一个外在的论据："如果只有一个独一无二的实体，那就与上帝的智慧相抵触，因此实际上不是如此，尽管有可能是如此。"第303页上的下一个论据更为深刻一些："你问：为了什么目的而现实地存在着无数的单子？回答：为了使它们能够展现出上帝的创造的全部丰富内容，可是事物的秩序也要求这样，否则，现象就不能与表象中提供的一切一致起来。我们清楚地知道，在我们的表象中，甚至在清楚的表象中，也有一些模糊的、很不明显的表象，因此必然存在着许多与这些表象相对应的单子，正如存在着许多与明显的、清楚的表象相对应的单子那样。"不过，在这里已经内在地以众多性为前提了。在下面，他还以道德的确定性为理由来论证"我们之外的其他存在物的存在"，他说（第319页）："即使不考虑上帝的智慧，事物的理性根据也迫使我们承认，我们不是孤立地存在着，因为没有任何理性根据证明某种存在物具有存在的特权"。第299页上的下面这句话也与此有关："sane etiam（像偶性那样）substantia saepe exigit aliam substantiam"〔"实体往往暗示出其他实体"〕。可是，这句话在这儿是一个孤立的插句，因此不知道应当如何解释。对于感性的存在物或我们之外的其他存在物的存在问题（这个问题与单子的众多性或其他单子的存在问题是紧密相联的），莱布尼茨说："现象的联系，即在不同地点和

不同时间中发生的、在不同的人的经验中出现的事物的联系（他们本身相互之间在这方面是非常重要的现象），是关于感性对象的真正标准。"（《人类理智新论》第 4 卷第 2 章第 14 节）说得完全对！非常重要。感觉的真理只能建立在这个现象的真理之上。如果在我之外没有其他单子，那么单子论以及一般说来唯心主义就说对了：感性存在物只不过是一种假象。可是，其他单子、其他人虽然仅仅是我的感觉的对象，但被证明是一种与存在物相同的存在物，一种与我自己一样的自我，一种 alter ego〔另一个我〕。因此，我通过这种直观达到我从自己作为单子的自我的观点完全料想不到的新真理，达到关于感性的存在和本质的真理。正如可以确信其他人是存在于我之外的存在物一样，也可以确信树、石头也是存在于我之外的存在物。我趁此机会顺便指出，在我看来，感觉的真理是建立在 alter ego 的这种确定性、真实性之上，建立在我以外的人的真实性之上，建立在爱、生活与实践的真理之上，而不是建立在感觉的理论意义之上，不是建立在观念起源于感觉之上，不是建立在洛克和孔狄亚克的观点之上。

〔16〕〔第 56 页注〕这里阐述的观点根本不同于黑格尔在他的《逻辑学》（第 1 卷第 96、108 页）中对莱布尼茨体系所作的评论。但是，本书作者提出这一观点并不是为了发表某种新颖、独特的见解，像现在流行的那样去反对黑格尔。毋宁说，这种观点植根于本书作者自身之中，他对莱布尼茨的全部叙述和评价都是独立地作出来的，并没有考虑黑格尔和其他思想家关于莱布尼茨说了些什么，他们究竟是赞同还是反对莱布尼茨。只是到了现在，在这一段已经写完之后，作者才去看那些他仅仅记得其中包含有对莱布尼

茨作出评述的章节。在那里,黑格尔说:"在这个体系中,异在完全被扬弃了;精神和肉体,或者一般说来单子,并不是相互异在的,它们并不相互制约,也不相互作用;作为异在的基础的一切关系都消失了。有众多的单子存在着,因而它们被规定为某个他者,这一点与单子本身无关,而是一种发生在单子之外的对某个第三者的反映。但是,这里也同时表现出这个体系的缺陷。单子仅仅在自身之中,在作为单子的单子的上帝之中,或者在体系之中,才是可以表象的。"下面还说了一些类似的话:"由于众多性是某种观念的东西,因此单子仅仅与自身发生关系。……莱布尼茨的唯心主义就在于直接把众多性看作某种所与之物,等等。相反,原子论没有观念性的概念等。它超出单纯的、无差别的众多性之外;原子在进一步的规定中相互对立,等等。"黑格尔当然是正确的;本书作者虽然持相反的观点,但也认为自己是正确的。这种矛盾产生于:把体系作为批判的对象置于自己面前,这是一回事,而处于体系之内,则又是另一回事,简言之,批判是一回事,阐发是另一回事;因为任何体系本身都是完满的,每个体系在它自己内部都排除了自己的缺陷,尽管对缺陷的这种排除本身也是有缺陷的。批判是把体系归结为它的最简单的、最显著的基本原则,撇开更具体的规定性。可是,如果我们把单子的更具体的规定性和那些原初的、简单的规定性结合到一起,例如,和单子是集中起来的众多、集中起来的宇宙这样的规定性结合到一起,那我们就应当承认,以表象形态表现出来的众多实质上包含在单子概念之中,单子与原子的区别恰恰在于:单子中具有原子中所没有的东西。单子概念中之所以存在着缺陷、错误、矛盾,正是由于单子概念中还有某种依附于原子概念的东西。此外,对于单子概念来说,把存在和本质区别开来是非常重要的;而对原子来说,这一区别或者可以完全不予注意,或者至少可以不在这种意义上加以注意,因为原子仅仅是物质的存在,不具有本质,除了仅仅处于思想家的概念之中作为本质存在着。

〔17〕[第62页注]诚然,莱布尼茨常常说,灵魂仅仅在自己的清楚表象方面受到限制。例如:"尽管灵魂在自己的清楚概念中受到很大限制……可是,灵魂在自己的模糊知觉和与此对应的意向方面(你可以和某些学者一道把这种意向称为本能),却模仿着上帝的无限性。"(第2卷第2编第135页)接着又说:"灵魂是上帝的仿制品……它像上帝那样单纯,但也像上帝那样无限,它用模糊的知觉包罗一切,可是……在清楚的知觉方面,它是有限的。"(L.费德尔:《书信集》第124页)可是,这种无限性仅仅是指范围、众多性而言。在模糊的表象中,灵魂就表象的质而言是有限的,就表象的量而言是无限的。在清楚的表象中,无限性是就表象的质而言;有限性仅仅在于,灵魂只具有不多的或很少的清楚的表象。因此,莱布尼茨说:"灵魂是一个微小的世界,在那里,清楚的观念是上帝的表象,而模糊的观念则是宇宙的表象"(《人类理智新论》第66页)。

〔18〕[第67页注]"创造物就其本性而言就具有物质性,它们不可能不是如此。"(《写给德·博斯的信》第2卷第1编第175页)当我们在这里指出物质是创造物的基本条件时,我们必须(1847年)趁此机会纠正从前的一个论断,即灵魂是差异和个体性的原则。莱布尼茨虽然在同一封信中说,物质中的差异取决于隐

德来希,隐德来希使物质成为有差异的,可是他在这封信里又从物质的差异中引出隐德来希或灵魂的差异、"由于隐德来希再现出有机物质的结构,因此隐德来希中所包含的杂多必然与我们在物质中所感知的杂多一样多,因而不可能有两个完全相同的隐德来希"。在这封信里,他还从物质的无限的可分性和差异中推断出要完全认识物质是不可能的,因而要完全认识灵魂也是不可能的,因为灵魂最准确地表现着物质。对于这一点,他惊叹地说:"啊!如果只有上帝是不可理解的,那多好哟!那样一来,我们在认识自然界方面就有更多的希望。"单子通过表象的差异而相互区别,而表象的差异又仅仅取决于物质;从这一点中已经可以推断出物质是差异的泉源。如果灵魂只具有清楚的表象,那么灵魂就是上帝或类似于上帝的东西,灵魂之所以不是上帝,不同于上帝,只是根据它具有模糊的、混乱的表象;可是模糊的、混乱的表象所表现的是物体、感性、物质,因此物质是单子的特殊区别的基础,是下述情况由以产生的原因,即不仅存在着上帝,不仅存在着自我同一的存在物,不仅存在着光明,而且存在着阴影和色彩。亚里士多德主义者埃·索涅尔在他为亚里士多德的《形而上学》所写的注释中说:"个体性的原则也就是数的众多性原则,而后者也就是物质。任何划分的原则就是量,因为凡是没有量的地方,也就不能划分,甚至数也是从数量划分中产生出来的。可是,物质是从最高的物质中发出来的头一个量,是为了划分特殊的物质而得出的头一个可分之物。总之,如果一切划分都来自于量,而头一个实体的量就是物质,那么必然由此可以断定,没有物质的地方,也就没有区别,没有众多性,没有种和属,没有数,一切都是绝对同一的。因此,如果上帝不首先创造出物质,那他就不可能创造出各种不同的存在物。"莱布尼茨也依据于同样的思想,只不过他没有如此抽象地理解物质,没有简单地把物质归结为量的或数的差异。伏尔夫说:"如果单纯的事物没有界限,那它们都完全没有区别了。"(《关于上帝、世界和灵魂的合理思想》第112节)因此,没有界限,也就没有差异;然而,没有形体性、没有物质性,也就没有界限。他说:"我理解到思维精神的力量受到肉体的限制。"(《关于形而上学著作的论述》第22节)

〔19〕[第70页注]要把广延概念和单子概念联系起来,或者从单纯的、非广延的事物的联系中推出广延,这给莱布尼茨的信徒们带来巨大困难。"他们断定说,如果我们想到两个同时存在着、可是互相分离的简单事物,那我们就在自己的头脑里以某种方式把其中一个置于另一个之外,因而把它们看作某种有广延的和复合的东西。要知道,广延不外是不断的重复,我们把这种重复想象为广延。换句话说,可以把简单的存在物看作一些相互之间具有多种多样联系的事物(这与它们的内在状态是有关联的);由于这些联系而形成它们在其存在中所遵循的某种序列,这种序列在那些同时并存和相互联系的事物中决定着模糊的知觉,因为我们知道它们恰恰是被什么样的关系联系着。于是出现了广延的现象。"(迪唐为莱布尼茨的《哲学著作》所写的序言)对于这一点,比尔芬格尔是这样解释的:"我要在这一段里证明:如果有人说从简单之物结合为统一之物中可以获得某种复合的、有广延的、具有形状从而也具有形体的东西,从某种还不是物质的东西(物质意味着结合起来的众多),通过结合而获得物质,那么这种说法并不荒谬。事实上,从那种不是部队的东西中通过结合而产生出部队,从那种不

是国家的东西中通过结合而产生出国家,从那种不是混合物的东西中通过结合产生出混合物,从那种不是面包的东西中通过结合产生出面包;与此相似,从那种不是复合物的东西中通过结合产生出复合物。在这种场合下,在有广延之物和无广延之物之间的矛盾,不会大于从无学识的人中产生出有学识的人、从不富有的人中产生出富有的人等等中的矛盾。"困难主要在于他们企图直接地把单纯之物和复合之物联结起来。然而,应当以另一种方式去理解这次任务。在莱布尼茨看来,单纯之物、vis[力]、单子只不过是思维的对象,而复合之物、有广延之物则是想象或直观的对象。直观的对象必然是有广延的。任务仅仅在于说明思维的对象如何变为直观的对象。一个非物质的存在物关于另一个非物质的存在物的表象,由于后者虽然和前者一样是非物质的,可是后者对于前者来说,也如对其他的存在物来说,是另一个存在物,因此这种表象是感性的表象,是直观;因此,一般说来,物质、痛苦,从而以及广延的原则就在于:一个单子对于其余的单子来说是另一个单子,同样地,其余的单子对于这个单子来说也被规定为有区别的,具有另一种存在。因此,单子的众多性原则是与物质以及与其关联的广延的原则相一致的。莱布尼茨自己就说过(第 2 卷第 1 编第 317 页):广延不是自在自为地非广延的存在物的变形,而是物质的变形,因为它不外表示某种已经具有受苦能力的东西的状况(situm)。不过,不能否认,对于令人满意地和充分地研究这个重要问题,莱布尼茨的哲学至少没有提供什么材料;而且,我在 1847 年还指出,它根本不可能提供什么材料;因为,"如何能够从单纯的、不可分的、相互不相关联的事物中产生出复合的、可分的事物来"

261 这个问题,也就是这样一个问题,即如何能够从非物质之物中产生出物质之物,如何能够从精神中产生出肉体,如何能够从上帝中产生出世界。可是,这个问题不可能得到解决,因为它是荒谬的。即使我从一个特定的观点,即从唯心论和有神论的观点断定说,没有灵魂就不能想象或说明肉体,没有上帝就不能想象或说明世界;但这绝不是说,我能够从灵魂出发去解释或引出肉体,从上帝出发去解释或引出世界。在灵魂中,我把肉体归结为虚无,在上帝中,我把世界归结为虚无;灵魂中没有任何肉体的东西,上帝中没有任何尘世的东西;灵魂是肉体的人格化的虚无,上帝是尘世的人格化的虚无。我如何能够从世界的虚无中引出世界,从肉体的虚无中引出肉体呢? 如果灵魂是存在物,那么肉体的外貌是从哪里得来的,它又有什么用呢? 如果上帝是真理,那么世界的谎言是从哪里得来的,它又要达到什么目的呢? 上帝不需要世界,灵魂也不需要肉体。我如何能够从对某种东西不需要,认为这种东西是多余的这种情况中引出这种东西呢? 万物之所以存在,只是因为它们是需要的,万物都仅仅产生于需求、缺乏、需要。甚至奢侈也仅仅是由于需要而产生。可是,哪里会有这样的情况,即真理需要谎言、本质需要假象、光明需要黑暗呢? 上帝、精神、灵魂是清楚明白的表象、概念,而世界、肉体、物质则是模糊混乱的表象,如何能够从清楚的概念中产生出模糊的表象呢? 这难道不是荒谬透顶吗? 诚然,模糊的意识或概念具有达到清楚明白的欲望,可是,清楚明白的意识或概念却没有达到模糊混乱的欲望。虽然我能够从动物中引出人,可是不能反过来从人中引出动物。虽然 minus[减]具有对 plus[加]的要求,可是 plus 不具有对 minus 的要求。只有被限制的、不完善的存在物才具有创造的能力,因为它渴望自由和完善,同时只有渴望才具有创造力;完善的存在物满足于自己,因而它没有什么欲望,不想创造出和产生出什么东西,至少不想创造和产生出另一个不完善的存在物。

〔20〕〔第 81 页注〕特殊的 vinculum substantiale〔实体联系〕这个概念,不具有一种明确的、严格符合于单子论原理的含义。从这一节本身中也可看出,莱布尼茨在这里是不明确的、动摇的、自相矛盾的。如果他一开始就对单子概念作一些改动,那就可以给与 vinculum〔联系〕这个概念以一个与单子概念有比较紧密联系的含义。否则就很难,甚至于不可能给与实体的联系以这样一种含义。只有单子才是实体的,联系不是实体的,尽管莱布尼茨在另一方面仅仅把那种与有机体相联系的单子称为真正的实体(第 2 卷第 1 编第 215 页)。联系仅仅被归结为隶属关系。不过,据我所知,vinculum substantiale〔实体联系〕这个概念仅仅在莱布尼茨写给德·博斯的信中发挥作用,这些信虽然是莱布尼茨哲学的重要史料,但不能不经过批判分析就加以引用。因为,在这些书信里,除了一些无疑与单子论有密切联系的论述外,还有一些纯粹假设的、只是为了解释通常意义的变体和物体而采用的定义。例如在第 2 卷第 1 编第 303 页上这样写道:"如果能够想出一种使你的变体得到解释的合理方法,哪怕通过把物体归结为只不过是一种现象,那我也无疑是非常乐意这样做的,因为这个假设从各方面来说都是可以接受的。除了单子和它们内部的变异之外,我们不需要其他东西。可是,我担心如果我们不把实在的联系和结合归并到一起,我们就不能解释体现的秘密等等。"(第 295 页)"不过,老

实说,我希望最好通过现象来解释圣餐中发生的事情"。在这里,他甚至把单子仅仅说成是一种假设。在第 297 页和第 302 页上这样写道:"如果仅仅存在着一些拥有自己知觉的单子……在那样的情况下,为了使一切实在的消灭也隐匿起来,只需要有一些灵魂或单子就足够了。"在第 295 页又写道:"如果没有单子的这种实体的联系,那么一切物体以及它们的全部特质就不外是一些像虹和镜中影像那样有充分根据的现象,简言之,不外是一些稳定的和相互协调的梦景,而它们的实在性也仅在于此。"这一段话,无疑与莱布尼茨的下述原理有联系:单子只有和物质在一起才构成完全的实体,复合的实体只有通过单纯的、实在的实体才得以存在。不过,在这些通信中,除了 vinculum substantiale 之外,还有许多模糊的、不明确的、自相矛盾的命题。例如,莱布尼茨把复合的实体称为实体和变体之间的中介物,并说复合实体是有生有灭的(第 301 页)。其后,在第 301 页上,他却又收回了这种说法。他甚至把复合实体的隐德来希和居于统治地位的单子区别开来(第 321 页)。此外,他还断定说:"在现象出现时,复合实体中除了单子之外还应包含某种实体的东西,否则就不会有任何复合的实体。"——仿佛单子不恰恰就是某种实体的东西似的,不过,我们也必须注意,这些书信不是一口气写出来的,而是在 1706—1716 年间写成的,而且两封书信之间往往相隔一年之久。

〔21〕[第 83 页注]"组织起来了的物质(其中包含灵魂的观点)被更加准确地表现出来等等(第 2 卷第 1 册第 55 页),按照(肉体的)状态……它(单子)表象着……处于它之外的事物。"(《自然和神赐的原则》第 3 节)莱布尼茨不止一次地把作为表象的单纯手

段的肉体和简单实体所固有的表象观点区别开来(《神正论》第291页)。可是,这种区别仅仅依据于一个在这里并不重要的情况,即我们是从灵魂出发还是从肉体出发。灵魂愈加完善,它的有机的肉体也愈加完善;可是,我可以把这个命题颠倒过来,从肉体的完善中推出灵魂的完善。对于表象的手段和观点来说,也是如此。在《哲学原理》第12节中有一段这样写着:"除了变化的原则之外,还必须有某种图式(在埃德曼发表的法文原著中,这一句是这样写的:un détail de ce qui change [变化之物的细节]),可以说这种图式产生了简单实体的种属的规定性和多样性。"对于这一段话,我只能这样理解:所谓表象的图式,我既理解为表象的直接的和最近的对象,即其余的对象依据的被表象的那个对象,因而也就是指肉体而言,同时也理解为表象的那个特殊的、个别的种类、典型,而肉体就恰恰是这个种类、典型的表现。

〔22〕[第85页注] 自然界里最符合于莱布尼茨的这个思想——即每个部分本身又是整体,每个存在物以无限众多的方式反映着外部世界——的那个绝妙的譬喻,就是许多昆虫的眼睛,这种眼睛由千万个小平面组成;按照斯瓦麦尔达姆的看法,其中每个小平面本身又可以被看作是一只小眼睛,从而它以千万种方式反映着对象。因此,当这种眼睛的角膜对准一棵橡树时,就好像把橡树置于显微镜的焦点之上,于是这棵橡树便扩大为一片橡树林。莱布尼茨对自然界由无数有机体所组成这一思想,给与非常广泛的解释;要知道,任何有机的生命都与普遍的自然力的某种程度有联系,尽管这种程度也具有如此包罗万象的、普遍的性质;甚至鞭毛虫的产生和成长也与一定的时间条件和物质条件有联系(例如

可参看科赫:《微物论》,马德堡,1803年,第5、49、50节;维尔布兰德:《普通生理学》,1833年,第118、319页)。可是,埃伦贝格对鞭毛虫的观察已证明了下述思想:自然界在某种意义上可以说在万物中展示和表现着万物,在最小的事物中展示和表现着最大的事物,一个仿佛最简单的、没有形态的、没有区别的生命点按其自己的方式而言已经是一种集中的众多性和多样性,是一个有机的王国,也可以说是一个独立的世界。他的观察证明:"那些最细微的、运动着的、被认为完全没有结构的、只有借助于现代的显微镜才勉强能看清的形态,作为机体来说不仅具有明显的消化器官,而且在它们那里可以发现特殊的神经系统的迹象。"(参看他的第二篇论文《从最小空间方面对组织的认识》,柏林,1832年,第19页)根据埃伦贝格的观察,许多种多胃的鞭毛虫甚至长有眼睛这样的感觉器官;显而易见,这种感觉器官是宇宙的镜子。

〔23〕[第87页注] 大家知道,在莱布尼茨那个时代,animalcula spermatica [精子动物]开始成为科学界探讨的对象。荷兰的医生哈蒙首先对它作了考察,后来勒汶胡克使它en vogue[获得声誉]。这些可怜的动物博得喝彩;可是,像世界史上常常发生的那样,这些动物作为革新者和异端分子受到了顽固的旧学者们的不公正的待遇。某些人甚至否认这些动物的存在,认为它们只不过是fallacias opticas[错觉]而已。然而,尘世所蔑视的东西,却被精神所敬重。莱布尼茨以他固有的人道主义精神欢迎它们,甚至称它们为in spe[亲密的]兄弟;莱布尼茨之后的其他某些伟大的学者,例如哈勒尔,也与他一样采取这种仁慈友好的态度。奈德米勒尔在他的《为精子动物作彻底的辩白》(纽伦堡,1758年)一文中,

给这些动物写了一篇文学的 curriculum vitae［传记］。到现代，还有人用生理学的论据来论证下述观点，即试图从单子或有机体的联系中，以及从它们服从于起支配作用的和包罗一切的统一中，解释高级组织的起源（参看 J. H. 施密特：《关于形态学等等的十二本书》，柏林，1831 年，第 1 册第 228、235、236 页；艾森曼：《植物性的疾病》，1835 年，例如第 91 页）。上述这些医生以及现代的其他某些医生把疾病看作机体中产生的新机体这样一种观点，也是与莱布尼茨的自然观相符合的（参看艾森曼的上述著作第 92—96、188—192 页，特别可参看关于接触传染的那些段落，第 193 页等等）。莱布尼茨在《人类理智新论》（第 4 卷第 7 章第 19 节）中甚至明确地说："疾病仿佛类似于一些要求有特殊历史的植物或动物，也就是说，疾病是存在的样态或方式，façons d'être，适用于物体或实体的论点，也适用于这种样态或方式，举例来说，四日疟也如黄金或水银那样难于深刻地加以了解和规定。"至于血球甚至具有独立运动的假设，可参考布尔达赫的《生理学》（第 4 卷第 318—324 页）。

〔24〕［第 88 页注］莱布尼茨正是根据宇宙的绝对不间断性这个形而上学的原则，先验地推断出植物和动物之间存在着某种中介的生物。他在写给赫尔曼的一封信中说（这条注释所引的这一段就摘自这封信）："……我深信这样的生物一定存在着；自然科学今后可能会发现它们。我们不久以前才开始作这方面的观察。"正如《人类理智新论》德译本的译者乌里希——多亏他的译文我才能引出这些段落（第 2 册第 121 页注释）——正确地指出的，莱布尼茨由于上述的观点预言了水螅虫的发现。关于水螅虫的性质的

争论,老早已经得到解决,结论是"水螅虫以及它们的珊瑚的确是动物"。至于自然界中发展阶段的不间断性,莱布尼茨指出:诚然,自然界里存在着虚假的飞跃。"自然的美爱好清楚的知觉,它要求飞跃的外貌,也可以说,它要求现象中出现音乐的间隙,并以使种属混淆起来为乐事。"(《人类理智新论》,第4册第16章第12节)

〔25〕[第101页注]莱布尼茨常常谈论先定的谐和;还可以再引一段他在这方面的言论:"由于任何单纯实体的本性……都是下述这样:它的在后的状态是它的在先的状态的结果,因此一切谐和的原因就在于此。"诚然,他也谈到外在的根据:"因为,对于上帝来说,只要做到使单纯实体一劳永逸地成为从它自己的观点去表现宇宙的那种表象,那就足够了。要知道,仅仅从这一点中就可以推断出单纯实体将永远是那样的表象,所有的单纯实体将永远处于相互谐和之中,因为这些实体(可见,这里又出现了客观的、内在的根据——费尔巴哈注)永远表象着同一个宇宙。"(第2卷第1册第163页,nisi fallor.[如果没有弄错的话])可是,先定的谐和在莱布尼茨那里是植基于他身上那些尚未清除干净的笛卡尔主义的残余之中;老实说,先定谐和的根据和泉源在于:莱布尼茨——如上一节从《神正论》摘引的那些段落中那样——把能动灵魂和被动灵魂、思维的灵魂和无意识的灵魂之间的区别归结为笛卡尔主义关于思维和有广延的物质之间的对立,并且仅仅注目于这种对立。因此,还应当注意到莱布尼茨只不过是从机械的前提出发达到他的先定谐和。他自己在某个地方说过,他承认灵魂是原初的隐德来希,可是,在他研究了运动规律之后,他便认为一切事物仅仅是按照机械的方式发生的;诚然,在他看来,机械之物的原则植基于

非物质之物之中，可以把这一点称为形而上学的影响。在这一著作中(1847年)，我曾经力求从先定谐和的对象出发揭示先定谐和的起源，可是没有什么结果。莱布尼茨自己在他写给克拉克的第5封信(第89节)中说过，灵魂和肉体之间的谐和或一致，是原初奇迹的作用或结果，不过他否认这种奇迹始终存在着。然而，为什么起初是奇迹而后来会不再是奇迹，这是无法理解的。奇迹的外貌虽然消失了，可是奇迹的本质仍然保留着。开始时或起初之所以是奇迹这一点的根据，就在于无论在肉体的本性中，或者在灵魂的本性中都没有包含它们相互联系和一致的必然性，而这一根据到后来也仍然发生作用。伏尔夫在他《理性心理学》(第629节)中用这样的话来推脱对经常出现奇迹这一点的谴责："那种由于某种奇迹，特别是起初由于奇迹而产生，可是后来却遵循自己的本性而活动的东西，不能被看作是继续存在着的奇迹。"为什么不能呢？如果巴兰的驴有一次口吐人言，那么，不言而喻，它的话应当是按照某种逻辑的和自然的顺序前后连贯的，可是难道奇迹不是一直恰恰在于驴说人话吗？至于如何理解和规定肉体和灵魂，那是无关紧要的：不论把肉体理解为被动的，把灵魂理解为能动的，不论把肉体定义为运动的力，把灵魂定义为表象的力，不论把肉体说成是模糊的表象，把灵魂说成是清楚的表象，不论把肉体理解为有广延的存在物，把灵魂理解为非物质的、无广延的存在物，这种一致和联系按其原则来说始终是随意的、不可理解的、奇迹式的。模糊的表象应当是肉体和灵魂之间的联系手段。可是，模糊表象仍然还是表象。莱布尼茨利用模糊表象把自己对灵魂和肉体的联系的模糊认识加诸对象本身。而且，正如本书正文已经正确地指出的，在莱布尼茨那里,严格说来,根本谈不上灵魂或精神与肉体的联系。在莱布尼茨看来(从真正的、神学的神秘论的观点看来),肉体甚至"不具有独立的存在,而是一些随即消逝的阴影。有形体的事物仅仅是阴影、目光、形象、真正的梦境。本质的真理仅仅存在于精神之中"。

〔26〕[第102页注] 在他的《关于中国哲学写给雷蒙先生的信》中,与那种把上帝变成可分之物的发射论相反,莱布尼茨把灵魂称为"production immédiate de Dieu"["上帝的直接之物"](第13节),接着又说:"它只能从虚无中创造出来。"可是,这与直接的产物大概是很难相容的。为什么很难相容呢(1847年)?灵魂是上帝的直接产物,这就是说,灵魂不是自然界或物质的产物,它不是通过自然的方式产生的,因为它是一种完全异常的、超自然的存在物。然而,如果灵魂不是来自自然界,那么它来自何处呢?来自上帝吗?绝不可能!"令人厌恶的异端邪说断言:灵魂产生于上帝的本质。"(大阿尔伯特,《全集》第12卷第2编第72号)可是,除了上帝和自然界,还有什么呢?什么也没有。因此,灵魂是上帝从虚无中产生出来的。斯卡利格尔(《写给卡尔丹诺的信》,*Exercit*,Ⅵ.11)说过:"总之,我们的灵魂不是从种子中长出来,不是来自天上,而仅仅是来自作为缔造者和创造者的上帝。其余的一切都是来自自然界,并与物质相关联。"维蒂希在他那本《反对斯宾诺莎》(第294页)中写道:"上帝不是借助于中介的原因创造出万物,他给自己保留着某些作用。上帝自己创造出精神,因为没有其他原因作为中介的原因参与万物的创造,因为一种精神不能产生另一种精神,而肉体也不能创造出精神。"从上帝中引出灵魂,这与上

帝的单纯性相矛盾；而从自然界中引出灵魂，又与灵魂的单纯性相矛盾；前者有损于上帝的尊严，后者有损于灵魂的尊严。为了避免有损于这两者的尊严，而求助于一个没有内容的词。可是，没有内容的词也就是不可理解的词，因而这是对理性的一种诋毁。为了避免这种污辱，便把头脑之中的虚无变成头脑之外的虚无。

〔27〕［第104页注］关于这一点，在莱布尼茨的数学著作（第3卷）以及在他写给苏伦贝格的信中，也能发现一个有趣的段落。在那里这样写道："限制或界限是从创造物的本质中产生出来的；界限意味着某种缺乏，它是对前进运动的否定，设置界限意味着拒绝前进的运动，或者否认那种继续存在着的东西。"（《神正论》，摘自论战，第五个反驳）可是，必须承认，上帝赋予以力量和具有某种感觉能力的创造物，也包含有某种积极的东西，换句话说，除了界限之外，它还包含有某种东西，从而不能归结为纯粹的界限或不可分之物。"……这种包含有某种积极之物的力量，是创造物的一定程度的完善；这种力量还具有活动力，在我看来，这种活动力构成实体的本性。……恰恰从这里可以得出：事物产生于上帝和虚无，产生于肯定之物和否定之物，产生于完善和不完善，产生于力和界限，产生于能动的和被动的原则，产生于形式（即隐德来希、努力、企求）和质料或本身迟钝的物质。我用自己所研究的从0到1这些数的起源来说明这种不是虚无的东西，这是事物不断地从虚无中创造出来和事物依附于上帝这一点的一个卓越标志。"与这里一样（1847年），莱布尼茨在他的《论普遍的精神》（第56节，埃德曼出版）中，也把上帝和虚无作为两个最大的极端相互对立起来。"在上帝和虚无之间有无限众多的等级。上帝是与虚无相对立的

最高的存在物。"这个思想对于批判地理解神学和形而上学非常重要。但是,这个思想绝不仅仅是莱布尼茨一个人所特有;在其他一些哲学家和神学家那里也能看到这个思想虽然不是用的同样的词句。例如,尼古拉·陶勒鲁斯在他的《哲学的凯旋》(第 151 页)中说过,而且说得比莱布尼茨更加合乎逻辑:"最单纯的或绝对的肯定(affirmatio)就是那种被理解为不包含任何否定的肯定;同样地,单纯的或绝对的否定就是那种不以任何肯定为前提的否定。前者仅仅为上帝所具有,后者仅仅为物理学家的第一物质和神学家的虚无所具有,因为虚无就是那种在其中一切都被否定的东西。"Nihil enim est cui denegata sunt omnia. 按照 J. 邓斯·司各脱的看法(参看 A. 黑尔博德:*Meletem. Philos. Lugd. Bat.*,1654 年,第 249 页),哲学家、神学家 C. 阿勃拉·德·拉索尼斯也提出过同样的论点:"无限的存在物与虚无之间的距离,比无限的存在物与创造物或有限的存在物之间的距离大得多;上帝和虚无之间的距离从两方面来说都是无限的,在上帝方面是无限的,在虚无方面也是无限的;可是,在有限的存在物和虚无之间的距离,仅仅在虚无方面是无限的。"天主教神学家别塔维伊在他的《独断的神学》(*de Deo Deique* 第 1 册第 6 章第 15 节)中也这样说:只有上帝才与虚无没有任何共同之点:"只有上帝是这样存在着,他与虚无没有任何联系。"甚至在教会神学家们和新柏拉图主义者的那个古老命题中也提出过这个思想,按照那个命题,除了 esse[存在]之外,本来就不能把其他宾词加诸上帝,因为存在的对立面就是不存在或者虚无。可是,什么是虚无呢?它是一个简明的、无所不包的词,人们用它来表示一切表现出缺陷、否定、不存在的事物,例如,关于傻子,人们说:他什么也不理解;关于瞎子,人们说:他什么也看不见;关于一棵不结果实的树,人们说:它什么也不长。那么,什么是上帝呢?它也是一个简明的、无所不包的词,人们用它来表示一切与虚无这个词相对立的事物。上帝是虚无的对立面,可是你只有在虚无中才能发现它的意义和含意。"例如,对于虚无,难道我们不能够说:它是固定不变的,它是不动的,它不是被创造出来的,它是不朽的和永恒的,它是与自身同一的,它是与创造物有区别的?"(比埃尔·于厄:《笛卡尔哲学批判》第5章第3节)因此,难道你没有在虚无中发现上帝的宾词吗?我要对前面所写的那个注释补充如下一段话。陶勒鲁斯在他的那本刚刚引证的《哲学的凯旋》中,也像莱布尼茨那样说过:除了上帝(他是纯粹的肯定)之外,一切事物的原则都是存在和非存在;要知道,否定属于事物的本质,因为每一事物仅仅是某一事物,而不是其余无数的事物。"事实上,它们是以那样一种方式存在着,即每一事物都在更高的事物中具有自己的原因,它仅仅是某一事物,而不是许多事物。"康帕内拉也在某个地方说过:"人不是虚无,但也不是全部存在或存在物(ens),而是这种存在物或某种存在物。它是某种存在物,就是因为它不是一切存在物。因此,和存在一样,不存在也是某物的原因。存在本身是无限的和不可计量的,正如上帝——他是纯粹的存在——所证明的那样;存在只有通过不存在才变为受限制的和被规定的。因此,如果人不参与到虚无之中,那他便是一切存在物,便是无所不能、无所不知和无所不想的。"我们在这里揭示出虚无的真正意义和起源。人是某物,而不是万物,不是石头,不是动物,不是太阳,不是空气等等。这种不存在仅仅存在于人们随意地把自己与其他存在物相比较,它只不过是某种主观的,即表象的、想象的东西。可是,人并非随意地把一切主观的东西变为客观的东西,人也把对那存在于人之外的一切事物的否定变为这一切事物的真实的本质规定性;人是由肯定和否定组成的,人是部分的虚无,即对下述一切事物的否定,我凭借自己的无限的想象力把这些事物想象为或可能想象为存在于人之外,但把它们作为不存在于人之中的事物加以否定了。但是,这些适用于人的论点,也适用于其他任何事物。每个判断同时既是否定的又是肯定的。我说:玫瑰花是红的。当我肯定红色的时候,我就否定了其他颜色。正如黑格尔所说,每个事物都是判断;对于那些对思维持相信态度的人来说,存在和思维之间没有差别恰恰就在于此。因此,正如雅可布·波墨所说的,一切事物都是由肯定和否定所组成。但是,每个特定的存在物或判断都是特定的否定;如果我抽掉这种规定性,并把这种纯粹的"不"、纯粹的否定本身看作某种实体的东西,那我便得到了"虚无"。虚无是逻辑的或语言上的否定,上帝是逻辑的或语言上的肯定。虚无被物质化或人格化为非存在之物、否定的总和、abyssus nihilitatis〔非存在的深渊〕,而上帝则被物质化或人格化为积极的存在物、肯定的总和;虚无被看作非存在,上帝被看作存在。上帝是肯定意义上的最高的存在物,虚无是否定意义上的最高的存在物。虚无是"无限的和不受限制的否定,它包含着各种各样的非存在",上帝则是"一个包含着各种各样存在的原因"(A.黑尔博德,同上书,第250页)。因此,与上帝一样,虚无也是普遍的和无限的。可是,虚无的无限性表现在哪里呢?如上所述,这表现在虚无不外是一个普遍的、否定的词。例如,谈到一个木制的铁器,人们说:这是莫须有的;谈到一个死者,人们说:他不再存在了;谈到一个穷人,人们说:他什么也没有;谈到一个懒汉,人们说:他什么也不干;谈到一个病人,人们说:他什么也不吃;谈到一个笨拙的人,人们说:他什么也不会干。在所有这些事例中,虚无都有一定的含义:在第一个事例中,它指的是矛盾;在第二个事例中,它指的是死的状态;在第三个事例中,它指的是贫穷;在最后一个事例中,它指的是对某种工作、技术或科学不熟练。可是,如果总是用一些特定的词来表示这个特定的意义,那就极其单调乏味,特别是在谈话中、在生活中是如此,在那些情况下人们没有很多时间来考虑使用这样的词。因此,虚无不外是一个夸张的缩写词。从起源上说,某物本来是虚无在语言上和逻辑上的对立物;可是,某物也只不过是一个词,它本身不具有任何特殊的意义。例如,如果我问:你看见或听见某物吗?那么这个某物总是意味着某个特定的、具有一定名称的对象。诚然,有无数这样的事物,对于它们来说,应当严格地把词的对象或意义和词本身区别开来;可是,也有很多这样的事物,对于它们来说,词的概念或对象与词本身是一致的,词的意义仅仅处于词本身之中:前者是真实的事物或存在物,后者则仅仅是语言上的存在物,它本身是非存在之物、纯粹的虚无或零。所有这些语言上的否定的中心、ἓν καὶ πᾶν,就是虚无。因此,如果有人把从虚无中创造出某物说成是基督教思辨中最重大的问题(莱布尼茨甚至企图借助于他的两分法(Dyadik)、借助于他对 0 和 1 的计算,从"所谓"数学上证明这种创造;为此,我们也可以离开正题说几句话),那他就忘记了这个问题在《圣经》里的下面这句话中老早已经得到解决。《圣经》上写道:"上帝说:

光明来了，于是就有了光明。""一切事物都通过词创造出来。""通过词创造出来"，这恰恰意味着："从虚无中创造出来。"虚无只不过是对此的注释。词本身就是虚无，因为词不是事物本身，而只是事物的标记，因此，它本身是没有任何价值和目的，没有任何实在性。可是，一般说来，词的虚无性具体地表现于其中、仿佛体现于其中的那个词，就是"虚无"这个词；要知道，只是由于词本身是虚无，因此才有一个表示虚无的词。因此，从虚无中创造出世界来这句话中的那个神秘的虚无，无非表示"fiat"["将是"]和现实的"fit"["已是"]这两个词之间的那个无限的深渊，无非表示在作为一个词被我耳朵所听到的光和作为一个存在物映入我眼帘的光之间的那个无限的深渊，因此，这个深渊只能被 potentia infinita［无限的潜力］所排除或填塞。可是，这种无限的潜力只不过是人的想象力的力量，这种想象力既是普通的，又是思辨的，因为只有这种想象力才能从虚无中创造出某物，才能从纯粹的词中产生出存在物来。但愿没有任何人对这条关于虚无的冗长注释感到惊奇！这种虚无是基督教的神学和哲学的秘密；这种虚无在差不多两千年的时期内作为一个神圣的宗教信条统治着基督教的信徒们；这种虚无成为异教和基督教之间的主要区别。"按照神明的意志不能从虚无中创造出虚无"；甚至神明们也不能从虚无中创造出某物；——坚定的、忠诚的异教徒这么说。相反，有分歧的、动摇的基督教徒却反驳说：不是如此；这条规律仅仅适用于物理学，而不适用于神学；在作为物理学家的人看来是荒谬虚假的东西，对于作为神学家的人来说却是真理和智慧；自然界所不能做到的事情，无所不能者，即人的主观随意性和想象力却能作到。基督教哲学家伽桑狄这样地反驳卢克莱修:"自然界的缔造者不受自然规律的束缚,他拥有无所不能的无限能力,他仿佛借助于这种能力克服了某物和虚无之间的无限距离。"

〔28〕[第113页注]神赐概念意味着:当把公正作为一种属性加诸个人时,个人就会拒绝他处于其中的那种与上帝的关系;因为,要讲公正,个人便作为有权者与上帝相对立,上帝作为有责任者与个人相对立。否则公正便成了一个空洞的词了,可是,在人心中立刻就意识到这种关系是不相称的;个人在上帝面前觉得自己是有限的和微不足道的,他觉得自己没有权力,而把无限性观念和神赐概念结合到一起。因此,在这里,上帝之中的任何一个状态都在另一个对立的规定或状态中有它的否定。前者是上帝和人之间的关系的表现,后者是上帝和他自己之间的关系的表现;可是,值得注意的是,后一种关系本身又仅仅是与前一种关系相比较而言,或者是与它相联系的,因为这种关系本身同样也是与人的关系。在这里,神赐在实质上表示与人的关系,简言之,表示与它所涉及的对象的关系;如果没有这种关系,神赐就是不可思议的。

〔29〕[第115页注]个别的活动本身当然不是必然的,可是它的本质、它的本性却是必然的。我的活动能力,即我的本质的整体,不是以这一活动为限,因此,这一活动就其对于整体而言,并不是必然的,而是偶然的。可是,按其内容、意义和本质而言,这一活动对于我这个自身具有一定本质的个体来说,却是必然的。可是,我不仅是一个特定的人,而且是具有特定的、个别的形态的一般的人。在我这个特定的人之中的一般的人的存在,首先,表现为良心,它对那些由于我个人的本性促使自己进行的活动提出谴责。

其次,这表现为我对别人的爱慕和尊敬,他们拥有我自己所不拥有或者至少不是那样多地拥有的才能和特性。最后,这表现为对我自身的局限性的认识,表现为这样一种意识,即认识到人的本质在我身上没有相符地和完善地展示和显露出来等等。就作为一般的人的我而言,也就是说,就我至少具有良心、素质这样一些一般特性而言,我的活动不是必然的。某些特性在我身上只是作为素质存在着,而在别人身上则现实地展现出来;在这种情况下,这些人的活动就不同于我的活动,他们比我活动得更好。可是,对于我这个具有特定形态、处于特定范围内的人来说,也就是对于我的特定本质来说,我的活动则是必然的。如果某种活动与活动着的存在物的整体不符合,那么这种活动便是自由的(偶然的、随意的);如果某种活动与后者相符合,那么这种活动便是必然的。只有相符的、完善的东西才是必然的。让我们现在把这一点运用于世界和上帝的关系上!如果我把世界理解为只有一个,理解为就是这个世界,那么世界当然不是必然的;因为,那样一来,它就不是上帝的创造力的 plenus effectus[绝对的结果]。可是,把世界理解为这个世界就不是通过思维,而是通过最肤浅的表象和想象去理解世界。世界是宇宙,是一切种、属和个体的绝对总和,是所有过去的、未来的和可能的发展和变革的绝对总和。因此,除了借助于毫无内容的、极其空洞的幻想之外,我又如何能够把世界纳入这个世界这样一个宾词之中呢?正如上帝不是这个上帝一样,宇宙也不是这个宇宙;宇宙的本质和概念恰恰在于,有限性和单一性的概念是跟宇宙完全不相容的。如果世界就是这个世界,那么创造活动也就是这个活动,上帝在某某年创造了这个世界,上帝在某某年又会创造一个新的世界；总而言之，那样一来，上帝的活动方式就成了那种连续的、时间的、有限的活动方式了。因为，只有我这个在时间上特定的个体才在现在这个特定的时刻创造出这个产物，只有在我的产物的连续体系中才表现出我的全部本质。那样一来，上帝就和我们当中任何人一样，是纯粹个体的存在物了。当人们从纯粹的意志活动中引出世界时，他们的确把上帝想象为那样的存在物。

〔30〕［第118页注］如果有人对这里查明的在作为思维的存在物的人和作为个人的存在物的人之间的区别仍然感到惊奇，那就请他思考一下，譬如说，当他应当对一个出于某种原因与他并非无关痛痒或者甚至与他非常友好的人的著作作出评价，而他又知道这一著作是一本坏书时，他就碰到自己作为一个认识着、思维着的存在物和作为一个个别的、感觉着的存在物之间的冲突。我们刚才从思维方面加以认识和剖析的那个区别，在这里作为一个明显的事实被我们感觉到了。不论这对于作为人来说的批判者是多么痛苦，但他作为有思想的人来说却不能不对这一著作提出指责。在这里，思维或认识表现为一种必然的、正直的和铁面无情的力量，表现为一种与我不同的力量，相对于这种力量来说，我以及自己的感情、兴趣、爱好——它们构成我自己的个人存在——都是完全无关紧要的，简言之，它表现为一种纯粹没有个性的活动。如果在我作为有个性的存在物和作为思维的存在物之间没有区别，那我也就不能从我个人的关系中解脱出来，也就不会作出与我个人的感情和感觉相矛盾的判断，我甚至对真实之物和有用之物或适意之物之间、客观之物和主观之物之间的区别也毫无所知。顺便

提一下,作者从前在《论单一的、普遍的和无限的理性》(1828年)这篇论文中,曾经试图研究这个问题,并在那里提出如下命题:"cogitans nemo sum. Cogito, ergo omnes sum homines"["在思维时,我不是任何一个人。我思维着,因而我是一切人"]。这个命题当然仅仅适用于纯粹的思维概念,也就是说——1847年所作的补充——只适用于抽象的思维概念。思维者作为思维者来说诚然是无人(Niemand)——这个词比一切人确切得多,更加符合于思想;因为我们把思维者和人分开了。——可是这个思维者也不比无人具有更多的现实性;这个思维者本身对于自己的普遍性和虚无性,除了语言和词之外,提不出其他任何证明;从这一点还可看出,这只不过是一种名义上的、思想上的存在物。cogito[我思]中的自我是绝对普遍的,不适用于任何人,也就是说,不适用于任何特定的、个别的人,而适用于一切人;这一点是正确的,不过仅仅是从"树"这个词不适用于任何特定的树,而适用于一切树,"石头"这个词不适用于任何特定的石头,而适用于一切石头这一意义而言;区别仅仅在于,在前一种场合下,词的虚无性和普遍性与客体无关,而与说话的、思维的主体相关。因此,我是普遍的这句话就意味着:我是或我现在是一个纯粹的词。因此,如果我想用这个词表示实在的自我或存在物,我就必须求助于感觉,以便借助它来校正这个模棱两可的、狡黠骗人的、诡辩的词的含义。人们关于感觉的欺骗性谈得那么多,关于语言的欺骗性却谈得那么少!要知道思维和语言是不可分割的!但是,归结到底,感觉的欺骗是多么粗糙,而语言的欺骗却是多么精巧!我终于托天之福,依靠我的五官懂得了,在理性意义上的逻各斯的一切困难和秘密都会从词的意义中得到解决,而在这以前,理性的普遍性,费希特和黑格尔的"自我"的普遍性蒙混了我多么久啊!这就是为什么哈依姆的话——"对理性的批判应当变为对语言的批判"——在理论方面使我觉得如此亲切,至于谈到作为感觉着的、个别的生物的我和作为思维着的生物的我这二者之间的对立,按照这种说明和引证的论文,则被归结为这样尖锐的对立:在感觉中我是单一的,在思维中我是普遍的。但同时,在感觉里我是普遍的,就同在思维里我是单一的一样,思维中的一致完全是以感觉中的一致为依据的。理性只有在也只有一个心灵的地方才是单一的。人类的社交性都是建立在人们感觉的相同性这一前提之上的。有些人之所以认为人们的感觉是不同的,仅仅是由于他们把某些从属的、特殊的,甚至变态的感觉当作一般感觉的标尺。但是,思维中有特异之物,感觉中也有特异之物。对那些不合心意的新学说之所以有那么多"大公无私的审查"和批评,其原因仅仅在于逻辑上的特异之物!有多少人之所以否决某个事物,仅仅是因为他们不能"容忍"标志这些事物的词!既然有糊涂的思想,那为什么不能有愚蠢的感觉呢?话说回来,没有任何心理学的对象比感觉更加难于认识,比感觉更加难于彻底理解它的本质①。

〔31〕〔第 126 页注〕天堂和地狱按其原始的、历史的,甚至先于基督教的意义来说,显然不外是以一种能为粗野的、感性的人所能感觉的方式表现和设想善与恶之间的实在区别。可是,在后来的基督教中,这一设想失去了对于感性的人所具有的那种道德意义,地狱变成为正教的狭隘性的表现;这种狭隘性达到如此程度,

---

① 参看第 36 条注释中所用的术语。——德文版编者

以至于奥古斯丁和他之后的神学家竟把没有受过洗礼就死去的小孩罚入地狱;由于正教精神的狭隘性必然在人们的心中引起憎恨和愤怒,因而地狱也是憎恨和愤怒的表现。亚里士多德学说的信徒埃内斯特·索涅尔依据于亚里士多德的观点,提出一个值得注意的见解,即认为上帝只具有思辨的生命,而不具有 virtutes morales［美德］,不具有 vita activa［能动的生命］,因为如果不是这样他就会失去自己的幸福(参看 Jac. 托马希:《演说集》,莱比锡,1683 年,第 21卷第 505 页);索涅尔还根据无限的惩罚不符合于犯罪行为的有限本性,对永堕地狱的惩罚作了批驳。莱布尼茨反对索涅尔的观点,为地狱惩罚的永恒性进行辩护(《神正论》第 266 节),他所持的理由是:长时间的犯罪行为将受到长时间的惩罚,被谴责者不能摆脱掉他的痛苦,因为他始终是犯罪者。可是,由于犯罪而受到的真正痛苦,就是犯罪感。在始终犯罪的地方,就已经不再犯罪了。罪行是真正的地狱,但同时也是犯罪者的涤罪所。没有良知,也就没有犯罪感,没有对善的感受,也就没有对恶及其痛苦的感受;甚至最可怕的痛苦、犯罪的痛苦和良心的折磨,也只不过是对善及其无所不能的一种间接的感受。如果恶能够截然地、绝对地与善分离开,仿佛给自己建立一个独立王国,那善就成为一种很受限制和非常可怜的力量了。因此,如果痛苦的痛苦只不过是善在恶之中的一种不可根除的剩余物,那么,地狱为了能够成其为地狱,也必须在自身中包含有自己的对立面,从而那个把一切善以及一切理性的、拯救的活动和现实都排除出去、仅仅专注于自身的恶的王国,就是一个极其可怕的妖魔,它从自己的阴暗王国中引出一种至今仍未充分认识的力量,即想象力。至于莱布尼茨,还必须指出,在这个问题上,他还发表了一个与他作为思想家的身份相称的观点;他说:"对人自身加以谴责的,不是其他任何人,而只是人自己。"(第6卷第84页)接着又说:"罪孽以一种先定和谐的方式自然而然地引起惩罚,而这种惩罚又始终是以善为目的。"(可是,在地狱的惩罚中情况也是如此吗?)接着又说:"谁不承认上帝的完善,他自己就要因此受到惩罚。"(第5卷第53、54页)不过,在斯科特·埃里根纳那里已经能看到这样的思想,他在自己的著作《先定论》中(我想是第16章)说:"要知道,对于任何犯罪者来说,惩罚是与罪孽同时出现的,因为没有一种自己不受惩罚的罪孽。"我们在奥古斯丁那里也能发现同样的思想。

〔32〕〔第126页注〕可是,莱布尼茨在谈到他曾经一度倾向于赞同的斯宾诺莎时,也表现出一种怀疑和节制的态度;他说:斯宾诺莎在这个问题上是难于理解的。"因为,他在预先从上帝那里排除掉理性之后,才把思维给予上帝。他承认上帝具有思维,而不承认上帝具有理性。"(《神正论》第173节)在同上书第174节里,他又这样地谈论斯宾诺莎:斯宾诺莎到事实(les évènemens)中寻找 nécessité métaphysique〔形而上学的必然性〕。培尔从斯宾诺莎的学说中引出的那些荒谬见解,就是植基于这种观点之上。可是,莱布尼茨在这里把他自己的形而上学必然性概念运用到斯宾诺莎的学说上。然而,斯宾诺莎所指的那种形而上学必然性,只有在实体自身的活动中,或者在那些按内容而言存在着本质和真理的地方,在知识和理性的对象中,例如在数学中,才能找到,而在纯粹的事实和事件中是找不到的;事实和事件不同于理性的对象,正如样态不同于实体一样,因为它们的存在没有包含在它们的概念

或本质之中。从斯宾诺莎所指的那种意义来说,只有那种其(客观的和本质的)概念包含着存在的东西,才是必然的。但是,这种必然性绝不属于 évènemens [事实],一般说来也不属于有限事物;毋宁说,这些事实和事物的本质就在于可以把它们想象为不存在,因此,在这里,绝没有排除另一种存在的可能性本身。诚然,那种偶然的、服从于外界因果联系——这种联系伸延到无限——的东西本身,作为某种有限的东西来说,是必然的,可是这是另一种全然不同的必然性。如果有人像培尔那样把绝对的必然性扩大到非绝对的和有限的事物,那自然会得出荒谬的见解;可是,这些荒谬见解的根源与其说在培尔那里,不如说在斯宾诺莎那里,因为培尔不过试图把斯宾诺莎关于光的言论运用于论述颜色及其细微差别罢了。

〔33〕[第 128 页注]莱布尼茨在道德的必然性和形而上学的必然性之间所作的区别绝不是毫无根据的,可是对这种区别所作的更进一步规定却经受不住严格的批判。莱布尼茨说,与形而上学的必然性相对立的观点是不可能的或者是自相矛盾的,与道德的必然性相对立的观点是不恰当的或不适宜的(inconveniens:《捍卫上帝》第 21 节)。可是,这只不过是神学上的一种外交辞令,因为莱布尼茨自己在另一个地方(《写给德·博斯的第 17 封信》)说过:"必须考虑到绝顶的聪明是不会犯罪的。"事实上,与道德的必然性相对立的观点也是不可能的;如果说善良的人会不干好事,那是自相矛盾的;本质是怎样的,行动也必须是怎样的;善良的人按他自己的本性行事,就只能干好事。用斯宾诺莎的话来说,正如从三角形的本性中可以推断出三角之和等于二直角,同样地从理性

存在物的本性中也能推断出他的活动是理性的,从善良的人的本性中可以推断出他的行为是善良的,这里只有这样一个区别(话说回来,对于有理性的人来说,这一区别是不言而喻的):后面这一种必然性与知识和意志有关,甚至就是知识和意志本身。自由不外就是统一。谁与自身不统一,谁就不是自由的。一般说来,存在物在哪儿是自由的呢?在它与自己的存在相一致的地方。我的元素就是我的自由,我的元素在什么地方,那里也就是我的故乡、我的策源地、我的上帝;只有我的上帝所在的地方,才有我的自由。严格说来,哲学家只有当他进行哲学思考的时候才是自由的,艺术家只有在他进行创作的时候才是自由的;在其余的时间里,他们是受约束的、受限制的、受压抑的,因为他们在这里不处于自己固有的环境之中,因为他们在这里不处于自己原始的和特有的元素之中。内在和外在的统一、需要和关系的统一,欲望和对象的统一,存在物和行为的统一,义务和爱好的统一,规律和意志的统一,这一切就是自由;否则,自然就是虚无了。甚至感性的自由也表现出自由的本质。把一个存在物置于与它的本性相抵触的环境中,就意味着剥夺它的自由。为什么监禁是痛苦的呢?因为它与本性相抵触。人什么时候才能自由行动呢?只有当他按照必然性行动的时候;因为只有在这个时候,行动才是从我的最内在的本质中产生出来的,才是我的本质、我的自我的可信的、相符的、确切的表现,才是一种完全由自我发端的行动。斯宾诺莎说:只有那种完全来自存在物的本性本身并且只有通过这种本性而得到解释的行动,才是自由的;他的这个见解是多么深刻啊!因此,只有那样的人才能自由行动,才是自由的人,这种人不顾外界的阻挠和困难,不论这些阻挠和困难是怎样艰巨,从而也不怕任何牺牲,专心致志地从事与自己的真正本质——他把这种本质称为自己的规定性——相符合的事业,坚持这一事业,排除与它相抵触的一切事物。因此,自由和真理是一回事;只有真实的存在物才是自由的;可是,真实的存在物是按照严格的形而上学必然性行动的;它的行动是它的本质的相符的、可靠的、非随意的表现。一般说来,必然性不外是自由的表现。那种就其本质而言,在观念中是自由的东西,它在时间中、在其外在表现中、在其发展过程中则是必然性,或表现为必然性。任何不同时是必然性的自由,都是幼稚的幻想,是自由的纯粹的幻想。被精神领域内那些空洞的自由骗子看作是可悲的、僵死的必然性、并把它与作为真正原则的自由对立起来的那种东西,恰恰是真理的最大胜利,是自由在精神领域内的表现。在思想上、在自身中是自由的东西,在其表现中、在其显现中、在其显露中在我们看来便是必然的。

〔34〕[第147页注]这里要谈一谈莱布尼茨关于逻辑学的见解。在他看来,与实践的哲学不同,理论的哲学依据于真实的分析,数学已为这种分析作出典范,但也应把它应用于形而上学和自然神学,提出完善的定义和坚实的原理(第6卷第246页)。因此,莱布尼茨指责马勒伯朗士、阿尔诺和洛克,说他们追随在笛卡尔之后,认为一般的形而上学概念已众所周知,而不注意给这些概念下定义,还说他们没有借助于定义把自己的思想固定下来。莱布尼茨在谈到他自己时这样说:"我制定了许多定义,我期望有一天能把它们整理出来。"(第6卷第216页)他把定义区分为两种,一种是名义上的,其中仅仅包含某一事物的特征,另一种是实在的,从

其中可以说明这一事物是如何可能的。名义上的定义还不足以达到完全的认识，除非我们在别处已经知道被定义的事物是可能的。由此也产生了真实观念和虚假观念之间的区别：如果观念的概念是可能的(cum notio est possibilis)，那么观念便是真实的；如果它的概念包含有矛盾，观念便是虚假的。然而，我们认识事物的可能性，既可以通过先天的方式，也可以通过后天的方式。当我们把概念分解为它的组成部分，或者分解为另外的概念，而后一概念的可能性是已知的，我们在其中没有发现任何矛盾，这便是通过先天的方式。顺便说一下，当我们已知道事物如何产生的方式时，情况往往就是如此，因此因果的定义(definitiones causales)是特别有用的。当我们从经验中知道事物的真实存在时，这便是通过后天的方式。可是，对于不能下定义的概念(notionis indefinibilis，然而毕竟不是 indesinibilis［不能标志的］)，也能获得清楚的认识，只要这一概念是原始的，或者是 notasuis ipsius［自明的］，也就是说，只要它是不可分解的，或者仅仅通过它自身被认识的，atque adeo caret requisitis［没有它所依据的或包括在它的成分之中的概念］。对明晰的原始概念的认识是直觉的认识，这些概念或 prima possibilia［原初的可能性］不外是上帝的绝对属性，不外是事物的始因和最后根据(《论认识、真理和观念》)，在莱布尼茨看来，逻辑形式(特别是定义)在论战中非常有用。"我常常把正确的讨论方式称为论争的裁判员。"(第 6 卷第 72 页)在他看来，推理的学说也是像算术和几何学那样确实可信的科学(《写给 J. C. 朗格的第 1 封信》)。无论是从理性的根据来说，或者是从自身的经验而言，他都绝不认为三段论对于发现真理是没有用处的((《对比尔林的第 5 封来信的回信》)。他认为从前逻辑学家的缺点主要在于他们没有实践的逻辑,没有关于道德的确定性的辩证法,没有关于概然性的等级的学说(第 6 卷第 246 页和第 5 卷第 403 页)。他在写给普拉齐乌斯的信中提出了他的概然性逻辑的原理(第 6 卷第 36 页)。

〔35〕[第 163 页注]

> 当诗歌的华丽斗篷
> 仍然绝妙地遮盖着真理的时候,
> 生命之泉通过创造涌溢出来,
> 于是从来没有感觉的东西也就有感觉了。

人们喋喋不休地谈论唯心论和泛神论,把它们说成是思辨理性的谬误!这些饶舌的家伙谁也没有想到感觉也有它自己的唯心论和泛神论。可是,有什么事情比理解感觉的形而上学更为困难呢?有什么事情比人们在思维中否认他们在感觉中所确认的东西更为理所当然呢?思维要求付出精力,而感觉则没有这样的要求。在感觉中,人像生活在自己的家里一样,而在思维中,人却像流浪在他乡异域。因此,如果人们在这里往往不善于辨别方向,那有什么奇怪呢?

〔36〕[第 166 页注]按照莱布尼茨和伏尔夫的心理学,感觉是 repraesentationes compositi in simplici [复杂之物在单纯之物中的表现](伏尔夫:《理性心理学》第 83 节)。感觉是对外界对象的知觉,这种知觉引起感官发生变化(第 62 节以及伏尔夫的《经验

心理学》第 24、63、67 节)。相反,后来的经验心理学(譬如说,可参看雅科比:《经验心理学原理》,哈勒,1795 年,第 116 节等),则正确地把主观的感觉(感受)和客观的或认识的感觉区别开来。然而,一切客观的或认识的感觉同时也是主观的,而从起源上说,它们首先不外是主观的感觉。当我第一次看见光的时候,关于光的视觉中对我而言不包含任何客观的知觉,而表现为一种单纯的疼痛感(关于这一点也可参看特腾斯:《从哲学上论述人的本性》,莱比锡,1777 年,第 1 卷第 216 页)。在卡斯帕尔·豪泽尔看来——而这是一些无可否认的事实——大部分视觉、听觉、味觉和嗅觉在开始时都无非是一种刺痛、伤痛、疼痛,客观的感觉不是别的,就是那种冷漠的感觉,或者至少是那种没有与明显的疼痛或欢乐相伴出现的感觉。假如客观的感觉转变为激情,那么客观的感觉便仿佛被感受所压抑,被感受所压倒。因此,客观的感觉,特别是视觉和听觉,取决于对象的某种程度的影响;如果超出这种程度,那我们就再也看不见和听不见了。不仅如此,还可以提出这样的问题:是否有那样一种实在的感觉,它作为一种纯粹的、不表示任何哪怕是模糊认识的感受,可能与认识的感觉相对立呢?为了彻底弄清楚这个问题,首先必须不要只局限于注意人的心灵;因为我们已经生活在一个比纯粹的感觉更高的领域,生活在清楚明白的意识领域之中,在那里,我们清楚地与感受划分开,感觉的 lumen naturae [自然之光]在意识的阳光面前变得黯然失色了。可是,在动物的心灵中,痛苦和欢乐的主观感觉是与认识的感觉本身一致的。动物的需求就是它的意识;只有它所需求的东西,才是它的对象。动物的理性之所以不会犯错误,就是由于受到这种独一无二的、由它的需求所决定的限制。Ne sutor ultra crepidam［鞋匠所考虑的无非是鞋］——这就是动物界的格言。缺乏之感在动物那里是一颗把它引向它的救世主的马槽那里去的指示星。缺乏是某种十分明确的感觉,而当动物本身愈受限制,愈加被规定,缺乏感也就愈加明确;因此,缺乏感也是十分明确的,正是在这种明确性中包含有上帝的指示,包含有关于某个所缺乏的对象的绝无差错的、先天的知识。在动物由于占有对象而感到的快乐中,则包含有这样一种确凿无疑的信念,即这个对象是它自己的、真实的,正是这个对象,不是别的。动物的欲望是 termini technici［一些技术名词］,它们十分明确地指明和表示动物所需要的对象。这种感受之所以与（客观的）感觉有区别,与其说是由于这种感受本身,不如说是由于它的对象的特性。对象离我愈近,它与我和我的个人利益的关系愈加密切,它对我而言愈加重要,那么我关于它的认识、表象和感觉,也就愈加利害相关,愈加是利己主义的,愈加与我不可分离,因而愈加是主观的。对于对象的这样一种利害相关的感觉,这样一种由我自己——更具体一些说;由我的生命——参与其中的感觉,这样一种与我很接近、深入到我心灵之中、与我的存在相一致的感觉（正如由于这个缘故,它对我来说是本质的、与我相接近的或者简直是十分接近的）,对我而言就是感受,诚然就它自身而言,对于进行思考的观察者而言,它则是表象。然而,对我而言最接近的对象就是我自己的身体。因此,关于身体状况的表象就表现为欢乐和痛苦,它们作为与我直接相关的表象,就是感受。在这里,我们同时既是裁判员,又是当事人,因而我们的判断是有偏心的,是纯粹主观的。相反,关于那些离我们很远,即与我们生活没有直接利害关系的对象的感觉,则是自由的感觉,也就是客观的、认识的感觉,或者,更确切一些说,就是本来意义的表象。因此,与表象一样,感受也包含和再现着对象;区别仅仅在于我与对象之间的关系,而这种关系也同时植基于对象本身之中。在动物那里,至少在低级动物那里,它们的需求的对象也就是它们的感官的对象;甚至眼睛——如果它们有眼睛的话——也无非是它们的咀嚼器官的前哨和侦察兵,是一些最理想的、伸向远方的捕捉工具。因此,动物甚至对于那些在空间上离得较远或后天地未被认识的对象——由于这些对象按本质而言是邻近的和必要的——的认识和表象,也是与动物的自卫本能相一致的,是一些单纯的、然而确凿无误、绝对确定无疑的感受。可是,正如动物的表象和感觉是一些纯粹的感受,人的感受本身也可能是某种明确的、尽管受到极大限制的认识。我不喜欢这首诗,可是我不能说明原委,我仅仅感觉它不好。可是,另一个人知道这种感受的原委,他可以把我的感受解释清楚。我的感受是一种不清楚的、混乱的和模糊的表象。我们在第一眼看见某个人时经常体会到的那种反感和好感,根据感受着的性格的差异往往或多或少是不大可靠的,它们不外是关于这整个人的印象和表象,正是由于这个缘故,它们只能是模糊的(而且,好感和反感往往产生于联想,因而对某个对象的印象是好是坏可能带有偶然性。关于这一点,可参看洛克:《人类理解论》第2卷第33章;马斯:《论激情》第1册第10节)。直到后来,我们的感受才得到证实,也就是说,我们的模糊表象之结才逐渐解开,变成关于这个人的具体特征的清楚表象;从前是感受的那种东西,现在变成认识;因此,我们的心灵重新获得它在感受的影响下所失去的自由。我们往往做一件事,中途停顿下来,而不知其原因。随着时间的推移,我们才找到真实的原因;尽管这一原因早先已蕴藏在我们心中,但只不过是模糊的表象,这种表象到后来才扩展开来,从而成为意识的对象。痛苦和快乐这样一些(身体上的)感受当然不能给与我们以关于我们身体的解剖学和生理学方面的知识,——甚至在道德领域内,我们虽然能清楚地看出别人眼睛中的碎木,可是看不见我们自己眼睛中的大圆木。——因为感受只不过是身体的某种特殊激情状态的特殊表现;可是,正是由于它的这种特殊性,一定的感受就是一种表明所感受的对象的特征的自然声音,但对于我们来说,这是"ἅπαξ λεγόμενον"["某种曾经说过的事情"],我们只能以间接方式(作为医生或生理学家)认识它的意义。感受尤其是关于最细微的差别的一些最细微的知觉和表象。感受是 doctor subtilissimus[最敏锐的指导者]。只是由于它极其细微,我们往往不理解这个指导者。在一个对哲学一知半解、不求甚解,只理解最一般原理的人看来,简言之,在那些见识肤浅的人看来,任何特殊的规定和差别,都是诡辩哲学,都是客观的虚无,因为他们的笨拙迟钝的感官不能感知任何规定性,任何差别;同样地,在我们看来,感受也仅仅是主观的,这只是因为感受深入到特殊的差别之中,当然这些差别本身还不是真正认识的对象。甚至对特异反应的感受也不是没有根据和没有客观意义的。当然,其中也有一些感受被人看作是纯粹的胡思乱想。莱布尼茨自己就谈到有那样一些人,他们连看一看一枚插得不正的别针也忍受不了(第 6 卷第 325 页)。彼得拉克在他的著作 *De remedio contra unam sive alteram fortunam*(第 2 卷)中也谈到在他那个时代有这样一个人,他忍受不了夜莺的歌唱,他觉得任何音乐都不比青蛙的叫声更加悦耳;齐默尔曼在他的著作《关于医术的经验》第4卷第14章中谈到有一个人,他连别人谈话也忍受不了。可是,从本质上说,这些特异反应都与一定事物有关,这一事物在其自身之中——例如,在颜色、气味或形态方面——包含有某种特殊的东西,某种有刺激性的特性,它针对另一主体自身的特点而对另一主体发生这样或那样的影响。至于这种影响是否令人适意,那全是一码事;无论如何,这种特殊的感受是关于对象的特性的知觉,是关于这一事物借以与其他一切事物区分开的那些特征的知觉。大多数人都害怕两栖动物,这不是没有理由的;两栖动物大部分都是有害的,或者是一些奇形怪状、离奇反常的生物。有多少次我们在迟疑不决的情况下由于对有害物质的恶感而得到警告和保护啊!因此,这样的感受不外是一些直接的、断然的、绝对的(包括否定和肯定的)表象,仿佛是关于某些特殊的质的 signa prognostica[预言性的标志]。诚然,表象只是在与我们发生关系时才表现出对象,可是它们是对象的客观特性的结果,因而表现为感受,并被命名为感受。然而,尽管感受也是某种再现,但在感受与感觉之间、在感觉(作为对象的主观表现)和表象(作为对象的客观表现)之间划一条明确的界限,仍是很重要的。莱布尼茨自己就说过表象中有无限众多的、各不相同的等级,他把表象和感觉区别开来。对于这一点,还在莱布尼茨—伏尔夫哲学时代出现的经验心理学,就曾正确地提出这样的指摘:莱布尼茨—伏尔夫的哲学赋予知觉以一种过于广泛和普遍的意义,它没有适当地把心灵的种种活动区别开(参看特腾斯:《从哲学上试论人的本性》第1卷第4、8—11页;迈涅尔斯:

《心灵学原理》第25页）。但是，经验心理学也是从一种非常局限的和主观的意义上，至少是从一种与莱布尼茨的原意不相符合的意义上去理解单子的表象，它仅仅考虑那样一些表象，例如我们关于马、太阳、人——这个或那个人都一样——的表象。它没有考虑到这些表象不是表示一个类，而仅仅表示一种特殊的表象，至少就莱布尼茨的意义而言是如此。一个单子对另一个单子的表象不是无关紧要，而是本质上必不可少的；这是关于它的 alter ego.〔另一个自我〕的表象。我可以没有关于太阳、马的表象而存在，但单子如果没有它自己的表象就不能存在。我们在第11节里把表象和记忆作了对比，可是不能赋予这种表现出单子论的显明缺点的对比以过多的意义，不要忽视这种对比只有在其中才具有意义的那种关系（这种对比毋宁说是绝对地、无条件地正确的；它非常中肯地揭露了莱布尼茨哲学的根本缺点。莱布尼茨的单子的被动状态是虚构的，而它们的活动也是虚构的。单子不是实体，而仅仅表现出实体；它们是一些矫揉做作的家伙。——1947年）！无论如何，莱布尼茨关于再现或知觉是心灵的本质这一思想，是很深刻的。只有当我们从狭隘的意义上去理解表象本身，而没有考虑到表象的对象是宇宙，是无限之物，质的无限之物是清楚的、相符的表象的对象，量的无限之物是模糊表象的对象，只有在这种情况下，莱布尼茨的这个思想才显得是片面的。

〔37〕〔第171页注〕在有机物和无机物之间存在着紧密的内在联系；在无机物与其他有机物的关系中，无机物就自身而言或者就相对意义而言，不仅是其他有机物的居住之所，而且是后者的整个外界生活环境。这种联系特别表现在这样一种规定性之中，即

特定的植物只与特定的土壤相联系,特定的动物只与特定的植物或特定的动物相联系;这种规定性决定了质的有限性,但恰恰由于这个缘故,它也决定了量的无限性,决定了动物的生活具有无限地多种多样的类型。例如,姬蜂科这个种属中的獴就是如此:某些獴把卵产在一种毛虫身上,另一些獴把卵产在另一种毛虫身上,还有一些獴甚至把卵产在蝴蝶的卵里,而且以幼虫的形态生活在后者之中;诚然,这方面也有一些例外:某些小姬蜂并不是附着在严格地规定的毛虫之上,有时在同一种毛虫身上可能出现几种不同的姬蜂,不过这些姬蜂相互之间是区别不大的。有一种非常令人讨厌的蚜虫把某种特殊的卵——J. Aphidum［亚蚜］——隐藏在它自己的血肉中,在那里吸取营养,从卵一直到成熟阶段,最后这个可恶的客人爬了出来,但那可怜的蚜虫到这时已经变成一个被吃空了的空壳。有一种壁虱寄生在书中,另一种壁虱寄生在田鼠身上,另一种壁虱寄生在蝙蝠等等身上,还有一种特殊的壁虱寄生在疥癣之中,这就是 Acarus scabiei［疥癣虱］。但是,特定的动物生活不仅与特定的动物相联系,而且与特定动物的某个特殊部分相联系。有一种蝇把它的卵产在羊的鼻子里,另一种蝇把它的卵产在鹿的咽喉里,还有一种蝇把它的卵产在马的直肠里(例如,参看弗朗茨·冯·保拉·施兰克:《动物志》第 3 卷,《牛虻》第 38 页及其后数页)。蝙蝠身上寄生着好几种壁虱,而后者身上又寄生着它自己的壁虱,而且,寄生在蝙蝠翼上的壁虱不同于寄生在它的毛发中的壁虱,也不同于寄生于它的牙龈中的壁虱。Pediculus humanus［衣虱或发虱］不与 Pediculus pubis［阴虱］交换自己的住地,后者也不与前者交换住地,正如爱斯基摩人无论如何也不把海豹油和任何东西相交换。因此,每一种动物身上都寄生着它自己的虱。J.C.舍费尔曾经观察到,甚至水螅身上也寄生着虱(关于这一点,可参看《甜水中的珊瑚》,雷根斯堡,1755年)。也许,内脏寄生虫寄生于而且只能寄生于动物的身体内(现代有一种观察认为存在着例外情况),其中一些寄生虫寄生于这一些动物的体内,另一些寄生于另一些动物的体内,因此每一种动物都寄生有它自己的那一类寄生虫,一些寄生虫寄生于身体的这一部分,另一些寄生于身体的另一部分。例如,在人体内的寄生虫中,有一些寄生于盲肠和大肠中,另一些寄生于血液中,还有一些寄生虫(蛲虫,Filaria Dracunculus[几内亚虫])寄生于皮细胞中,特别是长在四肢上。甚至眼睛里面也寄生有它自己的寄生虫。较早的自然科学家,例如林耐(米勒:《完整的自然体系》第6册第2编第903页)和舍费尔(《羊肝中的肝蛭》,雷根斯堡,1753年,第24页)认为,寄生虫是由外界侵入动物和人的身体内部。可是,较晚的自然科学家认为它们是天生的、生而具有的;现代的自然科学家认为,它们是动物的产物,是 generatio acquivoca oder originaria[自发地产生的]产物(按照最近的自然科学家的观察,寄生虫也许不是自发地产生的,它们经历了各个发展阶段,有许多寄生虫甚至逐渐脱离动物的身体,而转入周围的水中)。但是,无论是大动物,或者是小动物,甚至最小的纤毛虫,在它们身上,甚至在它们身体内部,都有一些更小的、也许我们看不见的动物。莱布尼茨说:"借助于显微镜,我们看见了那些不借助于显微镜就看不见的小动物,可是,这些小动物的细微的神经以及偶然飘浮于它们的浆液之中的其他动物,却是看不见的"。对于自然界来说,细微的量并不是它的界限。物质可以无限地分割和无限地倍增。正如 T. 波义耳所证明的,一喱麝香即使每天都在挥发,也能在 20 年的时间内用它的 effluviis [分泌物]显著地充塞很大的空间,一喱染料能染 392 立方英寸的水,而按照物理学家的计算,一喱染料可分解为 392 百万个单位;同样地,自然界也可以在这方面无限地细分下去:纤毛虫本身又有它自己的土著居民,虱子又有它自己的虱子以及其他生物,寄生虫又有它自己的寄生虫,就像——譬如说——静脉(至少就大静脉而言)又有它自己的静脉和动脉那样。莱布尼茨这样地结束刚才引证的那一句话:"自然界在结构的精细方面是没有止境的。"(《给比尔林的回信》,《书信集》第 6 卷第 11 封)可是,动物愈是只与某种特定的物质相联系,它便愈是与这种物质不可分离和没有差别。特定的物质和固着于这种物质之上的特定动物,仿佛构成一个 ἓν διὰ δυοστόν [双胞胎式统一体]。Acarus scabiei [疥癣虫]赞美疥癣,说疥癣美妙无比,并坚定地劝说我们相信,它们只能生活于疥癣之中,同样地,Musca cadaverina [尸蝇]对于尸体,M. scybalaria [粪蝇]对于它的材料,也是这么说的。从更高的观点看来,粪和粪蝇没有什么差别。年迈的巴威略人在极度欢乐兴奋的时刻这样说过(翻译成易于理解的德语):我不知道我是小伙子还是大姑娘;自然界在它的卑贱的生活乐趣迸发时也这样说:我不知道我是粪堆还是粪蝇,因为我在粪堆上生活得如此美好。即使这样的等量齐观只不过是一种 licentia poetica [诗意的自由放纵],我们从自然界的观点出发毕竟发现:动物越是低下,它与自己的元素就越是没有差别,越是不可分离。纤毛虫大多数像结晶体或水那样透明,恰恰由于这种透明状态,我们看不见或难于观察它们（不过，对于与此相关或与此相反的观点，可参考上面引证的古托尔加的著作中现代自然科学家对纤毛虫所作的观察）。纤毛虫的颜色也许有一部分来自于养料的颜色。Proteus diffluens［阿米巴虫］从来没有特定的形态。在施兰克看来（同上书，第 3 册第 2 编第 53、62 页），某些纤毛虫具有几乎与水相同的比重，而在卡鲁斯看来（《动物解剖学》第 57 节，最后一版），水母也是如此。黑种人身上的虱子一定是黑色的，金黄色头发的人头上的虱子一定是金黄色的，黑褐色头发的人头上的虱子一定是黑褐色的。水陆两栖动物和鱼跟热血动物的区别在于，前者的体温相等于它们的周围环境的温度，而后者的体温不同于空气的温度，比空气的温度高得多。冷血动物的体温和它们周围环境的温度至少差别不大，以致可以不予考虑（参看特雷维拉努斯：《动物生活的现象和规律》第 1 册第 416—419 页）。

〔38〕［第 171 页注］不过，人们可能会这样反驳：——人们老早就对哲学原理提出过这种可怜的反驳——如果有人使我饿得要死或者使我受到致命创伤，从而使我对此感到极大痛苦，那我总会认为这一点充分证明：不仅在与他人的关系中，而且在与我自身的关系中，我都是物质的啊？当然，如果你认为你的那个受到损害的自我是你的唯一的和真实的自我，那你的看法是正确的。不过，你可以把别人加诸你的东西加诸你自己。然而，那个很想吃东西、饿得感到痛苦的自我，与那个让你饿得要死的自我，是同一种力量吗？这是不可能的；你之所以能够使你自己死亡，只是因为你能够把你和你自身区别开和分离开来。可是，你之所以能够把那种和你自身分离开来的东西与你自身分离开来，又只是因为那种东西

对你自身来说是另一个东西。只有本质是不可分离的,它的关系则是可分的。你是物质的,这只不过意味着:你既是你自身的对象,也是别人的对象。但是,你自身中的那个自我,你作为其对象的那个自我,是你的真正的自我,然而,恰恰由于它是你的真正的自我,它就不是你的(外在的)自我。这就是精神,只有精神才是那种与自身不可分离的与自身的关系,也就是说,它只是它自身的对象。

〔39〕〔第174页注〕笛卡尔对于他所隶属的教会怀有私人感情,在这里是不容怀疑的。我们仅仅说:笛卡尔以哲学家的身份出现时,就不是天主教徒,而以天主教徒的身份出现时,就不是哲学家。在他身上,两者兼而有之,可是这两者是 d'un genre tout-à-fait différent〔截然不同的〕两个东西。有见识的历史学家应当把人的实体的、本质的、客观的方面和局部的、主观的方面区别开。笛卡尔是一位思想家,认识是他的实体的生命活动。"在对各种情况作了周密考察之后……他确定自己最适宜于继续从事自从他摆脱所接受的教育偏见之后实际从事的那种工作。这种工作就在于把自己的一生致力于使理性日臻完善,并在认识真理方面取得尽可能大的进展"(巴耶:《笛卡尔传》,巴黎,1691年,第1卷第3编第9章)。"他在其全部著作中仅仅把上帝看作自然界的缔造者,他打算把自己的全部才能献给自然界的缔造者。"(同上书,第1卷第3编第2章)但是,他把对自己教会的信仰排除于他的这种实质的志趣之外。"对于另一种依据于天启的神学,他经常满足于怀着深厚的敬意把它接受下来,而绝不打算加以研究。"(同上书,第180页)"虽然他的求知欲非常强烈,简直使认识他的人感到惊讶,可是在

一切涉及宗教基础的问题上,他根本没有不信神的思想。……他清楚地知道凡是成为信仰的对象的事物,都不可能成为理性的对象。"(同上书,第2编第9章)(笛卡尔先生如此地)"致力于研究自然现象。"(同上书,第2卷第7编第3章)"他不打算研究他从教会那里接受来的宗教。"(同上书,第8编第8章)因此,如果说笛卡尔 étoit bon catholique[是个虔诚的天主教徒],那就产生一个问题:笛卡尔是怎样一个人呢?一位思想家,即一位以思想活动为其 differentia specifica[特征]的人,如果把自己的思想抛弃了,那他就是把自己的本质抛弃了。笛卡尔只有作为哲学家才具有其意义;他只是以这种身份才对世界发生影响,客观地进行活动;他只是以这种身份存在着,直到今天他仍然以这种身份生活在我们的心里,他把哲学家和天主教徒清楚地划分开、把自己信仰的对象置于哲学的领域之外,从而创立了他自己的、独立的思想王国。哲学史上不记载作为天主教徒的笛卡尔。只有在传记中才谈到他是一个天主教徒。当笛卡尔了解到伽利略的命运时,这两个笛卡尔便处于相互冲突的状态,这种状态是颇有意思的(参看巴耶:《笛卡尔传》第1卷第3编第11和12章)。笛卡尔作为思想家来说,具有与伽利略相同的信念,他甚至说:"也许,没有任何人比我更加确信地说是最正确的。"笛卡尔在写给麦尔欣的信中甚至这样说:"我承认,如果关于地球运动的见解是错误的,那我的哲学的全部根据也是错误的。……这种见解与我的论文的各个部分如此紧密相联,以致我不能把它抽掉而又不让其余各部分残缺不全。"这篇论文(Traité)就是他那篇关于宇宙的论文。当笛卡尔得知哥白尼的体系在罗马受到谴责时,他正准备对这篇论文进行最后加工,以便寄给麦尔欣。从这里可以想象作为教会的忠实信徒的笛卡尔和作为哲学家的笛卡尔发生了怎样的冲突,处于多么狼狈的境地!幸运的是,在他的信仰和他的理性之间的这种冲突中,智慧给他指出了一条出路。这就是:如果教会坚持要他服从教会的谕旨他准备在形式上服从而在实质上,即在本质上并不改变他的信念。从这个事例中我们可以非常清楚地看出,以天主教徒身份出现的笛卡尔虽然是笛卡尔的个性的一个内在方面,但对于作为哲学家的笛卡尔来说,他是一个与后者不同的人,他对作为哲学家的笛卡尔有所限制,但是这种限制原来并非处于后者的本质之中;笛卡尔自己根本没有意识到这种限制,他没有被这种限制所制约,他是自由的。在吉霍·德·勃腊格看来,教会关于地球按照《圣经》是不动的这一信念对他的精神本身来说是一种本源的、内在的限制;他自己也承认,按照哥白尼的体系,对天文现象的解释就容易得多,简单得多;然而,哥白尼的体系是与《圣经》相矛盾的,而在他看来,这就是一个可用来反对哥白尼体系的内在的、令人信服的理由。相反,在笛卡尔那里,思想家、哲学家已如此地与天主教徒分离开来,以致这两者自身都具有它自己的、独立的生命,它们仅仅被一根脐带相互联系在一起;天主教徒和哲学家的联系的根基,既不在作为哲学家的笛卡尔身上,也不在作为天主教徒的笛卡尔身上,而仅仅在这样一个外在的历史情况,即笛卡尔恰恰是作为天主教徒被诞生出来和接受教育的。……笛卡尔先生 les préjugés de son éducation〔在他的道德戒规中特别注意这样一条戒规,即始终不渝地信奉上帝使他诞生于其中的那种宗教,除此之外,不再坚持他所受的教育的一切偏见〕(巴耶:《笛卡尔传》第2卷第8册第8章)。正如巴耶在另一个地方（第 1 卷第 4 编第 2 章；第 2 编第 9 章第 134 页）所说，笛卡尔的道德在于："服从他的祖国的法律、生活在他的父辈的宗教之中。"尽管巴耶所引证的这一段话在笛卡尔的《方法论》（《哲学著作集》，第 3 版，阿姆斯特丹，1650 年，第 20 页）中是这样写的："我的头一条戒规就是服从祖国的法律和规定，坚定地信奉我认为最好的宗教，我自诞生以来就按照上帝的意志在这种宗教中接受教育。"笛卡尔诞生于这种宗教之中，并在其中接受教育，这一点对于笛卡尔之所以认为它是最好的宗教来说，即使不是主要的原因，至少也不是一个最无关紧要的原因；因为笛卡尔把信仰排除于思维的领域之外，"因为在我看来，下述这一点是确凿无疑的：通向它（我们的神学）的道路对于学者们来说，并不比对于没有受过教育的人来说更加广阔一些；上帝所启示的真理高于人类理性的理解，因此，如果我用自己的薄弱理性来检验这些真理，我害怕会犯下深重的罪孽"（《方法论》第 6 页）。他是直截了当地、不加思考地、不加批判地、不加考察地把这些真理原封不动地接受下来。在这个方面，他不是我们在哲学史上使我们感兴趣的那个笛卡尔，也不是我们在谈到笛卡尔时经常所指的那个笛卡尔。在这个方面，他像一个 indoctus〔普通人〕，不像一个哲学家；在这个方面，他没有表现出自己的才能、自己的精神、自己的 differentia specifica〔特色〕。因此，他的天主教并不比没有见识的普通人的天主教具有更多的意义、价值和分量；他的天主教不是植基于哲学的信念之上，简言之，sit venia verbo〔说得不客气一些〕，他的天主教是一粒黑痣。

〔40〕〔第 178 页注〕布瓦勒使万物都服从于主观随意性，他

宣称事物的本质是主观随意的；可是，为了不陷于毫无根据的非理性的境地，甚至他最后也不得不止步于必然性面前。他在《理性的思考》第3册第10章中这样写道："我断言，上帝是按照必然性进行思维的，是依据自己本性的必然性进行思维的。那些涉及他自身以及直接显示出他的本性、本质、特性的真理就是如此；对于这些真理，他从来不是漠不关心的，可是，那些显示出一切非上帝自身的事物的观念、本质、特性的真理，情况就不是如此。"然而，上帝既然理解自己的本质，难道他不同时也理解事物的本质（像经院哲学家和神秘主义者所说的那样）？难道事物的本质必然性不也是由此决定的？如果把事物的本质从上帝的本质中抽掉，那在上帝的本质中还剩下什么呢？有神论者自己也承认，上帝的全部本质规定性或特性都仅仅是从自然界或人的本质中汲取来的。

〔41〕［第179页注］虽然十七世纪大多数物理学家和天文学家都认为彗星是一种自然物，甚至十六世纪的许多有见识的人也持同样的见解，例如布鲁诺就认为彗星是一种星辰（《论宇宙和世界的无限性》第4个对话），可是，当时通常占据统治地位的见解仍然是：彗星是一种完全随意作出的标志，上帝用这种标志预示可怕的灾祸，恐吓堕落了的世界，以便使它改邪归正，或者对它进行惩罚。早在1681年的时候，物理学家约翰·克里斯托夫·斯图尔姆还认为，对于1680年大彗星的出现，有必要在阿尔特多夫大学作出如下证明："彗星不是按照上帝意志随意作出的预兆，用以向一定地区预示灾祸的降临，因为各种情况清楚地表明彗星确实是一些自然的物体"。斯图尔姆还不得不引证其他一些著名人物的事例来为自己偏离通常见解进行辩护（参看他的著作《对新彗星的研

究》第3章第10节和第1章第9节)。关于上述这个彗星,德麦若在《培尔传》中写道:"人民,也就是说,几乎所有的人,都对它的出现又惊又怕。"培尔受这件事的启发而写出他的著作《关于彗星的各种见解》。对此,惊慌不安的人纷纷向他询问。他试图用哲学的论据来安慰这些人。可是,对于迷信的人,对于生活在感性领域内的人,也如对于那些仅仅依据于感觉的人,理性的论据过于软弱无力,或者,用另一些更加切近事情本质的话来说,理性的论据过于遥远,过于崇高。语言对动物是无能为力的,这不是因为语言过于软弱,而是因为它过于崇高,以致不能被动物所理解。只有通过感性力量的形式,理性才能驾驭动物。理性本身仅仅对于理性的存在物才是一种力量,而且是最高的力量。理性仅仅对于它自身才显现出这样的力量。但是纯洁的光不是为人照耀的。因此,教堂不是让光线通过透明的媒介物,而是通过涂上色彩、变得模糊的媒介物射进来。培尔深信借助于理性的论据不能完成战胜他那个时代的信仰的任务,因而他求助于神学的论据。这个论据就是:如果彗星是灾祸的预兆,那么上帝创造奇迹就是为了肯定世界上的偶像崇拜。可是,彗星这个观念的根据仅仅在于人们没有注意这样一个范畴,这个范畴后来成为人的自然范畴,而斯宾诺莎把它看作独一无二的哲学范畴,斯宾诺莎哲学的缺陷就在于它把这个范畴看作唯一真正的范畴,而不承认关系范畴。人们不是从事物的自然联系中观察事物,不是从事物的内在意义方面理解事物,而是把事物置于那样一种联系之中,这种联系对于事物来说,或者是完全漠不相干的、偶然的,或者是次要的;简言之,人们仅仅从与他们自身的关系方面去思考一切,去思考上帝和世界。主观随意性的幽灵仍在到处游荡。

〔42〕[第181页注]"正确地说,肉体中不会发生任何不能用机械的原因,即可以通过理性认识的原因加以说明的事情。"(《莱布尼茨全集》第2卷第2编第136页)他把动物的肉体称为 machina hydraulico-pneumaticopyria [水压—气压热力机](同上书,第148页)。比莱布尼茨年岁大一些的同时代人克里斯托夫·斯图尔姆甚至想把自然这个词勾销,即使不是完全勾销,至少是从活动原则这种意义上勾销(参看他的著作 *Exercit. de natura sibi incassum vindicata gegen Schelhammer*,第2章)。在他的著作 *Exercit. de naturae agentis idolo* 第4章第1节里(参考他的著作《哲学著作选》第2卷,1698年),斯图尔姆说,世界或者包罗万象的宇宙以及自然界的各个领域,"可以归结为一些粗笨的、被动的机械;如果说这些机械活动着和产生着,那么这种说法的根据比说磨坊或钟表活动着和产生着还少得多",因为只有上帝的力量才能创造一切中的一切(同上书,第12节)。马勒伯朗士根据同样的理由,认为自然界具有潜能和生命力的说法是异教和偶像崇拜。冯特纳尔也把宇宙比拟为钟表(例如,在他的著作《论世界的众多性》中)。牛顿在他的著作《光学》中也说,由于行星和彗星相互作用而造成行星轨道上的一些本身极不重要的偏离,"随着时间的长远推移可能导致 donec haec naturae compages manum emendatricem sit desideratura [需要一双纠正的手来干预宇宙的结构]",就像一部机器发生故障时那样。莱布尼茨非常不喜欢这种说法,虽然他也仅仅是从机械论的观点观察世界,但他把一个崇高的观念与世界的机械论结合到一起。还应当指出,莱布尼茨当然把机械的东

西和物理的东西也加以区别。可是,他所作的这种区别仅仅是主观的、相对的。"尽管一切物理的原因归根到底都可以归结为机械的原因,可是我通常也把那些其机械不明显的原因称为物理的原因。"(第2卷第2编第90页)接着又说:"我们还没有充分了解自然的进程,不能在一切地方都用数学来解释这些进程。我认为一切物理的东西归根到底都依赖于机械的东西,可是我们还没有弄清楚这个底细。"(第5卷第63页)关于这一点,还可参看他写给别尔努利的第191封信,他在那封信里打算从连续不断的、觉察不出的振动中引出有机生命的现象,甚至想用机械方法来说明记忆。"我认为可以把记忆本身归结为连续不断的振动,就像钟在敲打之后长时间地发出嗡嗡的声音。"在这封信里,他还要求别尔努利把数学运用到医学中去。在莱布尼茨看来,机械的东西和有机的东西之间的区别仅仅是形式上和数量上的区别。在人工的机器里,机械是有限的,而在天然的机器里,机械在数量上却是无限的。"模糊的表象适合于天然的机械,清楚的表象适合于人工的机械,因为人工的机械可以通过清楚的表象来说明,而天然的机械只有通过模糊的表象才能加以说明,原因是每一个天然的机器都含有无数构件。"(《写给别尔努利的信》第189封)可是,模糊表象和清楚表象之间的区别归根到底也仅仅是数量上的。无限的众多性和细微性就是模糊性的唯一基础。"在人和各种动物的身体中发生的一切也是机械的,就像在钟表里发生的那样。"(第2卷第168页)所以,莱布尼茨认为自然界只不过是一架计算机,他仅仅从表面上,仅仅借助于模糊表象,即感性形象来排除笛卡尔的精神和物质的二元论,而对感性的实在性和意义毫无感觉。在他看来,感性只具有限制、否定的意义,只是对表象的清楚性和明晰性的排除和剥夺。在他看来甚至音乐也只不过是一种混乱模糊的计算技巧。

〔43〕[第183页注] 还可以把莱布尼茨关于普遍语言的计划——在这种语言中,每一观念都必须与一定的、能说明观念的数相对应(关于这个至今仍然不清楚的计划,详见古劳厄尔:《传记》第1卷第320—324页)——和莱布尼茨想把哲学提升为像数学那样可以证明的科学的企图,与机械范畴联系起来。但是,腾涅曼却错误地认为(《哲学史》第2卷第99页),仿佛莱布尼茨在自己以及在别人那里都没有发现一种用以确定形而上学和数学之间的本质区别的前提。毋宁说,这一区别恰恰是他的哲学的基础。因为,在他看来,数学原则和力学原则是一致的,他把他的哲学的基本概念,即形而上学概念看作更高级的、原初的概念,以与数学原则或力学原则区别开来。莱布尼茨还以下述方式把数学和形而上学截然区别开来:形而上学具有更加普遍的概念,它立足于与幻想相分离的理智之上,而数学仍与幻想连接在一起。在这点上,他的观点与康德的观点几乎一样;康德认为数学概念是被设计出来的,也就是说,数学概念可以在纯粹的感性直观中呈现出来,区别仅仅在于康德看作是数学的优点的地方,却被莱布尼茨看作是数学的缺陷。当然,莱布尼茨把数归诸形而上学,而他这样做是很有道理的。因为,尽管数不能应用于形而上学的对象,只有在物理学中它才是一个所谓的起限制作用的 terminus technicus [技术术语],可是,它在物理学中是认识的原则,就这一点而言,它是属于形而上学的。当然,莱布尼茨是根据另一个理由把它归诸形而上学,即他认为数是某种 universalissium [包罗万象的东西]:"没有任何东西不服

从于数。"尽管如此,不能认为莱布尼茨想把数学形式变为哲学形式这样一种企图具有超出于形式意义之外的其他意义,因而也不能对他的哲学宣判死刑,像现代某些批评家所作的那样。这些批评家没有考虑到在观念,即哲学的本质和观念赖以表现出来并在一定时代居于支配地位的形式之间的区别;他们认为可以提出一种脱离历史的,与积极的、发展的、深刻的陈述相分离而独立出来的批判。然而,正是由于这个缘故,他们不过是无的放矢地瞎打一气。

〔44〕〔第 184 页注〕诚然,莱布尼茨说过:"机械的泉源在于原初的力;可是,按照运动规律,应力或者派生的力是从原初的力中产生的,而运动规律则植基于善与恶的知觉之中,或者植基于最符合于应为的东西之中。这样一来,结果是发生作用的原因依赖于目的的原因,按本性而言是精神的、原初的东西依赖于物质的东西,好像物质的东西对我们的认识来说也是原初的"。在他写给德·博斯的信中也说:"隐德来希按照自己的需要活动于物质之中,因此,物质的新状态是按照自然规律从先前的状态中产生出来的,而自然规律是通过隐德来希使自己得到实现。"莱布尼茨还把目的概念应用到自然学说之中。因此,他从人体的 causa finalis〔目的因〕着眼把人体定义为 machina conservandae contemplationis gratia inventam〔为了保护直观能力而发明的机器〕。他说,认识目的往往比认识手段和机械过程容易得多;不仅对于认识有机体,而且对于认识任何物体,目的都是物理学中一个卓有成效的原则。例如,在光学中,他甚至从自然界的目的在于使光线以最容易的方式从一点射到另一点这样一个前提出发,得出结论说:光线在

同一媒介物中直线地扩散,反射角和入射角是相等的。可是,即使完全撇开究竟是从外在的、神学的目的论这种意义上,还是从内在的、自然哲学的目的论这种意义上去理解目的这样一个问题,尽管目的是先天之物,是原始之物,但在作用中、在结果中依然是机械论开始不受限制地处于支配地位;唯一的实现方式依然是机械论;在原因和结果之间永远没有同一性。

〔45〕[第187页注] 按照埃伦贝格借助显微镜所作的观察,撇开蝇、虱、臭虫、蚤、飞蝗、鱼以及其他动物的那些众所周知的、异常的繁殖方式不谈,在植物中霉菌具有最大的繁殖力,而在动物中滴虫的生殖力超过其他一切动物。轮虫就种属而言比胃虫高得多,可是就繁殖力而言则低于后者:胃虫的繁殖方式是多种多样的,它通过卵生、胎生以及自我分裂等方式进行繁殖,用的是三种方式,而轮虫在繁殖方面只限于卵生和胎生这两种传统方式。种属的等级愈低,个体相互之间的区别也就愈加微不足道,愈加没有意义,ex uno disce omnes[根据其中之一就能研究全体],个性本身也就愈加没有什么区别,愈加无关紧要,然而这种无差别性,这种无偏颇性,恰恰就是个体的众多性的泉源。这样一来,繁殖活动就变成为一种本身没有差别的活动。水螅——虽然不是指各个种属的水螅——甚至可以通过随意的、人工的分裂方式进行繁殖。最低等的动物的繁殖并不是与紧张的交尾活动和不同的性别相联系。例如,在软体动物身上,没有性别的繁殖是通过卵生或者至多通过简单的自体交媾进行的(卡鲁斯:《动物解剖学》第617页)。甚至蚜虫也是不事先经过交尾就能胎生,至少整个夏天是如此,胎生出来的蚜虫又以这种方式繁殖,直到秋天才初次出现雄的蚜虫

与雌的蚜虫的交尾活动(施兰克:《动物界》第 2 卷第 1 编第 132 页)。有些动物是雌雄同体,同时既是雄的,又是雌的,可是它们不是自身交配,另一些动物雌雄同体,却是自身交配,例如绦虫和链虫就是以这种方式受精的。此外,绦虫还有一个显著的特点,这就是几乎它的每一个节都有自己特殊的卵巢。可是,在繁殖与两种不同性别的个体相联系的情况下,繁殖就更多地受到外在原因的限制。个体正是通过这种限制而获得更加积极的意义,更加具有特质的价值。个体相对于自己的种属来说则失去自己的意义。死亡就是这种对种属而言失去意义的表现。可是,爱情是怜悯个体的。只有在爱情中个体才获得绝对的价值。Homo homini Deus est〔人对于人来说就是上帝〕。

# 人 名 索 引

Albert Magnus, or Albert von Boldstädt 大阿尔伯特，或：阿尔伯特，冯·博尔什帖特(1207—1280)——德国多米尼克派僧侣，中世纪经院哲学家，天主教神学的创立者，托马斯·阿奎那的老师。他阉割和曲解亚里士多德学说的真正内容，使之适应天主教教会的需要。267［原书页码(下同)］

Alexander 亚历山大，马其顿的(公元前356—前323年)——古代世界的伟大统帅和国务活动家，公元前336—前323年间的马其顿国王，建立了由多瑙河一直扩展到印度河的大帝国。224

Anaxagoras 阿那克萨哥拉(约公元前500—前428)——古希腊哲学家，不彻底的唯物主义者，进步的奴隶主民主派思想家。他因不信神的罪名而被判处死刑，但他遇救逃出了雅典。120，184，249

Anglus, Thomas 安格鲁斯，托马斯——210

Anselm of Canterbury 安瑟伦(1033—1109)——著名的天主教神学家，他提出上帝存在的本体论证明。208，210

Aquinas, Thomas 阿奎那，托马斯(1226—1274)——中世纪经院哲学的最著名的代表，唯心主义的天主教哲学(托马斯主义)的创立者和系统化者，他认为哲学是神学的婢女，并从正统神学的观点解释预定问题。111，124，208

Aristoteles 亚里士多德(公元前384—前322)——古希腊伟大的哲学家。他是柏拉图的学生，但他抛弃了柏拉图的唯心的理念论，并予以严厉的批评。在哲学上，他动摇于唯物主义和唯心主义、辩证法和形而上学之间。就社会政治观点来说，他是奴隶主的思想家。7，11，12，24，25，31，44，46，67，103，120，152，173，184，244，252，253，259

Arnauld, Antoine 阿尔诺，安都昂(1612—1694)——法国神学家，哲学家，冉森教徒。89，197，247，251，278

Augustinus, Aurelius 奥古斯丁，奥略里(354—430)——基督教神学

的创始人之一。他提出若干关于上帝存在的"证明",其中之一成了所谓本体论证明的基础。他的学说对中世纪的神学和经院哲学,以及对宗教改革运动的首领路德和加尔文,都发生过巨大影响。17,215,217,275,276

Aurel, Masc 奥理略,马克(121—180)——罗马皇帝(161—180 在位),斯多噶派的最后一个大哲学家。185

Averrhoes 阿威罗伊(1126—1198)——西班牙的阿拉伯哲学家,自然科学家,医学家,法学家。244

Bacon, Francis 培根,弗兰西斯(1561—1626)——卓越的英国哲学家,英国唯物主义和整个现代实验科学的创始人,对霍布斯、洛克以及十八世纪法国唯物主义者有过巨大影响。10,18,168,174

Baillet, A. 巴耶——法国作家,《笛卡尔先生传》(1691 年)一书的作者。287—289

Barbarus 巴尔巴鲁,厄尔莫拉伊(1454—1493)——文艺复兴时期的意大利学者,反对经院哲学。252

Barrow, Isaac 巴罗,伊萨克(1630—1679)——英国数学家和物理学家。197,198,205

Basnage 巴纳日——莱布尼茨的友人,与莱布尼茨有通信联系。199

Baumeister, Friedrich Christian 鲍迈斯特,弗里德里希·克里斯蒂安(1709—1785)——德国哲学家,伏尔夫的信徒。他写了许多关于物理学、逻辑学、数学的教科书。206

Bayle, Pierre 培尔,比埃尔(1647—1706)——法国杰出的政论家和哲学家,从理论上打破了对形而上学和神学经院哲学的信仰。他的主要著作是《历史批判辞典》。17,70,89,96,97,108,124,130,131,175,176,214,216,224,246,276,291

Bernoulli, Johann 别尔努利,约翰(1667—1748)——科学家和哲学家,格勒林根大学和巴塞尔大学教授,在微积分领域内作过若干发现,经常与莱布尼茨通信。43,70,186,229,233,247,248,292

Bierling 比尔林——莱布尼茨的友人,与莱布尼茨有通信联系。23,138,147,286,216

Bignon 毕雍——法国学者,与莱布尼茨有书信来往。18

Bilfinger, George Bernhard 比尔芬格尔,乔治·伯恩哈德(1693—1750)——德国神学家,克利斯蒂安·伏尔夫的门徒和追随者。63,206,260

Böhme, Jacob 波墨,雅科布(1575—1624)——德国唯心主义哲学家,神秘主义者。9,121,190,242,269

Boss 博斯,巴托洛梅·德(1688—1738)——数学和哲学教授,神学

人名索引　349

家,曾与莱布尼茨通信,讨论哲学问题和神学问题。20,59,67,69,105,134,183,195,252,254,256,258,262,277,294

Baurguet 布克——法国学者,与莱布尼茨有书信来往。28,32,66,86,101,182,211,250

Bourignon 布里尼翁,安图瓦涅泰(1616—1680)——法国女作家,鼓吹神秘主义,自称为先知。37

Bovillus,Karl 博维鲁斯,卡尔——法国学者。249

Boyle,T. 波义耳——物理学家,286

Brahe,Tycho de 勃腊格,吉霍·德(1546—1601)——丹麦著名的天文学家,他折中主义地把托勒密的宇宙观和哥白尼的宇宙观结合到一起,认为地球处于宇宙的中心,太阳围绕着地球运行,而行星又围绕着太阳运行。122,181,289

Brucker,Jakob 布吕克尔,雅各布(1696—1770)——德国哲学史家,著有《从上古到现代的批判哲学史》(1742—1744)一书。11,247,248,249,252

Bruno,Giordano 布鲁诺,乔尔丹诺(1548—1600)——文艺复兴时期意大利进步的哲学家,由于反对教会、经院哲学和宗教反动势力,被宗教裁判所焚死于罗马。5,18,103,244,249,290

Buddeus,Johann Franz 布杜斯,约翰·弗朗茨——96

Burdach 布尔达赫,卡尔·弗里德里希(1776—1847)——德国著名的生理学家,在肯尼茨堡创建了德国第一个解剖学研究所。—88

Burkard,Johann Henrich 布尔卡德,约翰·亨利希——德国植物学家,与莱布尼茨有通信联系。251

Burnet,Thomas 比涅特,托马斯(1635—1715)——苏格兰科学家,提出关于地球起源的假说。16,21,96,138

Cammerarius,Rudolf Jacob 卡默拉里,鲁多夫·雅各布(1665—1694)——德国植物学家,对植物的性繁殖方面作过一些发现。251

Campanella,Tommaso 康帕内拉,托马佐(1568—1639)——意大利的空想社会主义者,《太阳城》一书是他的代表作。他由于宣传新哲学和自由科学,由于有自由思想,不止一次地受到宗教法庭的审判。1599年由于领导反西班牙统治的卡拉布里亚起义,被捕入狱,关了二十七年,最后死于法国。5,38,144,166—167,244,250,269

Cardano 卡尔丹诺,吉罗拉莫(1501—1576)——意大利数学家,医生,占星家,文艺复兴时代意大利自然哲学的主要代表之一。在他的世界观中,以泛神论形态表现出来的唯物主义倾向以及某些辩证法因素,同新柏拉图主义的神秘主义因素交织在一起。267

Cartholt, Sebastian 科特霍尔特, 塞巴斯蒂安——克里斯蒂安·科特霍尔特之子, 斯宾诺莎的头一批传记作者之一。13, 245

Caton 卡东, 马克·波尔茨(公元前96—前46)——古罗马国务活动家, 共和党的领导人。134

Cesalpino 切萨尔皮诺, 安德里阿(1519—1603)——意大利医生, 自然科学家, 亚里士多德的研究者。他激烈反对经院哲学, 驳斥当时流行的对魔术、妖法的信仰。245

Chastelet, Marquise du 夏斯特勒, 玛基斯·迪——法国学者, 著有《物理学的创立》一书。63

Chrysostomus 赫里佐斯托姆, 约翰·兹拉托乌斯特(约347—407年)——东方基督教教会的著名活动家, 神学家, 有段时期领导了君士坦丁堡教区。他热衷于迫害异教徒, 积极鼓吹禁欲主义。216

Ciciro, Marcus Tellies 西塞罗, 马克·图里(公元前106—前43)——著名的演说家, 罗马共和国末期的国务活动家, 奴隶主贵族的思想代表, 激烈反对唯物主义和无神论。247, 248, 249

Clarke, Samuel 克拉克, 萨穆埃尔——英国的自然哲学家和道德哲学家。71, 73, 204, 207, 266

Clauberg, Johann 克劳贝格, 约翰(1622—1665)——德国哲学家, 笛卡尔的信徒, 他从事逻辑学和心理学基本问题的研究。193

Clemens, Alexandrinus 克雷门, 亚历山大城的(约150—215)——基督教神学家, 他在其著作《对希腊人的训诫》《教育家》《训辞》等中, 试图借助新柏拉图主义的希腊哲学以论证基督教学说。他的八卷本的《古代哲学家和诗人格言汇编》, 是一部宝贵的哲学史资料。111

Condillac, Etienne Bonnot de 孔狄亚克, 埃蒂耶纳·博诺·德(1715—1780)——法国启蒙运动者, 感觉论哲学家, 洛克的拥护者, 在反对十七世纪唯心主义形而上学方面起了重要作用。185, 257

Conti, de 孔蒂, 德——法国神父。73

Copernicus, Nicholas 哥白尼, 尼古拉(1473—1543)——伟大的波兰天文学家, 太阳中心说的创立者, 他在其著作《天体运行》一书中表述了这一思想, 彻底地批判了托勒密的地球中心说。33, 122, 181, 289

Cordemoy 科德穆瓦, 齐罗·德(1620—1684)——十七世纪法国历史学家和哲学家, 其主要哲学著作为《肉体和心灵的区别》。44

Cortholt, Christian 科特霍尔特, 克里斯蒂安(十七世纪)——基尔大学神学教授。13, 245, 227

Cremonini 克列莫尼尼, 切扎尔(1552—1631)——哲学家, 亚里士

# 人名索引 351

多德的信徒，终身从事于注释亚里士多德的著作。173

Cudworth 凯德伏尔特，拉尔夫(1617—1688)——英国唯心主义哲学家，剑桥柏拉图主义学派的代表。他主张超感觉的知识理论，并利用亚里士多德的目的论和隐德来希学说来论证宗教信条。37,39,255

Cyrillus 基利尔，亚历山大城的（死于444年)——基督教神学家，412年担任亚历山大城的大主教。他关于基督的学说成为正统的基督教神学的奠基石之一。124

Darjec, Joachim Georg 达耶斯，约阿希姆·格奥尔格(1714—1791)——德国哲学家，伦理学和法学教授，伏尔夫学说的反对者。208

Demokritos 德谟克利特（约公元前460—前370)——古希腊卓越的唯物主义哲学家，原子论的创始人之一，古代民主政体的代表，奴隶主贵族的反对者。24,26,34,42,44,184

Descartes, René 笛卡尔，勒奈(1596—1650)——法国卓越的哲学家，数学家和自然科学家。在解决哲学基本问题上是二元论者，在认识论上是唯理论的创始人。1,16,23,27,35—38,40,44,46,53,73,74,75,92,96,101,138,155,173—174,179,191—193,197,198,201,207,208,210,243,244,253,278

Des-Maizeaux, Pierre de 德麦若，比埃尔(1666—1745)——法国评论家和历史学家，他与比埃尔·培尔关系密切，写过两本关于培尔的著作。291

Digby, Kenelme 季格比，克涅尔姆(1603—1665)——英国物理学家，他企图折中主义地把柏拉图主义和笛卡尔的物理学结合到一起。36

Diogenes, Laertius 第欧根尼，拉尔修（约公元前三世纪上半叶)——古希腊学者，古代哲学家传记的编纂者。在他所写的《古希腊哲学史》中，保存有一些目前业已散失的史料。55

Dionisii, Areopagitae 迪奥尼西，阿列奥帕基塔——雅典的第一个主教，约生活于一世纪。208

Dutens 1730—1812 迪唐，路易——法国作家和学者，后移居英国，他出版了第一部《莱布尼茨全集》(日内瓦，1769年)。63,124,221,248,260

Eberherd, Johann Peter 埃贝哈德，约翰·彼得——246

Ehrenberg, Christian Gottfried 埃伦贝格，克里斯蒂安·戈特弗里德(1795—1876)——德国自然科学家，柏林大学医学教授，以其对低级动物的研究而知名于世。264,294

Eisenmann 艾森曼——医生，生理学家，《植物性的疾病》(1835年)一书的作者。264

Eisenmenger 艾森门格尔——《启示的犹太教》(1711 年)一书的作者。44

Epicurus 伊壁鸠鲁(公元前 341—前 270)——古希腊杰出的唯物主义者和无神论者,激进的古代启蒙运动者,他恢复和发展了德谟克利特的原子论。42,55,56,84

Erdmann, Johann Edward 埃德曼,约翰·爱德华——德国哲学史家,著有《对近代哲学史的科学阐述》一书(1834—1853),从黑格尔哲学的观点叙述了从笛卡尔到黑格尔的哲学发展史。211,263,268

Euklides 欧几里得(公元前三世纪)——古希腊数学家,他的重要著作《几何原理》一书对数学的发展起了巨大影响。190

Euripides 欧里庇得(约公元前 480—前 406 年)——古希腊剧作家,他的悲剧反映了公元前五世纪后半期公社关系崩溃时期雅典奴隶主民主制的危机。他使剧中的语言口语化,并使神话题材具有现实主义的特点。130

Fabricius, Johann Ludwig 法布里齐乌斯,约翰·路德维希(1632—1707)——德国海德堡大学神学教授,哲学教授,加尔文教徒,宗教改革运动的积极拥护者。16

Feder, L. 费德尔——莱布尼茨著作的出版者之一。95,134,222,230,246,256

Feller, J. F. 费勒,约阿希姆——魏玛公爵的秘书,与莱布尼茨很熟悉。223,246,248

Fichte, Johann Gottlieb 费希特,约翰·哥特利勃(1762—1814)——德国古典哲学的代表之一,主观唯心主义者。120,136,145

Fontenelle 冯特纳尔,贝尔纳·勒·博维耶·德(1657—1757)——法国启蒙时代的哲学家、讽刺作家。292

Galileo, Galilei 伽利略,伽利莱(1560—1642)——伟大的意大利物理学家和天文学家,力学原理的创始人,为先进世界观而斗争的战士。74,244,288

Gassendi, Pierre 伽桑狄,比埃尔(1592—1655)——法国唯物主义哲学家、物理学家和天文学家。55,216,248

Gaulinum 高利诺——210

Gehler, Johann Samuel 格勒,约翰·萨穆埃尔(1751—1795)——德国数学家,他的四卷本著作《物理学词典》在 1787—1795 年间出版。73

Geothe, Johann Wolfgang 歌德,约翰·沃尔弗冈(1749—1832)——伟大的德国作家和思想家,也以自然科学方面的著作闻名。80,180

Geulincx, Arnold 海林克斯,阿尔诺德(1625—1669)——荷兰的笛卡

# 人名索引

尔派唯心主义者,马勒伯朗士的直接先驱。100

Glisson 格利森,弗朗西斯(1596—1677)——英国著名的医生,解剖学家,生理学家,剑桥大学教授。38,166—167,249

Guhrauer, Gottschalk Edward 古劳厄尔,戈特沙尔克·爱德华(1800—1854)——德国历史学家,布累斯劳大学教授,主要以其论述莱布尼茨的著作而知名于世。242,243,245,246,247,293

Haller 哈勒尔,阿尔布雷希特(1708—1777)——瑞士著名的自然科学家,解剖学家,植物学家,医生。他是生理感应学说的创立者,研究了组织系统和循环系统的结构。264

Hamm 哈蒙——荷兰医生,研究精子动物。264

Hansch 汉施——莱布尼茨的友人,与莱布尼茨有书信来往,著有《莱布尼茨的哲学原理,用几何学方法加以说明》。19,24,28,127,240,246,247

Hauser, Kaspar 豪泽尔,卡斯帕尔——一个神秘的人物,德国有不少著作都叙述了他的奇怪的命运。280

Havenreuter, Johann Ludwig 哈芬罗伊特,约翰·路德维希(1548—1618)——德国科学家和医生,在斯特拉斯堡大学讲授哲学和物理学,以其关于亚里士多德和柏拉图的著作而知名于世。255

Haym, Rudölf 哈依姆,鲁道夫——274

Heerboord, A. 黑尔博德(死于1659年)——荷兰哲学家,笛卡尔的信徒。268,270

Hegel, Georg Wilhelm Fridrich 黑格尔,乔治·威廉·弗里德里希(1770—1831)——德国古典哲学的最大代表,客观唯心主义者,最全面地研究了唯心主义辩证法,德国资产阶级思想家。55,120,208,241,259,269

Herbart, Johann Friedrich 赫尔巴特,约翰·弗里德里希(1776—1841)——德国唯心主义哲学家、心理学家和教育家,对资产阶级教育学的发展有过巨大影响。204

Herman, Jacob 赫尔曼,雅各布——十七世纪德国学者、数学教授和哲学教授。265

Hippokrates 希波克拉特(约公元前460—前377年)——希腊杰出的医生和自然科学家,古代医药奠基人之一。83

Hobbes, Thomas 霍布斯,托马斯(1588—1679)——著名的英国哲学家,机械唯物主义的代表人物,他的社会政治观点具有鲜明的反民主的倾向。61

Hockius 霍基——著名的微物论者。251

Hofmann, Friedrich 霍夫曼,弗里德

里希(1660—1742)——著名的医生,医学教授,创造了享有国际声誉的"霍夫曼烤钵"。28

Huet 于厄,比埃尔·丹尼埃尔(1630—1721)——法国主教。他在《笛卡尔哲学批判》一书中,企图运用怀疑论的方法批驳笛卡尔哲学的基本原理。269

Jacobi,Friedrich Henrich 雅科比,弗里德里希·亨利希(1743—1819)——德国唯心主义哲学家,他批评唯理论哲学,并用感性和直接知识的哲学与之对扰。120,279

Jung,Joachim 荣格,约阿希姆(1587—1657)——德国哲学家,德国启蒙运动的代表。244

Kant,Immanuel 康德,伊曼努尔(1724—1804)——德国古典哲学的创始人、唯心主义者、德国资产阶级思想家,也以自然科学方面的著作闻名。975,145,185,293

Karus,Karl Gustaf 卡鲁斯,卡尔·古斯塔夫——德国动物学家、医生。他由于对神经系统和血液循环器官的研究而闻名于世,他写过一系列关于解剖学、生理学和妇科学的教科书。286,295

Kästner,Gotthelf 克斯特纳,阿夫拉姆·戈特黑尔夫(1719—1800)——德国数学家和哲学家,格丁根大学教授。254

Kepler,Johann 刻卜勒,约翰(1571—1630)——德国杰出的学者,他继承了哥白尼的思想,并加以发展,阐明了行星绕日运动的基本规律。163

King 金——210,212,213

Kircher 基希尔——著名的微物论者。251,254

Klauberg 克劳贝格,约翰(1612—1665)——德国哲学家,笛卡尔主义者,其观点接近于机缘论。——193

Koch 科赫——微物论者,著有《微物论》(1803)一书。263

Kutorga 古托尔加,斯杰潘·谢麦诺维奇(1805—1861)——俄国动物学家,著有《鞭毛虫的自然史》一书。251,286

Laenwenhock 勒汶胡克,安东(1632—1723)——荷兰学者、自然科学家,在微观生物学方面作出一系列重要发现。250,264

Lambert,Johann Henrich 兰贝特,约翰·亨利希(1728—1777)—德国自然科学家和哲学家,以其关于天体演化学和数学的著作而知名于世。191,199

Lami,P. 拉米——笛卡尔主义者,著有《关于上帝存在的证明》一书。105,206

Lang,J. C. 朗格——莱布尼茨的友人,与莱布尼茨有书信来往。279

Ledermüller 奈德米勒尔——动物学家,著有《为精子动物作彻底的辩白》(纽伦堡,1758年)一书。264

Leibniz, Gottfried Wilhelm 莱布尼茨, 哥特弗利德·威廉 (1646—1716)——卓越的德国数学家和哲学家, 十八世纪末至十九世纪初德国唯心主义的先驱, 单子论是他的哲学体系的核心。1, 3, 20—21, 22—30, 32—35, 39—44, 48—50, 54—60, 62—63, 65—69, 70—71, 73—74, 76, 79—81, 82, 85—89, 95—97, 99—102, 103—104, 105—106, 107—110, 120, 123, 125—126, 128—129, 133, 135—140, 145, 147, 159, 160, 167—169, 170, 172—174, 176—179, 180—184, 186, 187—193, 195, 198, 199, 201—205, 207, 210—221

Lessing, Gotthold Ephrain 莱辛, 歌德荷尔德·埃弗拉姆 (1729—1781)——德国和欧洲启蒙运动中著名的活动家, 艺术理论家, 政论家, 剧作家, 反对封建农奴制及其思想体系的民主主义者。144, 180, 246

Lichtenberg, Georg Christoph 利希滕贝尔格, 格奥尔格·克利斯托夫 (1742—1789)——德国启蒙思想家, 物理学家, 艺术鉴赏家。他对基督教持否定态度, 认为基督教是一定历史时代的产物。180

Linne, Karl 林耐, 卡尔 (1707—1778)——瑞典优秀的自然科学家。他在其著作《自然体系》一书中, 制定了植物和动物学分类的体系。后来又写了《植物的分类》一书。285

Livius 利维, 季特 (公元前59年—公元17年)——罗马历史学家, 他所著的一百四十二卷《罗马建城以来的历史》, 为古罗马史的原始史料之一。11

Locke, John 洛克, 约翰 (1632—1704)——英国唯物主义哲学家, 培根和霍布斯的哲学路线的继承者。他反对天赋观念论, 主张认识来源于感性经验, 但在关于第一性的质和第二性的质的学说上, 向唯心主义作了很大让步。1, 137—141, 143—144, 147—151, 179, 181, 188, 190, 237, 256, 282

Lucretius, Titus Carus 卢克莱修, 梯特·卡鲁斯 (约公元前99—前55)——杰出的罗马哲学家和诗人, 唯物主义者, 无神论者。248, 271

Ludovici, Karl Günter 卢多维西, 卡尔·冈特 (1707—1778)——德国历史学家, 写过一部关于莱布尼茨的巨著 (1738年)。204, 243, 245, 248—250

Luther, Martin 路德, 马丁 (1483—1546)——宗教改革的著名活动家, 德国新教 (路德教) 的创始人, 德国市民等级的思想家, 在1525年农民战争时期, 站在诸侯方面反对起义农民和城市贫民。7, 113

Maass, Johann Gebhard 马斯, 约

翰·格布哈德（1766—1827）——德国康德主义哲学家,哈勒大学教授,著有《论激情》一书。282

Malebranche, Nicolas 马勒伯朗士,尼古拉（1638—1715）——法国笛卡尔派的唯心主义者,偶因论哲学的倡导者之一。27,189,222,238,247,278,292

Meier, Georg Friedrich 迈埃尔,格奥尔格·弗里德里希（1718—1777）——哈雷大学哲学教授,伏尔夫及其门徒 A. H. 鲍姆加滕的追随者,写了一系列关于逻辑学和形而上学的通俗著作。202—203,205,209

Meiners, Christoph 迈涅尔斯,克里斯托夫——《对中世纪风尚、结构等等的历史比较》一书的作者。283

Melanchton 梅兰希顿,菲利普（1487—1560）——德国基督教神学家,路德的战友,与路德合写了《奥古斯丁的宗教信仰》。他主张德国的宗教改革者联合起来,并企图把宗教改革的原则和亚里士多德学说结合到一起。7—8

Melissus 梅利斯（公元前五世纪）——古希腊政治活动家、海军统帅和哲学家,埃利亚学派代表人物之一。24

Mercurius 麦尔库里伊,黑尔蒙特·冯（1618—1690）——唯心主义哲学家、炼金师,与莱布尼茨有私人交往。49

Mersenn 麦尔欣,马连（1588—1648）——法国科学家,形而上学哲学家,笛卡尔的友人。他反对自然哲学家的怀疑主义和独断主义,认为数学和形而上学是最高的认识方法。288—289

Montium 蒙京——249

Montmort, Pierre de 蒙莫尔,比埃尔·德（1678—1719）——法国数学家,以其在概率论方面的著作闻名于世。其本名为雷蒙·德·蒙莫尔（Remond de Montmort）。莱布尼茨非常重视他的数学才能,因此于 1766 年请他担任中介人,以调解自己和牛顿之间关于谁头一个发现对无限小值的分析的争论。24—25,66,138,189,267

More, Henry 莫尔,亨利（1614—1687）——英国新柏拉图主义哲学家,神秘主义者,犹太神秘哲学的信徒,反对霍布斯的唯物主义和笛卡尔的物理学。他认为广延是上帝的属性,存在于"非物质的空间",反对把广延理解为物质的属性。5,36,184,253

Mosheim 莫斯海姆,约翰·洛伦兹（1694—1775）——路德教派的神学家,他把凯德伏尔德的主要著作《理性的体系》译成拉丁文,还用拉丁文写了托兰德的传记。37

Müller, Johannes Peter 米勒,约翰内斯·彼得——《完整的自然体系》一书的作者。285

人名索引　357

Newton, Issac 牛顿, 伊萨克(1643—1727)——英国伟大的自然科学家, 他的力学原理对力学的发展具有重大贡献, 曾任伦敦皇家学会(英国科学院)的常任会长。71, 76, 77, 292

Nizolius 尼佐利乌斯, 马里乌斯(1498—1575)——意大利哲学家, 持唯名论和经验论的观点, 反对经院哲学, 著有《哲学研究的真正原则和真正根据》一书。244

Ovid 奥维得, 普布利·纳庄(公元前43年至公元17年)——罗马诗人, 著有《变形记》等作。15

Paracelsus 帕拉塞尔苏斯(1493—1541)——德国医生和自然科学家。他批判地修改了古代医学思想, 企图从化学过程的观点出发来解释疾病。他反对经院哲学, 宣扬经验知识。250

Parmenides 巴门尼德(公元前六世纪末至五世纪)——古希腊唯心主义哲学家, 埃利亚学派的重要代表, 激烈反对赫拉克利特及其追随者的观点。24, 26, 110

Pascel 帕斯卡尔, 布列兹(1623—1662)——法国数学家、物理学家和哲学家。他的哲学著作带有浓厚的宗教神秘主义色彩。244

Pellisson 伯利松, 保罗(1624—1692)——法国历史学家, 写了法国科学院史。莱布尼茨在神学问题上与他通过信。28

Petavius 别塔维, 吉奥尼希(1583—1652)——天主教神学家和耶稣会士。268

Petrarca, Francesco 彼得拉克, 弗朗契斯科——283

Placcius 普拉克齐乌斯——一个在十七世纪享有盛名的医生, 常与莱布尼茨通信。15, 20, 37, 213, 279

Plato 柏拉图(公元前427—前347)——古希腊唯心主义哲学家, 奴隶主贵族的思想家, 自然经济的拥护者。23—26, 120, 123, 131, 184, 236

Plotinus 普罗提诺(204—270)——希腊神秘主义哲学家, 新柏拉图主义的最大代表, 对基督教哲学发生显著影响。他认为世界是通过神的流出而产生的, 最高的认识是在神秘的出神状态中达到的。26

Poiret, Pierre 布阿勒, 比埃尔(1646—1719)——法国的神学家, 哲学家, 起初是笛卡尔学说的信徒, 后来成为神秘主义者。他的主要著作《对上帝、灵魂和邪恶的合理思考》于1677年出版。37, 96, 290

Ponponazzi, Pietro 彭波那齐, 皮埃特洛(1462—1525)——意大利哲学家, 他发展了亚里士多德学说中的唯物主义思想, 认为灵魂是有形体的和有死的。125, 173

Ptolemaeus, Claudius 托勒密, 克罗狄乌斯(二世纪)——地球中心论的代表人物, 这一学说直至十五世

纪才被哥白尼的太阳中心论所推翻。33,122,181

Pufendorf,Samuel 普芬多夫,萨穆埃尔(1632—1694)——德国著名的法学家,自然法理论的创始人之一。247

Raphael 拉斐尔,山蒂（1483—1520)——文艺复兴时代意大利伟大的画家。20

Raspe 拉斯普——编辑出版了《已故的莱布尼茨先生的哲学著作》一书。221

Rassonis,Abra de 拉索尼斯,阿勃拉·德——哲学家、神学家。268

Ritter,Henrich 里特尔,亨里希(1791—1869)——德国哲学史家,专门研究东方哲学,特别是阿拉伯哲学,著有《我们对阿拉伯哲学的了解》一书。248

Rorarius 罗拉里乌斯,约罗尼姆(1485—1556)——罗马教皇派驻匈牙利的使节,因其关于动物理性的著作而知名于世。70

Scaliger 斯卡利格尔,尤里·谢扎尔(1484—1558)——法国语文学家,哲学家,自然论者,写了头一部科学的拉丁文文法,对亚里士多德和希波克拉特的著作作了许多批评性的注释。244,267

Schmidt,J. H. 施密特——德国学者,著有《关于形态学等等的十二本书》,柏林,1831年。264

Schlegel,Friedrich 施勒格尔,弗里德里希（1772—1829）——德国文学批评家和哲学家,浪漫主义理论家。248

Schäffer,J. C. 舍费尔——动物学家,著有《甜水中的珊瑚》(1755年)一书。285

Schrank,Franz von Paula 施兰克,弗朗茨·冯·保拉——德国自然科学家,他写过许多关于植物学、农作学和昆虫学的著作。285,286,295

Schulenberg 苏伦贝格——莱布尼茨的友人,与莱布尼茨有书信来往。267

Scotus 司各脱,约翰·厄里乌根纳(约815—877)——中世纪神学家,他企图把新柏拉图主义和基督教结合起来。129,268

Seneca,Lucius Aunaens 塞涅卡(约公元前3或前6年—公元65年)——罗马斯多噶派哲学家、戏剧家,宣扬宗教神秘主义、宿命论。23

Sextus,Empiricus 塞克斯都,恩披里柯(公元二世纪)——古罗马哲学家,怀疑论学派的著名代表,其主要著作为《皮浪的基本原理》和《反对数学家》。248

Shaftsbury, Anthony Ashley Cooper 沙夫茨伯里,安东尼·库佩尔(1671—1713)——英国哲学家。247

Silesius,Angelus 赛勒西侬,安吉尔(1624—1677)——德国诗人约翰·舍夫列尔的笔名。242

Socrates 苏格拉底（公元前469—前399）——古希腊唯心主义哲学家，柏拉图的老师，由于从事反对雅典奴隶主民主制的活动而被判处死刑。123

Sonner, Ernest 索涅尔，埃内斯特——亚里士多德主义者，《亚里士多德的形而上学注释》（耶拿，1657年）一书的作者。——30，259，275

Spee, P. 斯皮——德国神秘主义者。242

Spinoza, Benedict 斯宾诺莎，别涅狄（1632—1677）——伟大的荷兰哲学家，唯物主义者和无神论者，资产阶级民主阶层的思想家。他的唯物主义思想对十八世纪法国唯物主义者和德国的启蒙运动发生了巨大影响。1，16，26，27—28，30，32，33—35，37，41，59，102，105，110，111，121，125—127，179—181，200，205，207，222，249，276

Stohl 施塔尔——医生。254

Sturm, Johann Christoph 斯图尔姆，约翰·克里斯托夫（1635—1703）——德国数学家、天文学家和物理学家，写了许多关于数学的教科书。28，290，291

Suarez 苏阿列茨，弗朗齐斯科（1548—1617）——西班牙耶稣会士、神学家、经院哲学家，主张王权服从于教权。124

Swammerdamm, Johann 斯瓦麦尔达姆，约翰（1637—1680）——荷兰解剖学家，以其对昆虫的身体和繁殖器官的结构所作的研究而驰名于世。250，263

Taurellus 陶勒努斯，尼古拉（1547—1606）——德国医生、哲学家，反对把亚里士多德学说和经院哲学所捍卫的教会学说结合到一起。216，244，245，268，269

Tennemann, W. G. 腾涅曼（1761—1819）——德国哲学史家，康德主义者，后转向神学的理性论。293

Tertullianus, Quintus Septimius Florens 德尔图良，昆图斯·赛普特米乌斯·弗洛伦斯（约160—220）——著名的神学家和作家。他反对通过科学去认识世界，主张宗教真理是人的理性所不能理解的，要求人们盲目信仰基督教的信条。176

Tetens, Johann Nikolaj 特腾斯，约翰·尼古拉（1736—1807）——基尔大学哲学教授。他在其主要著作《从哲学上论证人的本性及其发展》（1776年）中，试图把普利斯特列的心理学、孔狄亚克的感觉论以及莱布尼茨和伏尔夫的单子论结合到一起。165，280，283

Thales 泰勒斯（约公元前624—前547）——第一个有史可考的古希腊哲学的代表，自发唯物主义的米利都学派的奠基者。35

Thomasius, Christian 托马希乌斯, 克里斯蒂安 (1655—1728)——德国哲学家和法学家, 曾任哈勒大学校长。11, 252

Thomasius, Jacob 托马希乌斯, 雅各布 (1622—1684)——德国哲学史家, 希腊哲学专家, 克里斯蒂安·托乌希乌斯的父亲。11, 248, 275

Thomsen 汤姆生, 詹姆斯——252

Treviranus, G. R. 特雷维拉努斯, 戈特弗里德·赖因哈德 (1777—1837)——德国自然科学家、解剖学家和生理学家, 著有《有机生命的现象和规律》一书。287

Ulrich 乌尔里希——莱布尼茨的《人类理智新论》德译本的译者。265

Vanini, Lucilio 瓦尼尼, 留契里奥 (1585—1619)——意大利先进的思想家, 因宣传自由思想而被宗教裁判所烧死。173

Vellejus 维列——作家, 134

Virgilius 维吉利亚, 马洛 (公元前70—前19年)——罗马诗人, 主要作品为叙事长诗《伊尼特》。11

Wachter, S. 瓦赫特尔——196

Wagner 瓦格纳——228, 254

Weigel, Erhard 魏格尔, 艾哈德 (1625—1699)——德国数学家, 莱布尼茨在耶拿大学念书时听过他的课。11

Weigel, Valentin 韦格尔, 瓦伦丁 (1533—1588)——德国神秘主义者。他的思想对雅科布·波墨发生很大影响。242

Wilbrand 维尔布兰德——生理学家, 著有《普通生理学》(1833年)一书, 263

Wittich, Christian 维蒂希, 克利斯蒂安 (1625—1687)——德国哲学家, 笛卡尔的信徒。他试图证明笛卡尔学说和《圣经》是一致的, 并以唯理论的观点论证神学。210, 267

Wolff, Christian 伏尔夫, 克利斯蒂安 (1679—1754)——德国唯心主义哲学家, 他把莱布尼茨哲学加以通俗化和庸俗化, 把形而上学的普遍适合目的性原则提到首位。11, 190, 198, 200—203, 207, 259, 266, 279

Zabarella 扎巴列拉, 贾科莫 (1533—1589)——意大利思想家, 在巴杜埃大学讲授哲学。他认为自己是亚里士多德的信徒, 否认灵魂不死和第一推动力的存在。173

Zimmermann 齐默尔曼, 埃贝哈德·奥古斯特·威廉 (1743—1815)——德国自然科学家、医生和旅行家。184, 283

图书在版编目(CIP)数据

对莱布尼茨哲学的叙述、分析和批判/(德)费尔巴哈著;涂纪亮译.—北京:商务印书馆,2022
(费尔巴哈文集;第2卷)
ISBN 978-7-100-20156-8

Ⅰ.①对… Ⅱ.①费…②涂… Ⅲ.①莱布尼兹(Leibniz,Gottfried Wilhelm Von 1646-1716)—哲学思想 Ⅳ.①B516.22

中国版本图书馆 CIP 数据核字(2021)第 144560 号

权利保留,侵权必究。

费尔巴哈文集
第 2 卷
**对莱布尼茨哲学的叙述、分析和批判**
涂纪亮 译

商 务 印 书 馆 出 版
(北京王府井大街 36 号 邮政编码 100710)
商 务 印 书 馆 发 行
北京通州皇家印刷厂印刷
ISBN 978-7-100-20156-8

2022 年 7 月第 1 版　　开本 710×1000　1/16
2022 年 7 月北京第 1 次印刷　印张 24½
定价:118.00 元